Coaching

Leistung durch Führung

Reiner Czichos

Coaching
= Leistung durch Führung

Zweite, ergänzte Auflage

Ernst Reinhardt Verlag München Basel

Die Deutsche Bibliothek – CIP-Einheitsaufnahme

Czichos, Reiner:
Coaching = Leistung durch Führung / Reiner Czichos. – Basel ;
München : E. Reinhardt, 1995
  ISBN 3-497-01363-3

Inhaltsverzeichnis

Seite

1. Einleitung 9

2. Veränderungen ringsum und
   in der Rolle 17

3. Über das Lernen 57

4. Coaching-Führungsverhalten
   und -Rollen 83

5. Wie die Zielvereinbarung zum
   Coaching-Werkzeug wird 101

6. Gehirngerechte Kommunikation
   im Coachinggespräch 133

7. Verhaltensveränderung 177

8. Mentales Training 203

9. briefen - beobachten - debriefen 223

10. Weitere Coaching-Techniken 239

11. Coachen Sie Ihr Team 253

12. Der Manager als (Co-)Trainer 297

13. Über-Sichten 329

Stichwortverzeichnis 337

Literaturverzeichnis 343

WERKZEUGE

machen erst Sinn, wenn Sie richtig gebraucht werden.

WIRKZEUGE

Coaching-Techniken entstammen nicht aus der

Knopfdruck-Psychologie-Kiste;

die Werkzeuge werden zu Wirkzeugen in Zusammenarbeit

mit dem Mitarbeiter.

WÜRGZEUGE

Werkzeuge können auch zu Würgzeugen werden,

wenn Sie sie zwar für den Mitarbeiter einsetzen,

wenn Sie ihn jedoch nicht als Partner daran beteiligen.

Drängen Sie Ihrem Mitarbeiter nicht Ihr Profil auf.

Ihr Mitarbeiter braucht sein eigenes Profil, nicht Ihres.

Einleitung

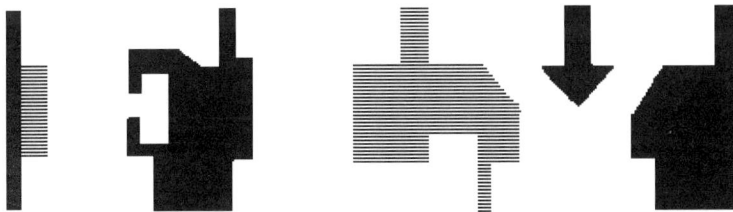

Können Sie dieses englische Wort auf Anhieb lesen? Sicherlich wird es Ihnen schwerfallen. Wir sind anders programmiert. Buchstaben haben fett gedruckt zu sein.

Probieren Sie dieses Experiment mit Ihren Mitarbeitern. Aber geben Sie bitte auf keinen Fall die Auflösung direkt. Stattdessen sollten Sie Mittel und Wege finden und ausprobieren, wie Sie die Programme Ihrer Mitarbeiter verändern können, so daß sie die Lösung alleine finden. Wenn Sie so vorgehen, stellen Sie auch sicher, daß Ihre Mitarbeiter das Erfolgserlebnis selbst haben. Das Erfolgserlebnis Ihrer Mitarbeiter ist wichtiger als Ihr Erfolgserlebnis. So macht Lernen Spaß.

Das ist auch der Grund, weswegen ich Ihnen die Auflösung nicht gebe. Sollten Sie verzweifeln, dann benutzen Sie den Reinhardt-Verlag als Hotline. Dort weiß man, wo ich zu erreichen bin. Ich bin dann gerne bereit, Sie zu coachen.

Die Welt verändert sich
Welche Coaching-Vision haben Sie?

Das Umfeld von Unternehmen befindet sich in einem sich immer stärker beschleunigenden Wandel: sozial (Wertewandel), politisch (West - Ost?, Nord - Süd?), wirtschaftlich (EG), technologisch (Info-Systeme, Bio-Technologie). Damit ändert sich der Markt, die Kundenerwartungen, die Art und Weise zu kaufen und zu verkaufen. Ebenso wie die hergebrachten Organisationsformen abgelöst werden von dezentralen, netzwerkartigen Organisationen, müssen auch die möglichen Ziele für Manager und Mitarbeiter sich verändern.
Das möchte ich plakativ am Beispiel vom Verkaufen im High-Tech-Markt skizzieren.

Vergangenheit	Gegenwart und Zukunft
quantitativ	qualitativ
Produkte	Dienstleistungen
kurzfristig	langfristig
	Team
individuell	kundenbezogen
territorial	persönliche Entwicklung

Der entscheidende Punkt für Sie ist jedoch, daß Sie nur dann sinnvolle Ziele vereinbaren können und Ihre Mitarbeiter effektiv coachen können, wenn Sie sich intensiv damit beschäftigen, was jetzt und in Zukunft in deren Rollen gefordert wird. Es hilft Ihrem Unternehmen, Ihnen und den Mitarbeitern nicht, wenn Sie an überholten Vorstellungen über den Markt, die Gesellschaft, etc. orientiert führen. Im High-Tech-Markt z.B. ist das Konzept des in seinem definierten Territorium einzelkämpfenden Verkäufers, der in möglichst kurzer Zeit möglichst viel Umsatz mit fertigen Produkten macht, überholt und kontraproduktiv - obwohl man beobachten kann, wie die Versuchung lockt, kurzfristig einen Reibach zu machen.

Der Coaching-Rahmen wird jedoch immer deutlicher dem Berater-Verkäufer, der es versteht, langfristige Kundenbeziehungen aufzubauen, der in Kooperation mit Kollegen anderer Funktionen den Bedarf des Kunden analysiert und eine kundenspezifische Lösung entwickelt, in der neben dem Produkt selbst eine Reihe von Dienstleistungen enthalten sind.

Die Frage, die Sie sich in Ihrer Branche, in Ihrem Unternehmen, in Ihrer beruflichen Ausrichtung stellen sollten ist:

➤ Was sind die gegenwärtigen und vor allen Dingen zukünftigen Anforderungen für Leitbilder und Anforderungen an Sie selbst und an Ihre Mitarbeiter?

Change braucht Coaching

Es gibt inzwischen viele Unternehmen, besonders in der High-Tech-Industrie, in denen zumindest die Topmanager verstanden haben, daß die Change-Lawine auf uns zurast. Sich dagegen zu stemmen, hat keinen Zweck; in Lawinen hat man eine Überlebenschance, wenn man mit der Lawine (also talwärts; nicht bergan gegen die Lawine und auch nicht seitwärts) mitschwimmt, also tatsächlich Schwimmbewegungen macht. Für die Richtigkeit dieses Bildes bei wirklichen Lawinen kann ich mich nicht verbürgen; doch die Geschichte gibt Ihnen eine wichtige Botschaft.

Mögen Sie andere Bilder für den Change? Bitte!

➤ Wenn der Motor Ihres Unternehmens auf Drehzahl 3000 läuft, dann ist der Change-Motor außerhalb Ihres Unternehmens auf 8000 oder mehr. Sie können sich dieses Bild ganz klar machen, wenn Sie folgendes Experiment machen: Halten Sie beide Arme ausgestreckt vor sich in Augenhöhe. Und nun drehen Sie mit beiden Händen Kreise vor sich; nur: mit der rechten Hand drehen Sie weit langsamer als mit der linken (oder umgekehrt, das ist egal). Schaffen Sie das? Das ist sehr schwer!

➤ Es kommt eine Change-Dampfwalze auf Sie zu. Sie müssen entscheiden, ob Sie sich davor hinlegen, um sie aufzuhalten, oder ob Sie selbst die Dampfwalze steuern wollen.

➤ Wenn Sie einen Frosch in einem Topf auf den Ofen stellen und das
  Wasser langsam erwärmen, dann besteht eine hohe Chance, daß
  er kocht und stirbt. Frösche merken den Veränderungsprozeß
  nicht. Wann springen Sie heraus?

Ich möchte Ihnen aber noch eine ermunternde Geschichte erzählen:
«Zwei Frösche gerieten in einen Topf voll Milch. Frösche haben Probleme, in Milch zu schwimmen; sie ersaufen. Beide Frösche strampelten
und kämpften um ihr Überleben. Der erste Frosch gab nach 10 Minuten
auf; ohne Hoffnung, erschöpft. Der zweite Frosch strampelte weiter.
Und siehe da: aus der Milch wurde Butter. Er bekam soliden Butter-
Boden unter die Füße und konnte entkommen.» Zu welchem Frosch-Typ
gehören Sie?

Dieses Buch ist nicht der Ort, um alle die Veränderungen rings um Unternehmen (Technologie, Politik, soziales Umfeld, Wertewandel, Wirtschaft, ...) zu beschreiben. Schauen Sie nach in Büchern wie «Megatrends», «Megatrends des Arbeitsplatzes», «Megatrends 2000»; alles
Bücher von John Naisbitt. Oder von Peter Drucker «The new realities»;
oder von Charles Handy «The age of unreason». Es gibt einige gute
Bücher über die Change-Dampfwalzen. (Für mich ist es immer wieder
erstaunlich, wie wenig Manager diese Bücher kennen, geschweige denn
lesen. Wer kauft diese Bücher? Das sind doch alles Bestseller?!)

Ich möchte Ihnen lediglich die Notwendigkeit aufzeigen, daß Coaching
zu einem der Erfolgsfaktoren von Unternehmen wird bzw. schon längst
geworden ist.

Das «Spiel» und die Spielregeln
haben sich verändert

➤ Die heile Welt der Hierarchie (heißt: göttliche Ordnung) ist nicht
  mehr. Der Wertewandel in der Gesellschaft (weg von materiellen
  Wertvorstellungen; hin zu immateriellen Wertvorstellungen) und
  der Kampf um Fachkräfte auf dem Arbeitsmarkt hat einen neuen
  Mitarbeitertyp hervorgebracht: den Goldkragen-Mitarbeiter (blue
  collar worker, white collar worker, gold collar worker; collar =
  Hemdkragen).

➤ Das sind die Professionals, die Sie nur schwer auf dem Arbeitsmarkt finden. Wenn Sie sie gefunden und endlich beim Einstellungsgespräch haben, dann sollten Sie vergessen, daß Sie sie aussuchen. Das Spiel läuft anders. Die Goldkragen-Mitarbeiter haben in der Regel schon zwei oder mehrere Angebote von anderen Unternehmen in der Tasche. Die suchen sich Sie aus.

➤ Und diese Goldkragen-Mitarbeiter entscheiden sich aufgrund von besseren beruflichen Perspektiven. Wo kann man am besten lernen? Wo wird man am besten gefördert? Wo stimmt das Corporate Image? Wo stimmt die Mitarbeiterführung? Wo sieht man Sinn in der Aufgabe? Geld und (Management-)Karriere sind dagegen relativ unwichtig; das bekommen diese Leute sowieso.

➤ Außerdem suchen diese Goldkragen nicht so sehr die Karriere. Wer will schon Manager werden? Manager zu sein, heißt für viele: weniger Freizeit, viel Administration, viel Ärger, Loyalität zur Firma, Abhängigkeit, Stress, ...

➤ Und auf die lebenslange Bindung an ein Unternehmen sind sie auch nicht mehr scharf, geschweige denn angewiesen. Die wissen, ihre Haut gut zu verkaufen. Goldkragen-Mitarbeiter z.B. in der Computer-Hard- und Softwarebranche sehen ihre beruflichen Perspektiven in der ganzen High-Tech-Branche, nicht in einem einzigen Unternehmen.

➤ Und etwas anderes wird immer deutlicher: Es ist immer weniger die Hardware oder die Software, die eine Firma von einer anderen unterscheidet, sondern die Brain- oder die Skillware, d.h. also die Qualität der Mitarbeiter und der Führungskräfte. Und das ist klar: Unternehmen müssen sich in den Augen der potentiellen Mitarbeiter und der Kunden unterscheiden; vorzugsweise sollten Sie/sie sich günstig von Ihren Mitbewerbern abheben.

Ich könnte dieses Szenario weiter ausmalen. Wenn Sie das Szenario verstehen und akzeptieren, dann werden Sie auch erkennen, daß sich Ihre Führungsrolle verändert (hat): Sie sind der/die Erste, der/die dafür sorgen muß,

> ➤ daß Ihr Unternehmen eine lernende Organisation wird und bleibt. Nur so können Sie in etwa die gleiche Drehzahl erreichen wie der Change-Motor.
> ➤ daß Ihre jetzigen und die zukünftigen Mitarbeiter, Kollegen, Chefs, Kunden, Lieferanten, etc. erkennen und lernen, daß Change angesagt ist; nichts bleibt schön heimlich stabil.
> ➤ daß die Goldkragen-Mitarbeiter Perspektiven in Ihrem Unternehmen sehen und sehen, daß sie als Professionals lernen und wachsen können.
> ➤ daß Management zum Service für die Mitarbeiter wird, statt das überholte Befehl-und-Gehorsam-Spiel weiterzuspielen.

Es ist für mich als Berater und Trainer schon äußerst interessant. Seit den 50er Jahren predigen die Psychologen und weitblickende Management-Denker, daß es auf die Menschen und auf die Kommunikation etc. ankommt. Diese Richtung wird «Humanistische Psychologie" genannt; die konsequente Verlängerung dieser Idee erkennen Sie in der New-Age-Bewegung. Dieser Tage und in Zukunft noch viel überwältigender zwingen ganz einfach die Fakten und der Erfolgsdruck (kurz: die Change-Lawine, die Change-Dampfwalze) die Führungskräfte dazu, sich umzuorientieren.

Die steilen Hierarchien (oft 10 oder sogar mehr Managementebenen) stürzen in sich zusammen. Warum? Die Informationstechnologie hat es ermöglicht, daß Informationen und Entscheidungen auf die tatsächlichen Expertenebenen abgegeben werden können. Ganze Management-Ebenen, die mit Informationsverarbeitung und (gegenseitiger) Administration beschäftigt waren/sind, sind überflüssig geworden und werden auch tatsächlich aus dem Organigramm gestrichen (Beispiel: Amerika!). Die Professionals, die Experten, die Goldkragen-Mitarbeiter sind die Entscheider geworden. Sie können sich selbst managen bzw. sie werden es lernen müssen, sich selbst zu managen. Dummerweise lernt man in Schule und Universität (immer noch) nicht so recht, wie man lernen und wie man sich selbst managen sollte. Dummerweise wird man dort auch eher zum Einzelkämpfer statt zum Teamarbeiter erzogen.

Gerade daher müssen die neuen Führungskräfte in der Lage sein, durch ihr Coaching eine Change-Kultur in ihrem/Ihrem Unternehmen zu etablieren!

Ich werde Ihnen im ersten Teil dieses Buches eine Reihe guter Gründe schildern, weswegen Sie Ihre Mitarbeiter coachen sollten bzw. müssen. Die allergröbste Zusammenfassung der Gründe ist: Die Rollen Ihrer Mitarbeiter haben sich geändert und ändern sich weiter. Daraus folgt, daß sich auch Ihre Rolle verändert hat bzw. weiter verändern wird. Ich denke, daß das Wissen um solche Veränderungen wichtig ist, nicht nur um zu wissen, daß man coachen sollte, sondern auch, um zu wissen, in welchen Feldern bzw. Themen sich Ihre Coachingbemühungen bewegen sollten.

Aus der Fülle der Berufe greife ich heraus:

❑   die Serviceingenieure
❑   die Verkäufer
❑   die Trainer

Zum einen kenne ich mich in diesen Berufen recht gut aus. Zum anderen denke ich, daß sich gerade in diesen Berufsbereichen die größten und auch folgenreichsten Veränderungen ergeben haben und werden.

Change - Paradoxe

globales Denken und Handeln	-	lokale Präsenz
großes Unternehmen	-	dem Kunden gegenüber klein auftreten
dezentrale Entscheidungen	-	zentrale Ziele und Rahmen
organisatorische Strukturen	-	crossfunktionale Abläufe
Spielraum	-	Disziplin in der Aufgabe
Nähe	-	Distanz zu den Mitarbeitern
alter Stamm v. Mitarbeitern	-	junge Mitarbeitergeneration
Mitarbeiter involvieren	-	schnelle, einsame Entscheidungen
Initiative ergreifen	-	um Erlaubnis fragen
alter Gerätepark	-	neue Systeme
papierloses Büro	-	alte Schreibstube
Kommunikation mit high-tech-Medien	-	high-touch-Meetings

Kunde   ⇨   Konkurrenz   ⇨   Kooperationspartner

Das sind nur einige der Paradoxe, die Sie in diesen Zeiten schneller Veränderungen beobachten können. Und ich habe sie nur mit kräftigen Strichen plakativ aufgeschrieben.

Paradox sind diese Trends, weil sie sich vermeintlich widersprechen. Dennoch existieren sie gleichzeitig - auch jeweils in einem Unternehmen. Das führt zu Erkenntnissen der Art, daß streiten sinnlos wird, weil beide - auch sich widersprechende - Meinungen recht haben. Das führt zu Ambiguitäten und Konfusion und Frustration. Sie können das auch positiv sehen: Sie haben die Möglichkeit (und sogar die Notwendigkeit), Ziele, Abläufe und Strukturen pro-aktiv zu gestalten. Doch glauben Sie nicht, daß Sie jemals fertig werden mit Ihrem Design neuer Ziele, Abläufe, Strukturen. Das Werk läßt sich nicht vollenden, denn das Umfeld dreht sich enorm schnell; und Ihre Aufgabe ist es, sich selbst und Ihre Mitarbeiter zu coachen, um den Change zu verstehen, zu akzeptieren und mitzutragen; Sie müssen helfen, die Konfusion und die Frustration zu ertragen und aus den Problemen Herausforderungen zu machen.
Es wird geradezu notwendig, Fehler zu machen.
Wer etwas riskiert, der lernt und macht Fehler.
Um so wichtiger sind die Botschaften hinter den folgenden flotten Sprüchen:

«It´s easier to get forgiveness than permission!»
«Man darf jeden Fehler machen - aber nur einmal!»
«Catch your people doing something right!»

Veränderung rings um die
und in der Rolle der
Serviceingenieure
der Verkäufer
der Trainer
und in Ihrer Rolle als
Führungskraft

Veränderungen rings um die und in der Rolle der Service-Mitarbeiter

Vom Kundendienst zu Services

«Kundendienst»
hat den Beigeschmack des Traditionellen, Hergebrachten. Man assoziiert unmittelbar damit den Kundendiensttechniker, der auf Anruf möglichst schnell und mit umfangreichem Werkzeug und Ersatzteillager zum Kunden fährt und das defekte Gerät repariert. Diesen Kundendienst mag es noch geben. In der High-Tech-Industrie und vor allem bei Computer-Herstellern verändert sich das Bild drastisch. Ein neuer Begriff wie «Services» soll ein neues Konzept kennzeichnen, das auf Marktveränderungen, auf veränderte Kundenerwartungen, auf technologische Trends und auf gesellschaftlichen Wertewandel re-agiert und selbst pro-aktiv auf diese Veränderungen einwirkt.

Der Kundendienst ist tot - es leben die Services!

Was verändert sich?
Im folgenden möchte ich einige Trends auflisten. Ich erhebe keinen Anspruch auf Vollständigkeit. Sie, die Leser, wissen sicherlich noch mehr oder andere Trends. Manche dieser Trends mögen Sie besser beschreiben können, oder aber anzweifeln. Und ich werde die Trends nicht ausführlich beschreiben, begründen und mit Beispielen belegen. Ich werde sie auflisten und das Nach-Denken Ihnen überlassen.

Ich habe diese Trends aus Gesprächen mit Managern und Professionals in der Computer-Industrie und aus der Literatur zusammengetragen. Mein Interesse liegt darin, alle diese Trends zu einem einzigen Szenario zusammenzufügen und darauf aufbauend eine Vision eines neuen Service-Konzeptes, der neuen Services, der neuen Service-Organisation und -Prozesse, sowie der neuen Anforderungen an die Mitarbeiter (Manager sind auch Mitarbeiter!) zu entwickeln. Meine Hoffnung besteht darin, daß Diskussionen angeregt und Konsequenzen daraus gezogen werden. Auf jeden Fall ist es jedoch interessant, über eine Funktion nachzudenken und mit den Menschen dieser Funktion daran zu arbeiten, die notwendigen organisatorischen Veränderungen und menschlichen Verhaltensveränderungen zu erkennen und sowohl produktiv als auch menschlich zufriedenstellend durchführen zu können.

Technologische Trends

➤ die Produkte werden kleiner

➤ Eliminierung mechanischer Teile

➤ Miniaturisierung

➤ Feinst-Mechanik

➤ neue Materialien und Werkstoffe

➤ Lasertechnik revolutioniert die Informationsübertragungs-
    möglichkeiten und Informationsspeicher

➤ neue Chiptechnologien erhöhen die Speicherkapazität und
    Leistung

➤ immer mehr Speicherkapazität, Leistung und Anwender-
    möglichkeiten am einzelnen Arbeitsplatz möglich

➤ Unterschiede zwischen leistungsfähigen PCs, Workstations
    und Mainframes verwischen sich

➤ Verbesserung, Verbreitung und Anwendung von Netzwer-
    ken (national und international, unternehmensintern und
    viele Unternehmen im Verbund)

➤ Informationstechnologie wird zu Kommunikationstechnolo-
    gie - Computersysteme sind neben Telefon, Telefax, Bild-
    schirmtext, Video, etc. nur ein Bestandteil von Kommunika-
    tionssystemen

➤ internationale Standards kommen voran

➤ Produkte werden immer ähnlicher und austauschbarer -
    gemessen an den Leistungskriterien und insofern sie auf den
    gleichen technologischen Prinzipien beruhen, gleichen Stan-
    dards folgen und kompatibel sind

➤ Anwenderfreundlichkeit wird enorm gesteigert

➤ Standard-Software auch für spezielle Anwendungen

➤ der Software-Anteil in vielen Produkten des alltäglichen Ge-
    brauchs sowie in Systemen der Industrie und Forschung
    erhöht sich

➤ Computer werden zu Bestandteilen von Systemen zur Lö-
    sung spezifischer Probleme

➤ PCs werden zu Gebrauchsgütern (commodities) wie Telefon
    und Schreibmaschine

➤ tragbare PCs mit hoher Leistung können an Netzwerke an-
    geschlossen werden - der Mensch geht nicht zum PC, der PC
    geht zum Menschen

> Künstliche Intelligenz und Expertensysteme erschließen neue Anwendungen für Computer
> immer mehr Dienstleistungen (=Beratungsleistungen) lassen sich mit Hilfe von Expertensystemen automatisieren

Auswirkungen bei den Kunden/Anwendern

> Die eigentliche Herausforderung für Kunden (besonders für Großkunden) ist nicht mehr, eine möglichst große Datenmenge in möglichst kurzer Zeit zu verarbeiten. Es geht immer stärker darum, Informationskonzepte aufbauend auf den Zielen und Strategien des Kundenunternehmens zu entwickeln. In den Informationskonzepten muß definiert werden, welche Daten man in welcher Aufbereitung für definierte Aufgabenstellungen braucht und wie man diese interpretieren kann (also zur Information machen kann) und weiterverwenden kann.

> CIM (Computer Integrated Manufacturing) hat eine weitere große Lawine informationstechnologisch bedingter Organisationsveränderungen losgetreten. Es ist schon längst erkannt, daß ein noch weiteres Konzept benötigt wird, um diese Herausforderung in den Griff zu bekommen: CIB = Computer Integrated Business. Grob gesprochen: Entwicklung, Produktion und «Büro» sind nicht mehr drei verschiedene Anwendungsgebiete. Bestehende Bereichs- und Abteilungsstrukturen lösen sich angesichts der Notwendigkeit des ungehinderten Informationsflusses auf.

> Das Unternehmen als Ganzes wird Gegenstand des Verkaufs-, Beratungs- und Projektprozesses. Der Begriff der Lösung hat sich von Hard- und Software schon längst ausgeweitet auf Organisations- und Unternehmensberatung.

> Hersteller und Kunden entdecken, daß Implementierung von Informationstechnologie gleichzeitig auch Organisationsveränderung und Management of Change bedeutet.

> Neue Lösungen erfordern nicht nur Veränderungen der Informations- und Arbeitsabläufe, sondern auch eine Umqualifizierung der Mitarbeiter.

> Das papierlose Büro hat sich als technisch machbar, aber sozial, menschlich und organisatorisch als Illusion erwiesen. Die Produktivität kann nicht durch den bloßen Einsatz der Technik gesteigert werden. Notwendig wird die Umgestaltung der Informations- und

Arbeitsabläufe im Unternehmen sowie die Umqualifizierung der
Mitarbeiter nicht nur in Arbeitstechniken, sondern sogar bis hin
zu Verhaltensveränderungen.

➢ Dasselbe gilt z.B. auch in der Produktion: Erst die Verhaltens- und
organisatorischen Veränderungen machen den Einsatz der Technik sinnvoll und rentabel.

➢ Informationstechnologie ermöglicht die Re-Integration von vormals
spezialisierten Arbeitsaufgaben in der Produktion. Produktionsin-
seln von autonomen Arbeitsgruppen entstehen. Von der Material-
beschaffung über die Produktion bis hin zur Qualitätskontrolle -
mit all den einzelnen Zwischenstufen -, ja sogar hin bis zum Verkauf gehen die Tätigkeiten dieser Arbeitsgruppen.

➢ Gleichzeitig vergrößert sich die Herstellerflexibilität durch die Ver-
ringerung der Umrüstzeiten. Kleinere Losgrößen rentieren sich.
Individuelle Kundenwünsche können erfüllt werden.

➢ Das verändert das Anforderungsprofil an die Mitarbeiter in derart
gestalteten Produktionsabläufen. Statt quasi Bestandteil eines
zentral gesteuerten automatischen Ablaufes zu sein, müssen
Mitarbeiter hier selbständig und motiviert im Team eine ganze
Bandbreite von Aufgaben abwechselnd übernehmen können. Statt
Spezialisierung ist Generalisierung angesagt.

➢ Schließlich verändert somit die Informationstechnologie die Rolle
der Manager, ja macht die steilen Hierarchien eventuell bedeu-
tend flacher. Die meisten der administrativen und informations-
verarbeitenden und -verteilenden Funktionen können von Informationssystemen übernommen werden. Viele Mittel-Manager
werden also überflüssig oder müssen ihre Rolle umdefinieren zum:
Trainer, Coach, Change-Manager, Kunden-Manager, Strategie-
Entwickler und -Implementierer oder aber zum Professional. Der
Begriff Manager wandelt sich.

➢ Große Kunden denken und handeln international. Sie wollen kom-
plette, internationale Lösungen für ihre Organisationseinheiten.

➢ Durch die Öffnung des Europäischen Marktes 1992 werden auch
mittelständische Unternehmen zusammen mit ihren ausländi-
schen Partnern Informationssysteme nutzen und international mit
ihnen vernetzt sein wollen.

Mitarbeiter und Wertewandel

Unternehmen bestehen nicht aus Geräten und Papier und Plänen. Unternehmen werden von Menschen gemacht, gelebt. Trends im sozialen Umfeld vermitteln sich direkt durch die Mitarbeiter auf die Organisation:

> Quer durch alle gesellschaftlichen Schichten und durch alle Altersschichten ist ein Wandel in den grundlegenden Werten der Menschen zu beobachten. Je besser der Ausbildungsstand der Menschen ist, desto eher kann man diesen Wandel erkennen.
> Diese Feststellung ist deswegen besonders wichtig, weil die Computer-Hersteller besonders auf hochqualifizierte Fachkräfte angewiesen sind. Nicht mehr eher materielle Werte bestimmen das Denken und Handeln der Menschen, sondern immaterielle Werte:
>
>> Risiko-Vermeidung und Umgehung
>> Bequemlichkeit, Sicherheit, Freizeit, Gesundheit und Selbstverwirklichung
>> Beschäftigung mit dem eigenen «Ich»
>> Glücksgefühl als direkter Lebensinhalt
>> neue soziale und persönliche Werte bezüglich Ehe, Familie und den traditionellen Moralbegriffen
>> Regionalismus und Lokalismus, geringere Mobilität
>> Verlust an Willenskraft, Optimismus und Vertrauen in den ökonomischen und technologischen Fortschritt
>> Aversion gegen Technik, Ökonomismus, Materialismus, bürgerliches Leben
>> Schutz der Umwelt und Ökologie

> Studienabgänger mit naturwissenschaftlich-technischer Ausbildung nehmen relativ zu anderen Qualifikationen ab.
> Insgesamt nimmt die Anzahl der Menschen im erwerbsfähigen Alter ab. Die Alters-Pyramide wandelt sich von: «wenig Alte, viel Erwerbsfähige, viel Junge» hin zu: «viel Alte, weniger Erwerbsfähige, weniger Junge».
> Professionals - hochqualifizierte Fachkräfte - sind eher Mangelware auf dem Arbeitsmarkt. Der Begriff «Goldkragen-Mitarbeiter» ist Realität (statt blue-collar oder white collar). Diese können sich ihren Arbeitgeber aussuchen.

➤ Die Anforderungen an den Arbeitsplatz steigen. Gefragt sind interessante Tätigkeiten; Sinn der Aufgabe sehen; Kreativität; Autonomie; sich weiterentwickeln können; im Team arbeiten; Manager, die zuhören, anerkennen und fördern können.

Einige Markttrends

➤ Fast alle größeren Hersteller verfolgen mehr oder weniger stark die Strategie, die x % größten Kunden der xyz-Branchen zu gewinnen. Dadurch kommen die Großkunden in eine Machtposition gegenüber den Herstellern: Nachfrager-Markt. Ziel der Hersteller: Preferred Vendor - wahrscheinlich einer unter mehreren Lieferanten des Großkunden - zu werden und zu bleiben.

➤ Hersteller und Großkunden oder auch verschiedene Hersteller aus unterschiedlichen Branchen schließen sich zusammen zu Kooperationen und Joined Ventures, um neue Anwendungen zu entwickeln. Zwar spielt dabei die Finanzierung eine Rolle. Doch wichtiger ist der Know How- und Ressourcen-Austausch.

➤ Gleichzeitig geht der Trend hin zum Verkauf von komplexen Systemen, um den Kunden möglichst umfassende, auf den Bedarf zurechtgeschnittene Problemlösungen zu liefern. Also: Projektgeschäft.

➤ Nicht mehr die Hard- und Software wird verkauft, sondern die Lösung, die neben Beratung und Schulung und einer weiteren Reihe von Services auch selbstverständlich die Hard- und Software enthält.

➤ Kundenspezifische Lösungen bei Großkunden erfordern immer öfter Anbindungen an die Systeme anderer Hersteller. Know How über Produkte und Systeme der Mitbewerber wird dringend erforderlich.

➤ Third Party Maintenance Unternehmen drängen auf den Markt für die preisgünstigere Wartung von Standard-Hard- und Software.

➤ OEMs (Original Equipment Manufacturer) und VARs (Value Added Reseller) treten in den branchen- und anwendungsspezifischen Wettbewerb mit den Herstellern.

➤ Hersteller, OEMs, VARs und Großkunden entdecken immer grössere Know How-Lücken, wie z.B.: Branchenkenntnisse, Beratung, Projektmanagement.

➤ Hersteller, OEMs, VARs und Großkunden sind auf dem Arbeitsmarkt im Kampf um Professionals - nicht nur um Computerfach-
   leute, sondern auch um Professionals in den neuen Berufen:
   Branchenkenner, Berater, Projektmanager.

➤ Kunden greifen für (Teil-)Probleme auf den wachsenden und viel-
   schichtigeren Markt der externen Berater zurück und sind bereit,
   ganze unternehmensuntypische Aufgaben an Third Partys auszu-
   lagern.

➤ Ein Zeitarbeitsmarkt für Professionals baut sich auf.

Trends in der Service-Technologie

Hotline
Es werden vermehrt zentrale Hotlines eingerichtet, um folgende Ziele
zu erreichen:

➤ jederzeit und sofort für den Kunden erreichbar zu sein

➤ möglichst umgehend das Kundenproblem zu qualifizieren
   und mit dem richtigen Ansprechpartner zu verbinden

➤ möglichst viel der durch Anwendungsfehler entstandenen
   Probleme bereits am Telefon zu lösen

➤ den Einsatz von Service-Beratern bzw. -Technikern gezielt
   (Zeit, Material, Spezial-Know How) vorzubereiten

Modul-Tausch
Immer häufiger wird der Fall, daß der Berater bzw. Techniker vor Ort
kaum noch eine Diagnose und kaum noch eine Reparatur durchführt.
Die Diagnose ist bereits durch die Hotline durchgeführt worden. Da die
Systeme modular konzipiert sind, kann das defekte Modul lokalisiert
und ausgetauscht werden. Die Reparatur wird durch zentrale Repara-
turabteilungen bzw. Service-Center durchgeführt.

Remote-Monitoring und -Diagnose
Bei Computer-Systemen und bei Systemen, die Computer als Bestandteile haben, wird vermehrt Remote-Monitoring und Remote-Diagnose
eingesetzt. Zentrale Computer des Herstellers überwachen Computer
des Kunden, analysieren Trends und stellen aufkommende Probleme
fest, bevor sie zu tatsächlichen Problemen werden. Aufgrund der
Diagnose wird dann das Problem direkt über das Netz oder am Telefon
durch die Hotline gelöst. Oder ein Techniker wird vor Ort geschickt

ausgerüstet mit dem richtigen Know How und Material. Das Ganze geschieht, ohne daß der Kunde von dem Problem wußte, geschweige denn den Service angerufen hat.

Vorbeugende Wartung
Um die Produktivität der Service-Organisation zu erhöhen und die Reparaturkosten und den Reparaturaufwand zu senken, werden bei wachsender Systemkomplexität vermehrt Serviceverträge abgeschlossen, die eine regelmäßige, vorbeugende Wartung vorsehen. Damit wird sichergestellt, daß mögliche Probleme von vornherein vermieden bzw. im Ansatz gelöst werden.

Weitere, neue
Herausforderungen und Antworten des Service

Nutzung der Kommunikations-Netzwerke
➤ dezentrale Nutzung zentraler Daten, z.B. mit Handheld oder Laptop, erhöht die administrative Produktivität der Außendienste (Sales und Service)
➤ Hotline nicht nur über Telefon, sondern auch unter Nutzung des Computernetzwerkes und weiterer Kommunikationsmedien: Telefax, Video
➤ Kaufen und Verkaufen von add-ons, Verbrauchsprodukten und auch z.B. Serviceverträgen durch Videotext und andere Medien
➤ dezentraler Zugriff auf zentrale Datenbanken auch für Kunden - z.B.: neue Software, neue Dokumentation, Schulungsunterlagen, interaktive Fernschulungen, Bedienungs- und Wartungshilfen

Entwickeln und Migration neuer Services
➤ Hersteller lernen, neue Services zu entwickeln, schrittweise Erfahrungen damit zu sammeln, sie zu verfeinern, zu dokumentieren, zu vereinfachen und an weniger qualifizierte Mitarbeiter als Packages weiterzugeben, um sie dann schließlich zu automatisieren. Ziele sind:
  ➤ Produktivität zu erhöhen und Preise der Services zu senken
  ➤ immer wieder dem Kundenbedarf entsprechende Services anbieten zu können

➤   kundenspezifische Services zum Teil der Gesamtlösung für den Kunden werden zu lassen

➤   Komplexität der Serviceaufgaben mit der Qualifikation der Service-Mitarbeiter in Übereinstimmung bringen

➤   Die Entwicklung von neuen Services wird also zum Beratungs- und Projektmanagement-Prozeß. Diese Prozesse müssen im Service fest implementiert werden.

After-Sales-Services im Pre-Sales

➤   Die Beziehung zum Kunden als Partner bekommt nach der Installation in der operationalen Phase einen qualitativ neuen Charakter. Je umfangreicher und komplexer das System ist, desto stärker werden für den Kunden neben der Verminderung der Ausfallhäufigkeit die Leistung des Systems, die fortdauernde Anwenderschulung und -betreuung, die Anpassung an veränderte Bedürfnisse, ... Je besser diese After-Sales-Services sein müssen, desto intensiver muß die Service-Beratung bereits in der Pre-Sales-Phase durchgeführt werden.

➤   Ein wichtiges Beispiel dafür ist auch die Installationsplanung, die so weit führen kann, daß der Hersteller zum Generalunternehmer für alle Arbeiten rings um die Computer-Installation werden kann, d.h. also zum Beispiel für alle Baumaßnahmen.

Beratungs-Services

➤   Kunden entdecken immer deutlicher, daß es nicht nur auf die technische Installation, sondern auch auf die organisatorischen und menschlichen Veränderungen ankommt (T-O-M). Oder sogar noch radikaler: Die menschlichen und organisatorischen Probleme werden immer schwieriger, während man die technischen Probleme - zwar mit einigem Aufwand - relativ gut lösen kann (M-O-T). Implementierung von Informationssystemen bedeutet Organisations- und Verhaltensveränderung. Das verlangt nach Change-Management. Viele Kunden haben intern nicht das notwendige Know How. Service ist aufgerufen, dieses Know How zur Verfügung zu stellen.

➤   Es ist bekannt, daß die meisten Probleme durch Anwendungs- und Wartungsfehler entstehen. Die kritische Phase ist dabei die Zeit nach Installation und Einweisung. Die Produktivität des individuellen Anwenders sinkt durch Fehler bzw. entspricht noch nicht den hohen Erwartungen - auch trotz vorangegangener Schulung.

In dieser Phase kommt es auf das geplante und auf den Kunden und seine Anwender abgestimmte Vorgehen von Sales, Beratern und Technikern bei der Installation, Einweisung und Unterstützung an. Service kann hier als Coach/Trainer vor Ort wirken.

➢ Ebenso macht es Sinn, daß der Service-Berater bzw. -Techniker die vorbeugende Wartung oder die Reparatur zum Anlaß für Einweisung, Schulung und Beratung nicht nur der neuen Anwender nimmt. Es ist nicht einzusehen, wenn man den Begriff der Schulung auf formale Kurse beim Hersteller oder on-site beim Kunden beschränkt. Training-on-the-Job ist für den Anwender effektiver. Das gilt umso eher, je mehr technisch nicht ausgebildete Anwender mit dem Informations-System arbeiten.

Service als Partner im Kunden-Management

➢ Der umfassende Service-Vertrag etabliert erst die langfristige partnerschaftliche Beziehung zwischen Kunde und Hersteller.

➢ Diese Beziehung wiederum ermöglicht erst die weitere Penetration des Kunden mit Zusatz- und Neu-Aufträgen. Grundlage dafür ist die Qualität des Service. Langfristig macht der Service immer mehr den Unterschied zwischen den Herstellern aus. Produkte/Systeme und technisches Know How werden zwischen den Herstellern immer ähnlicher.

➢ Der Verkauf kann immer weniger auf die Informationen aus dem Service verzichten. Service-Berater und -Techniker haben häufigeren und langfristigeren Kontakt zu den Kunden - vor allem mit den Anwendern. Je stärker die Entscheider beim Kunden im Zuge des Wertewandels die Anwender in Veränderungsprozesse nicht nur als Betroffene, sondern auch als Beteiligte einbeziehen, desto schwerer wiegt die Information aus dem Service.

➢ Folgt man dieser Argumentation weiter, dann ist der Service-Berater bzw. -Techniker der Mann vor Ort, der Verkaufsgelegenheit wahrnehmen kann, nicht nur für add-ons oder Verbrauchsgüter, sondern auch für Service-Verträge. Ja er könnte sogar aufgrund seiner Situationskenntnisse den Anstoß für Zusatz- und Neu-Verkaufsgespräche geben.

➢ Das alles heißt soweit, daß das Kunden-Management-Potential des Service voll ausgeschöpft werden muß.

**Organisationsstrukturen und -prozesse,
Koordination und Teamarbeit**

Die Unterscheidung zwischen Pre-Sales und After-Sales wird also immer stärker verwischt. Was wirklich zählt ist, daß der Kunde alle Services erhält und das aus einer Hand bzw. aus einem übersichtlichen, koordinierten Prozeß beim Hersteller. Den Kunden interessiert nicht, aus welcher organisatorischen Einheit er welchen Service erhält. Für den Kunden ist wichtig, daß er die Services in der Qualität und Quantität und Zeit erhält, die aus seiner Sicht richtig ist. Ein neuer Begriff soll das klar stellen:

CIS = Customer Integrated Services.

Das erfordert deutliches Umdenken an der Schnittstelle zwischen Sales und Service:

➤ Ein integrierter, umfassender Sales-, Projektmanagement- und Service-Prozeß wird notwendig, um den Ressourceneinsatz beim Kunden über die gesamte Dauer der Partnerschaft zu koordinieren.

➤ Die spezialisierten, aber im Team arbeitenden Mitarbeiter verschiedener Funktionen müssen den Gesamtablauf und ihre Aufgabe darin verstehen; sie müssen wissen, wer, was, wann und wie in welcher Phase tut.

➤ D.h.: das Denken und Managen von und in Prozessen wird wichtiger als das Denken und Managen in festen organisatorischen Strukturen. Aus der Sicht des Kunden sind die notwendigen Prozesse funktions-, bereichs-, abteilungsübergreifend.

➤ Das verlangt danach, die Bereichs-Egoismen und Besitzansprüche auf der Management-Ebene abzubauen und Prozeß- und Team-Management zu institutionalisieren.

Neue Service-Definition

Folgt man diesen Gedanken, dann kann man eigentlich kaum noch die hergebrachte Definition des Kundendienstes akzeptieren. Dieser Begriff greift viel zu kurz. Andererseits ist der Begriff Service eventuell bereits zu weit, wenn man daran denkt, daß in komplexen Verkaufs- und Problemlösungsprozessen auch Sales dem Kunden Services liefert: Bedarfs-Analyse, Konzept-Erstellung, Beratungen aller Art, ... Ein Blick auf die sicherlich noch nicht vollständige Liste dessen, was den Kunden verkauft wird, soll das verdeutlichen:

> Hardware
> Software
> Applikationen
> Entwicklungs-Projekte
> Produkt-Beratung
> System-Beratung
> Technologie-Beratung
> Installations-Beratung
> Strategie-Beratung
> Organisations-Beratung
> Beratung bei der Durchführung von Orga-Veränderungen
> Management-Training
> Mitarbeiter-Training in Kommunikation und Arbeitstechniken
> technische Anwenderschulung beim Kunden
> technische Anwenderschulung beim Hersteller
> Hotline
> Remote-Monitoring und -Diagnose
> Installations-Projekte
> on-site-Services
> Vorbeugende Wartung
> Ersatzteil-Service
> Reparaturen

Sicherlich wird jeder Hersteller nach seinen eigenen Zielen und Kriterien diese Aufgaben organisatorisch jeweils unterschiedlichen Bereichen zuordnen. Tatsache jedoch bleibt, daß das weite Feld der Beratung und Schulung im Umbruch bzw. im Neuaufbau ist. Hier werden Qualifikationen verlangt, die weder im traditionellen Sales noch im traditionellen Kundendienst vorhanden sind. Auf jeden Fall ist auch klar, daß der klassische Kundendienst sein Service-Angebot ausweitet und damit zum Service wird.

Zwei Kriterien für die organisatorische Zuordnung sollten sein:
• Wie kann das erforderliche Know How am besten gefunden, ausgebildet und betreut werden kann, oder anders ausgedrückt: wo ist das berufsspezifisch geeignete Umfeld?
• Die unterschiedlichen Zielsetzungen sowie die unterschiedlichen Bemessungs- und Belohnungssysteme in Sales und Service.

Neue Service-Definition

Hardware
Software
Applikation
Entwicklungs-Projekte
Installations-Projekte

Produkt-Beratung
System-Beratung
Technologie-Beratung
Installations-Beratung
Strategie-Beratung
Organisations-Beratung
Beratung bei Veränderungen

Management-Training
Mitarbeiter-Training
technische Anwenderschulung
(beim Kunden oder Hersteller)

Hotline
Remote Monitoring und -Diagnose
on-site-Services
vorbeugende Wartung
Ersatzteil-Service
add-on-Service

Nur einige der
Auswirkungen auf Management und Mitarbeiter

Mitarbeiter-Profile

➤ Mit der Ausweitung des Service-Angebotes wird die Service-Organisation und die Mitarbeiter-Struktur vielschichtiger:
  - ➤ Techniker/Service-Ingenieure
  - ➤ Service-Berater
  - ➤ Installations-Spezialisten
  - ➤ Hotline-Spezialisten
  - ➤ Produkt- und System-Spezialisten
  - ➤ Reparatur-Spezialisten
  - ➤ Logistik-Spezialisten
➤ Eine wichtige Entscheidung wird sein, ob man beim Kunden de-qualifizierte Techniker haben will, die im Grunde nur Module austauschen, oder aber Kundenbetreuer/Service-Berater.
➤ Diese 7 Rollen stellen zum Teil unterschiedliche Anforderungen an Mitarbeiter. Daher müssen Anforderungsprofile, Rollen- (nicht bürokratische Stellen-)Beschreibungen und Karriere-Pfade sowie Trainingsprogramme geschaffen werden, die es Managern und Mitarbeitern erlauben, kontinuierlich Know How zu entwickeln und an das Unternehmen zu binden. Service-Mitarbeiter werden zu Goldkragen-Mitarbeitern.

Bemessungs- und Belohnungs-Systeme

➤ Mit den neuen Services gerät auch das hergebrachte Bemessungs-System im Service in's Wanken. Produktivität kann nicht mehr vorwiegend gemessen werden an Reparaturzeit und Materialaufwand sowie an Anreisezeiten. Je nach Rolle muß anders bemessen und belohnt werden. Wie z.B. wird man die Beratungsleistungen messen und belohnen?
➤ Noch schwerwiegendere Folgen könnte die folgende Überlegung haben: Wer verkauft eigentlich im langfristigen und komplexen Kunden-Management-Prozeß? Sales alleine? Wohl kaum! Ein Team von Sales-Leuten, Beratern, Trainern und Service-Mitarbeitern ist in unterschiedlichen Phasen unterschiedlich am Verkaufserfolg beteiligt.

Macht es da noch Sinn, einzelne Sales-Mitarbeiter mit speziellen Auszeichnungen zu belohnen, sie herauszustellen. Angesagt ist nicht nur «Team-Awards statt/neben Einzel-Awards», sondern auch eine «Umgestaltung der Gehalts-Struktur zwischen Sales und Services».

Mitarbeiter-Training

Durch die Veränderungen des Service-Angebotes bekommt auch das Training einen neuen Stellenwert.

❑ Nicht nur technisches Training, sondern auch Training in Customer Relations, Beratungs-Techniken, Coaching-/Trainings-Techniken, Team-Arbeit und Service-Prozessen muß zum selbstverständlichen Teil der Arbeitsaufgabe werden, um mit den laufenden Veränderungen Schritt zu halten. Einsatz- und Trainingsplanung muß aus einem Guß sein.

Anforderungen an die Service-Manager

Auch die Rolle der Manager verändert sich in den so beschriebenen Trends. Hier eine Übersicht über das neue Profil:

➢ Business-Management
➢ aktiver Verkauf von Services
➢ Presales-Unterstützung
➢ aktive Kundenkontakte im Konzept des parallelen Verkaufens
➢ Sensibilität für Veränderungen in der Umwelt im allgemeinen und im Kundenverhalten im besonderen
➢ Entwickeln von Zukunftsszenarien und -perspektiven
➢ Verständnis der Ziele des Unternehmens und der Einbindung des Service in die Organisation
➢ Verstehen und Entwickeln von Organisationskonzepten und Abläufen
➢ Managen von Veränderungen
➢ die Organisation als lernende Organisation begreifen und managen
➢ Mitarbeiter coachen
➢ Mitarbeitern helfen, die Veränderungen zu verstehen, zu akzeptieren und aktiv mitzugestalten

> ➤   Informationsmanagement
> ➤   Teamwork und Moderation
> ➤   interdisziplinäre Zusammenarbeit
> ➤   eingehen auf individuelle Mitarbeiterbedürfnisse
>   und -probleme
> ➤   entwickeln, betreuen und motivieren von Mitarbeitern
> ➤   sich selbst ständig weiterentwickeln

Der Erfolg und der Profit der Hersteller hängt immer deutlicher von der Qualität des Service in der neuen Definition ab. Daher behaupte ich, daß der größte Bedarf für Coaching und Organisationsentwicklung jetzt im Service liegt, eben um die Zukunft aktiv zu gestalten.

Die Situation der Verkäufer

Neulich stellte ein Verkaufsleiter erstaunt fest, daß er insgesamt zwar mit seiner Verkäufermann/frauschaft den Kundenstamm erweitert und den Umsatz erhöht hat, daß er aber in den letzten drei Jahren 50 Kunden verloren hatte; und das wurde erst jetzt sichtbar. Offensichtlich wurde in diesem Unternehmen nur auf Umsatz und Stückzahlen geschaut, um den Erfolg zu messen, nicht aber auf Kunden und Kundenzufriedenheit.
Einen Tag später hielt ich beim Führungspsychologischen Informationstag für Verkaufsleiter von der DVS Deutschen Verkaufsleiter-Schule einen Vortrag über "Der Verkaufsleiter als Coach seiner Verkäufer». Mein Vorredner, Jörg Stallmann, präsentierte einige Zahlen, die das o.a. Phänomen erklären:

Warum Kunden ihren Lieferanten verlassen:

   4%   sterben
   5%   jemand in der Familie/im engen Freundeskreis liefert
         ähnliches
   9%   Preis-Leistungsverhältnis: Produkt, Service, Preis
  14%   hatten eine etwas andere Erwartung an das Produkt
  68%   weil ein Mitarbeiter des Lieferanten sich nicht genug
         um sie gekümmert hat

Bei diesen Zahlen ist offensichtlich die letztgenannte Zahl die wichtig-
ste. Noch interessanter ist allerdings die Interpretation von «ein Mitarbeiter». Gemeint ist nicht notwendigerweise ein Verkäufer; das kann
auch die Dame in der Aufragsbearbeitung oder der Mann im Lager oder
der Verkaufsleiter oder der Service-Ingenieur oder ... sein. Nennen wir
diese anderen alle der Einfachheit «Innen-Verkäufer». Alle Mitarbeiter,
nicht nur die «Außen-Verkäufer» sind Verkäufer. Alle zusammen
machen das Bild des Unternehmens aus, so wie es der Kunde dann
wahrnimmt. D.h. also auch, daß alle Mitarbeiter «Verkäufer-Training»
brauchen und Coaching darin, wie man mit Kunden umgeht bzw. wie
man kundenorientiert arbeitet, auch wenn man «nur» telefonischen
bzw. schriftlichen Kontakt mit den Kunden hat.

Noch wichtiger sind die Zahlen von Arthur Anderson & Co. (Chicago,
für The Distribution, Research & Education Foundation) über

Zukünftige Trends im Vertrieb: (Wichtigkeit in den Augen der Kunden)

	1970	1980	1985	1990	
Kontakt mit dem Verkäufer im Außendienst steht an	1.	3.	5.	5.	Pos.
Häufigkeit und Schnelligkeit der Lieferung steht an	2.	1.	1.	2.	Pos.
Preis steht an	3.	2.	3.	4.	Pos.
Palette verfügbarer Produkte	4.	5.	4.	3.	Pos.
Fähiger Verkäufer im Innendienst steht an	5.	4.	2.	1.	Pos.

Meine Interpretation dieser Zahlen schaut so aus: Verkäufer sind si-
cherlich immer noch - und bleiben es auch - wichtig, um neue Kunden
zu gewinnen und um den regelmäßigen Kontakt mit dem Kunden beim
Kunden zu halten. Sobald aus einem Neukunden jedoch ein Kauf-
Kunde oder gar ein Stammkunde geworden ist, werden alle anderen
Mitarbeiter, die «Verkäufer im Innendienst» zu Kunden-Kontakten.

Es scheint mir, daß dieses «Spiel» in vielen Unternehmen nicht erkannt
wird. Daher die oft von den Verkäufern sehr stark erlebte Trennung der
Verkaufsorganisation von der «eigentlichen» Organisation. Erst im
Herbst 1990 hörte ich einen heftigen Streit zwischen einem Salesmanager und einem Marketingmanager (ein ehemaliger Salesmanager).

Es war in England im europäischen Headquarter eines amerikanischen Unternehmens. Sagte der Salesmanager: «Ihr seht uns nicht als Teil der Company. Wir werden von Euch behandelt wie zweite Klasse bzw. wie ausführende Organe. Und außerdem hast Du Dich ziemlich verändert!»

Diese Trennung wird um so stärker vollzogen, je stärker die Entwicklung, die Produktion, die Technik ist. Weniger sieht und spürt man die Trennung bei reinen Vertriebsorganisationen.

Damit habe ich einige gute Gründe dafür angesprochen, warum in diesem Buch über Coaching ein Extra-Kapitel über die Situation der Verkäufer erscheint.

Verkäufer - Typen
Über wen reden wir?

Accountmanager
an der Haustür
angelernte Verkäufer im Einzelhandel
Berater
Channelmanager
Fachverkäufer im Einzelhandel
Handelsvertreter
Regionale Vertriebsleiter
Telefonverkäufer
Verkaufsingenieur
Verkaufsrepräsentant

Ich bin sicher, diese Liste ist nicht vollständig. Es ist auch gar nicht notwendig, all die verschiedenen Verkäufer-Typen aufzulisten. Ich möchte damit lediglich eine wichtige Fragestellung aufreißen:
Wie gut kennen Sie die Situation bzw. die Umfeldbedingungen Ihrer Verkäufer?

Die Verkäufer in diesen verschiedenen Rollen brauchen zwar alle allgemeine verkäuferische Fähigkeiten und Motivation. Doch sie müssen sich in einem jeweils anderen Umfeld bewähren. Ich kann mir nicht vorstellen, daß man Mitarbeiter effektiv coachen kann, ohne die Situation mitzuberücksichtigen. Ein Telefonverkäufer muß andere Verhaltensweisen und Techniken beherrschen als ein Regionaler Vertriebsleiter oder ein Accountmanager oder eine Aushilfsverkäuferin im Fleischerfachgeschäft.

Andererseits sind die grundlegenden Coaching-Prozesse und -Techniken in diesem Buch auf alle Verkäufer-Typen und auf alle anderen

Mitarbeiter anwendbar. Für Sie könnte es vielleicht interessant sein zu wissen, daß mein Erfahrungshintergrund die high-tech-Industrie ist. Accountmanager, Berater, Channelmanager, Regionale Vertriebsleiter und Verkaufsingenieure sind mir gut bekannt. Nicht aber die anderen Typen. Dadurch werden natürlich mein Schreibstil, meine Beispiele und die angebotenen Prozesse und Techniken gefärbt.

Verkäufer? Vertrieb? Channelmanager?

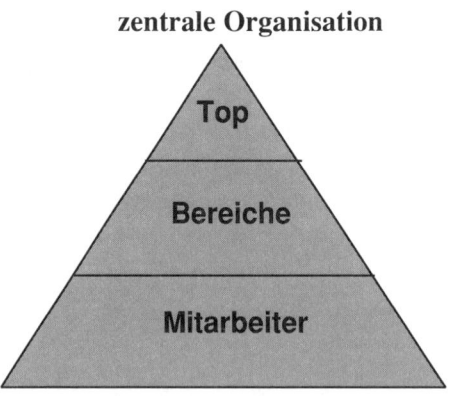

zentrale Organisation

Top

Bereiche

Mitarbeiter

| Regionale Verkaufsleiter | Regionale Verkaufsleiter | Regionale Verkaufsleiter |

| Händler und Verkäufer | Händler und Verkäufer | Händler und Verkäufer |

Kunden

Im Bermuda-Dreieck untergehen

oder: Die vierfache Identifikation des Verkäufers

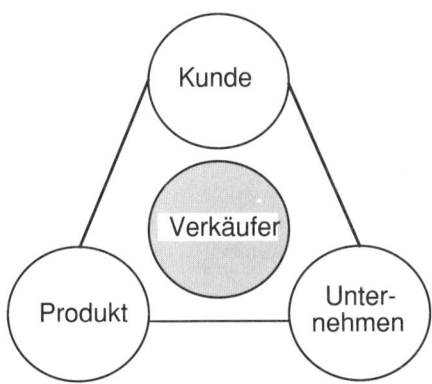

Es sagt sich so leicht daher: «Wovon man nicht selbst überzeugt ist, kann man nur schlecht verkaufen!» Es wäre interessant zu wissen, wieviel Prozent der Verkäufer von ihrem/Ihrem Produkt und von ihrem/Ihrem Unternehmen überzeugt sind. Trotzdem sind sie darauf angewiesen, zu verkaufen. Das ist ihr Lebensunterhalt.

Was darf man dem Kunden gegenüber sagen? Ist es bereits Lüge, wenn man die Wahrheit nicht sagt, also etwas nicht erwähnt? Oder soll man sich beim Kunden anbiedern und mit ihm zusammen etwa das eigene Unternehmen austricksen? So wie ein Verkäufer es für mich tat. Er hatte mich im Frühsommer vom Kauf abgehalten mit der Aussage, daß sein Unternehmen eine Aktion plane, mit der ich bei einem Kauf im Winter viel günstiger abschneiden würde. Das ist gut für mich. Ist das auch gut für den Hersteller?

Ich denke, dieses Bermuda-Dreieck kann keiner dem Verkäufer abnehmen. Jeder Verkäufer/jede Verkäuferin muß das mit sich selbst abmachen, wohin er seine Loyalität verschiebt. Inside-Outsider im eigenen Unternehmen ist er sowieso.

Dennoch scheint mir in dieser Thematik ein guter Grund für qualifizierte Führung, Betreuung und Coaching zu sein. Schließlich zeigt das Dreieck nicht nur die Identifikationsproblematik, sondern auch eine Chance: Verkäufer sind Vermittler zwischen Kundeninteressen, Produkteigenschaften und Herstellerinteressen. Noch konkreter: Was verpaßt ein Hersteller, der seine Verkäufer nicht dazu anhält, den Kundenbedarf zu erkunden und zurückzumelden?!

Spannungsfelder des Verkäufers

Selbständigkeit	Disziplin
Kontaktfreudigkeit	Einsamkeit
Aufstiegschancen	Einkommensrisike
Siegesbedürfnis	Alltagsniederlage
nackte Wahrheit	verkleidete Wahrh
Outsider	Insider-Mitarbeit
Unternehmens-interessen	Kundeninteresse

ständiger Rollenwechsel

Sicherlich befinden sich alle Mitarbeiter in Spannungsfeldern. Verkäufer aber insbesondere:
Einerseits verlangt man Selbständigkeit von ihnen, weil sie ja beim Kunden alleine sind. Andererseits gibt es eine Reihe von Routinen und bürokratischen Erfordernissen, die die meisten Verkäufer nicht mögen. Disziplin wird verlangt.

Einerseits werden Menschen Verkäufer, weil sie glauben, viel mit Menschen zu tun zu haben. Andererseits weiß man, daß Verkäufer nur ca. 35 % der Zeit bei Kunden sind. Ansonsten sind sie alleine im Auto auf der Straße im Stau; oder im Büro, wobei das Büro oft das eigene Wohnzimmer ist.

Einerseits haben sie Aufstiegschancen im Unternehmen. Andererseits verzichtet so mancher Verkäufer gerne auf eine Managementkarriere, weil er im Außendienst mehr Geld verdient; die Provision, die Incentives entfallen. Gleichzeitig behalten diese Verkäufer aber das Einkommensrisiko: Was, wenn sie Ihre/ihre Produkte nicht mehr loswerden?

Einerseits sind Verkäufer eher Siegertypen. Andererseits weiß man, daß 8 von 10 Verkaufsgesprächen nicht erfolgreich sind. Schlimmer noch in der Versicherungsbranche bei der Kalt-Akquise: nur 3 von 100 Besuchen sind erfolgreich.

Einerseits sollte man immer die Wahrheit sagen. Andererseits ist es unmöglich, wenn ein Verkäufer unaufgefordert auf Produktnachteile hin-
weist. Er/sie muß immer ein bißchen schwindeln bzw. die Wahrheit
nicht sagen. Das führt auch dazu, daß viele Kunden eher den Berater
und den Serviceleuten trauen (und von diesen kaufen würden) als den
Verkäufern. Und die Berater und Serviceleute haben oft eine solche
technische Ehrlichkeit, daß ihnen das Verkaufen als etwas Schmutziges
vorkommt, was man nicht tut.

Das führt auch dazu, daß die Verkäufer im Unternehmen eigentlich immer Outsider sind, also nie richtig dazugehören. Das liegt schon alleine
daran, daß sie die meiste Zeit nicht im Büro sein sollten. Die Büro-
hocker fühlen sich als Insider.

Einerseits vertreten die Verkäufer die Unternehmens-, andererseits
aber auch die Kundeninteressen. In wievielen Unternehmen funktioniert der Prozeß, daß das Kundenfeedback nicht nur aufgenommen
wird, sondern auch in die Produkte eingebaut wird.

Alles das heißt, daß Verkäufer Verwandlungskünstler mit Stehvermö-
gen sein müssen, um erfolgreich zu sein. Und das heißt auch, daß sie
viel Betreuung brauchen.

Veränderungen ringsum und in der Verkäufer-Rolle

➤ System
➤ Problemlösung
➤ Service
➤ Beratung, Schulung
➤ Projektarbeit

In weiten Bereichen, speziell in High-Tech, müssen die Verkäufer
immer stärker in der Lage sein, Kunden zu helfen, ihren Bedarf zu
definieren und dann die passende Problemlösung dafür zusammenzu-
stellen und nicht nur fertige Produkte oder Systeme zu verkaufen.
Hinzu kommt umfangreiche Beratung wie z.B. bei der Informationstechnologie: Informationssysteme zu verkaufen, heißt auch immer zugleich, die organisatorischen Prozesse und Strukturen sowie die

Anforderungen an die Mitarbeiter zu verändern. Und Schulung und
Service und also langfristige Kundenbeziehungen werden immer
wichtiger.

➤   mehrere Entscheider auf verschiedenen Ebenen
➤   Key Account Management
➤   Einsatz der Orga-Ressourcen
➤   Verkaufs-Team
➤   Kunden sind im Team vertreten

Die durch die Produkte bzw. Systeme verursachte Komplexität im
Verkaufen spiegelt sich beim Kunden wider in einer Vielzahl von
Personen, die in die Kaufentscheidungsprozesse involviert sind.
Gleichzeitig ist auch auf der Hersteller- bzw. Verkäuferseite Teamarbeit immer notwendiger. Der Accountmanager setzt die Ressourcen
seines Unternehmens, z.B. technische Berater oder Trainer oder
Service-Spezialisten, für die Kundenlösung ein. Teamarbeit ist angesagt, um sogar gemeinsam mit Kunden Projekte durchzuführen. Der
einzelkämpfende Verkäufer prägt zwar noch das öffentliche Bild vom
Verkaufen. In der Praxis ist der Einzelkämpfer inzwischen eine
aussterbende Spezies.

➤   langfristige Kundenbeziehungen
➤   Kooperation mit dem Mitbewerb
➤   Kooperation mit dem Kunden

Verkaufen ist auch schon lange nicht mehr eine kurzfristige
Angelegenheit. Langfristige Kundenbeziehungen, nicht unbedingt
Markentreue, sondern Herstellertreue wird angestrebt. Daher auch der
Scherz, daß Verkäufer mit den Topleuten des Kunden Golf spielen
sollten. In der komplexer werdenden Wirtschaft und bei steigenden
wechselseitigen Abhängigkeiten ist es auch nicht mehr so einfach genau
zu sagen, ob man zu einem bestimmten Unternehmen in einem
Kunden-, in einem Kooperations- oder in einem Konkurrenzverhältnis
steht. Oft bestehen alle drei Beziehungen gleichzeitig, je nach Produkt
bzw. System. Das 3-K-Prinzip (Kunden, Kooperation, Konkurrenz)
macht den Markt interessant, aber nicht gerade einfach für Verkäufer.

Paralleles Verkaufen

oder: Die Verkäuferrolle des Verkaufsleiters

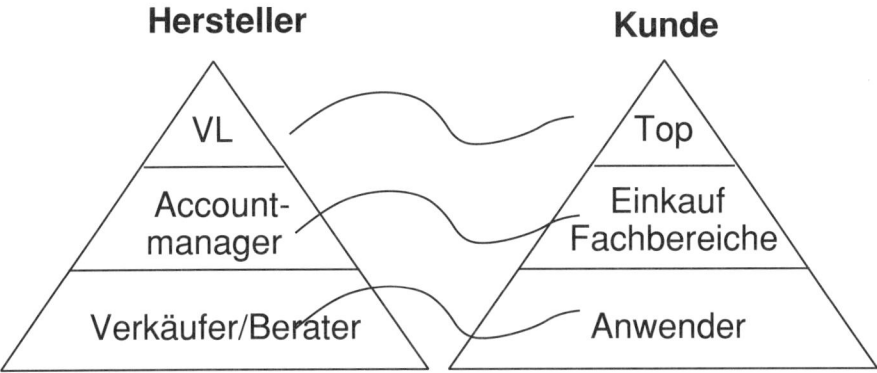

Wo sollte der Verkaufsleiter eingesetzt werden?

Wie oft sind Sie bei Ihren Kunden? Wer aus Ihrem Unternehmen hält den Kontakt zum Topmanagement bei Ihren Kunden? Wer pflegt die langfristigen Kundenbeziehungen? Wer schließt Kooperationsverträge ab?

Ich bin sicher, Sie stimmen mit mir überein, daß viele Ihrer Verkäufer diese Rollen nicht übernehmen können. Oder andersherum: viele Ihrer Verkäufer werden von den Entscheidern bei Ihren Kunden nicht als vollwertig akzeptiert. Die Entscheider wollen mit Ihnen, mit den Verkaufsleitern oder gar mit dem Vertriebschef oder dem Vorstandsvorsitzenden reden; das ist oft nur eine Statusfrage, oft aber auch notwendig, weil der Verhandlungsgegenstand zu umfangreich und politisch ist.

Sie haben also eine Rolle als Verkäufer.

Dieses Konzept, daß Sie mit Ihrer Verkaufsmannschaft parallel beim Kunden arbeiten/verkaufen, ist notwendig, es hat aber gleichzeitig die Gefahr, daß Sie als Chef Ihren Verkäufern den Erfolg stehlen, daß Sie z.B. die Abschlüsse auf hoher Ebene selbst tätigen, während die Mitarbeiter unten die Kärrnerarbeit machen.

Ich schlage vor, daß Sie sich bei Ihren großen Kunden eher als Coach oder Sponsor Ihres Teams von Accountmanager, Verkäufern, Beratern und Serviceleuten verstehen. In dieser Rolle stellen Sie den Erfolg Ihrer Mitarbeiter dadurch sicher, daß Sie den Kontakt zum Topmanagement halten. Und wer bzw. was hält Sie davon ab, Ihre erfahrenen Verkäufer dahin zu führen (zu coachen), daß sie schrittweise diese Rolle des Kontaktmannes zu den Entscheidern selbst übernehmen können. Sie gewinnen dadurch Zeit und Energie, sich um neue Mitarbeiter und neue Großkunden zu kümmern!

Was mir sonst noch auffällt

❑   Nur wenige Verkäufer machen Management-Karriere

❑   Verkaufsmanager tun sich schwer, nicht mehr Verkäufer, sondern Führungskraft und Coach zu sein

❑   Es gibt nicht wenige Verkaufsmanager, die Ihren Mitarbeitern gerne den Abschluß abnehmen (weil die Mitarbeiter ja angeblich Angst davor haben!)

❑   Verkaufsmanager und Verkäufer wechseln häufiger das Unternehmen als Servicemanager und Serviceingenieure

Veränderungen ringsum und in der Rolle der Trainer

Sechs Trends mindestens haben auch die Rolle der Trainer verändert und werden sie auch noch weiter verändern:

➤   Sowohl die technischen als auch die Management-, Verhaltens-, Verkaufstrainer werden immer stärker mit Ihnen, den Führungskräften zusammenarbeiten (müssen), je besser Sie Ihre Coaching-Rolle wahrnehmen. Seminarziele, -inhalte und -vorgehensweisen müssen praxiorientiert definiert und mit Ihnen abgestimmt werden. Denn Training ist nicht nur notwendig, sondern kostet auch Geld; Sie streben den return on training an. Hinzu kommt, daß die professionellen Trainer in Zukunft mit Ihnen als Co-Trainer werden arbeiten dürfen (für viele heißt das: müssen).

➤ Trainer, egal welcher Sparte, müssen die Trends im Umfeld und die Trends ringsum und in den Rollen der verschiedenen Berufe (Manager, Serviceingenieure, Verkäufer, etc.) als erste erkennen und ihre Aktivitäten entsprechend umgestalten. Der Kontakt zum Business und zur Organisations- und Personalentwicklung wird ein Erfolgsfaktor sein.

➤ Durch den Wertewandel haben sich auch anspruchsvollere Erwartungen gegenüber dem Trainingsstil entwickelt. Schon heute nehmen es die Teilnehmer - Gott-sei-Dank - nicht hin, daß Trainer die Seminare als Schule unter anderen Vorzeichen gestalten. Die Teilnehmer wollen interaktiv eingebunden sein; sie möchten, daß der Trainer die Ziele und Inhalte ihnen anpaßt und nicht den Teilnehmern zumutet, sich den Zielen und Inhalten anzupassen.
Besonders im technischen Training wird es vermehrt Situationen geben, in denen die Teilnehmer teilweise mehr wissen und können als der Trainer, der sich in 4 Wochen in die Materie eingearbeitet hat. Der schnellere Produktlebenszyklus treibt auch die Trainer dazu, schneller zu lernen.
Er mag hoffentlich auch dazu zwingen, daß die Experten einen Teil ihrer Zeit zu Trainern ihrer Kollegen werden. D.h. aber auch, daß sich die Trainingsmanager umorientieren müssen, die Trainingsabteilungen werden neu aussehen: sogenannte professionelle Trainer und «Aushilfstrainer».

➤ Immer neue Erkenntnis aus der Gehirnforschung und über effizientes Lernen werden bekannt. Die Trainingsmethodik wird sich darauf einstellen müssen. Früher oder später werden Trainer von dieser Welle überrollt und von den Teilnehmern konfrontiert, wenn sie sich nicht mit diesen neuen Erkenntnissen beschäftigen und sie in ihre Seminarpraxis umsetzen. Insbesondere werden anspruchsvolle Interaktions- und Visualisierungstechniken eingesetzt werden müssen.

➤ Ich glaube auch nicht daran, daß sich die (übertriebene) Spezialisierung von Trainern durchhalten läßt: Trainingsbedarf feststellen, Seminare zu designen, durchzuführen und zu evaluieren wird wieder ein Prozeß werden (müssen). Das Taylor'sche Prinzip der Arbeitsspezialisierung, der Entfremdung von der gesamthaften Sichtweise, gilt immer weniger in modernen

Unternehmen. Aufgaben werden wieder angereichert, um Sinn zu schaffen und zu motivieren. Ausgerechnet im Trainingsbereich hat man gerade erst so richtig angefangen, den Taylorismus einzuführen. Ich meine, daß Trainer es lernen müssen, alle diese Funktionen selbst auf hohem professionellen Standard auszuführen. Insbesondere das Erstellen von Unterlagen wird vielen schwer fallen; meine Beobachtung ist, daß die meisten meiner Kollegen einige Schwierigkeiten haben, sich schriftlich auszudrücken.

➤   Besonders für das technische Training, aber auch für alles das Training, in dem es in erster Linie auf pure Wissensvermittlung ankommt, stehen immer bessere computerunterstützte Lernprogramme zur Verfügung; der Lerner braucht über weite Strecken den Trainer nicht mehr, er kann in seinem eigenen Tempo lernen. Der Trainer wird zum Begleiter bzw. zum Coach. Und weitere moderne Techniken (Video, Telekonferenzen, PCs, etc.) wollen beherrscht sein.
    Das Interessante an den modernen Techniken ist, daß sie zur Verfügung stehen, daß manche Trainingsmanager bereits zu sehen glauben, daß die Personalkosten gesenkt werden können, weil es halt weniger Trainer braucht. Ich denke allerdings, daß das Spiel ähnlich ausgehen wird wie beim papierlosen Büro oder beim Konzept, daß die Mitarbeiter voll von zuhause aus, vernetzt arbeiten können. Was high-tech möglich ist, macht high-touch, also menschlich noch lange keinen Sinn. Menschen sind Sozial-Wesen. Menschen brauchen insbesondere andere Menschen, um sich auszutauschen, um zu lernen.
    Dennoch bzw. gerade deswegen wird es bei vielen Trainern Orientierungskrisen geben.

Trainer zu coachen, ist besonders herausfordernd. Trainer werden leicht zu Primadonnen. Sie sind es gewohnt, als Einzelkämpfer Seminare durchzuziehen. Sie sind es gewohnt, Menschen in Lernsituationen zu sehen. Sie werden ständig zu der Annahme verleitet, daß die Teilnehmer «schlechter» als sie sind. Sie sind den alltäglichen bzw. allwöchentlichen Applaus gewöhnt.
Es braucht nun Senior-Trainer und Trainingsmanager, die nicht nur den Primadonnen-Trainer verstehen, sondern auch die o.a. Trends erkennen und mit Coaching Hilfestellung geben können.

Führungskräfte bewegen sich in drei Rollen

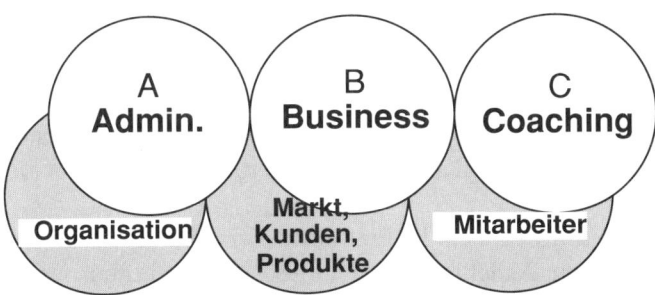

Das Interessante und eigentlich Herausfordernde an einer Führungsrolle ist, daß sie zumindest aus drei verschiedenen Rollen besteht.

Noch-nicht-Führungskräfte, also die normalen Mitarbeiter, sind
sicherlich mehr oder weniger gut in ihrem Fachgebiet; das soll hier mit
dem Business-Kreis angedeutet sein. Die Fach-Rolle verändert sich
jedoch mit der Beförderung zur Führungskraft. Viele Manager arbeiten
sich auf, weil sie versuchen, der beste Mitarbeiter ihrer eigenen Gruppe
zu sein. Stattdessen sollten sie Richtungen und Ziele vorgeben, planen,
koordinieren, etc. (siehe «Führungsregelkreis»; siehe auch «leiten und
führen»).

Wie viele Personalmanager bestätigen können, tun sich die meisten
neuen Führungskräfte bereits beträchtlich schwer bei der Einhaltung
all der organisatorischen, bürokratischen, administrativen Vor-
schriften. Umfangreiche Organisationshandbücher - so mein Eindruck -
verschlimmern die Situation meist nur. Meist sind die Neuen alleinge-
lassen z.B. bei Beurteilung, Beurteilungsgesprächen, Gehaltsfestle-
gung, etc. Die ungenügende Bewältigung dieser Hürden kann zu
Problemen in den zwischenmenschlichen Beziehungen zwischen der
neuen Führungskraft und den Mitarbeitern führen.
(Diese Beziehung ist am Anfang sowieso belastet; z.B.: der neue, von
außen kommende Manager in einer bereits bestehenden Gruppe; oder
der Manager, der aus der Gruppe von Kollegen heraus befördert worden
ist; etc.)

Gefangen von der Business- und von der Admin-Rolle haben viele
Führungskräfte kaum Zeit für ihre Mitarbeiter. Offene Tür und
Management-by-walking-around sind zwei wohlbekannte Konzepte.
Der Alltag sieht düsterer aus: Mitarbeiter müssen einige Wochen warten, bis sie ihren Chef unter vier Augen für eine Stunde sprechen
können. Ihre Priorität sollte sich auf die Coaching-Rolle verschieben. Je
besser Sie Ihre Mitarbeiter coachen, desto bessere Leistungen werden
sie bringen, desto weniger müssen Sie die Dinge alle selber erledigen,
weil Sie sie ja besser und schneller können.

Paradox: Sie müssen Zeit in Ihre Mitarbeiter investieren, um Zeit für
die langfristigen Aspekte des Business zu gewinnen. Voraussetzung
dafür ist, daß Sie loslassen von den Aufgaben, die im Laufe Ihres
Berufslebens zu Ihren Hobbies geworden sind, von den Dingen, die
Ihnen liegen, die Sie gut können. Führen heißt also auch loslassen und
neu lernen. Nur dann können Sie zum Coach werden und Zeit gewinnen
für ...

Leiten ? = Führen ?

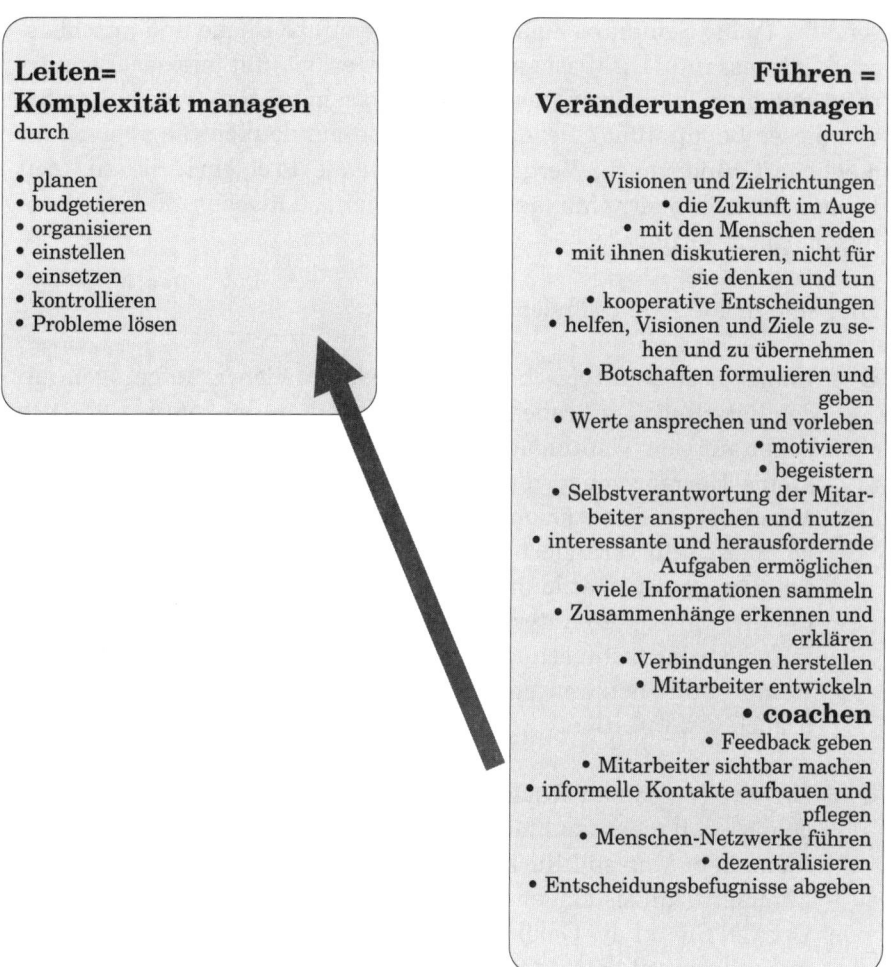

Leiten=
Komplexität managen
durch

- planen
- budgetieren
- organisieren
- einstellen
- einsetzen
- kontrollieren
- Probleme lösen

Führen =
Veränderungen managen
durch

- Visionen und Zielrichtungen
- die Zukunft im Auge
- mit den Menschen reden
- mit ihnen diskutieren, nicht für sie denken und tun
- kooperative Entscheidungen
- helfen, Visionen und Ziele zu sehen und zu übernehmen
- Botschaften formulieren und geben
- Werte ansprechen und vorleben
- motivieren
- begeistern
- Selbstverantwortung der Mitarbeiter ansprechen und nutzen
- interessante und herausfordernde Aufgaben ermöglichen
- viele Informationen sammeln
- Zusammenhänge erkennen und erklären
- Verbindungen herstellen
- Mitarbeiter entwickeln
- **coachen**
- Feedback geben
- Mitarbeiter sichtbar machen
- informelle Kontakte aufbauen und pflegen
- Menschen-Netzwerke führen
- dezentralisieren
- Entscheidungsbefugnisse abgeben

Führen und Leiten!

Beides ist notwendig,
aber in dieser Reihenfolge

Müssen die künftigen Manager Frauen sein?

Ich gebe zu, ich bin manchmal nicht ganz fair, zumindest aber schockierend für meine Seminarteilnehmer. Viele konfuse Blicke und anschliessend interessante Diskussionen habe ich erlebt mit meiner Behauptung, daß die zukünftigen Manager Frauen sein werden. Was halten Sie von dieser Behauptung? Bevor Sie weiterlesen, denken Sie über einige mögliche Gründe nach. Vergessen Sie all die Probleme, die zur Zeit Frauen daran hindern, Management-Karriere zu machen. Haben Sie einige mögliche Gründe?

Hier sind meine zwei Gründe:

❶   Immer noch und typischerweise werden Mädchen aufgezogen mit der Botschaft: Du brauchst nicht rational zu denken; verlaß Dich lieber auf Dein Gefühl, auf Deine Intuition.
     Meine Herren, genau das brauchen Sie immer mehr in höheren Management-Funktionen. Das Umfeld von Unternehmen ist so komplex, und verändert sich so schnell, daß man mit allen Entscheidungen zu spät käme, wenn man sich auf eine vollständig rationale, mit Zahlen unterlegte Analyse verlassen wollte.
     Paradox: die technisch-rationale Intelligenz von Informationssystemen und -netzwerken rings um den Erdball zwingt zum Gebrauch von Intuition.

❷   Die zweite Standardbotschaft für Mädchen im Vergleich zu Jungen ist, daß nicht die Fakten und Zahlen wichtig sind, sondern die Menschen. Man soll Rücksicht auf Menschen nehmen, sich um sie kümmern, auf sie eingehen.
     Denken Sie an die Goldkragen-Mitarbeiter, die Menschen, die Sie nur schwer auf dem Arbeitsmarkt finden, die Sie später möglichst nicht verlieren sollten, da Sie sonst eine große Investition verlieren. (Wie hoch ist die Fluktuationsrate in Ihrem Unternehmen?) Insbesondere Coaching setzt diese Fähigkeit und den Willen voraus, auf Menschen eingehen zu können, sie besser zu machen - und sogar besser als Sie selbst.

Drei Stacheldraht-Fragen schließen sich an:

➤ Wenn Sie morgen ausfallen (Sie kündigen, Sie werden für lange
   Zeit krank, Sie sterben - entschuldigen Sie die makabren, aber
   ernsten Anspielungen), kann dann einer Ihrer Mitarbeiter sofort
   Ihre Rolle übernehmen? Haben Sie einen Nachfolger?

➤ Wieviele gute Leute haben Sie bereits aufgebaut, soweit aufgebaut, daß sie begehrte Kandidaten für höherwertige Rollen (Management oder Beruf) in anderen Abteilungen waren?

➤ Wenn Ihr Gehalt alleine an Ihrem Coaching-Erfolg gemessen würde, wieviel würden Sie dann verdienen? Denken Sie an die SAS-
   Story und schauen Sie sich einmal das Wort «ver-dienen» genauer
   an. Da versteckt sich ganz offen das Wort «dienen». Ich weiß, für
   viele von Ihnen ist das eine revolutionäre Herausforderung: der
   Manager als Diener seiner Mitarbeiter. So übrigens verstehen sich
   auch die indischen Gurus (die richtigen, nicht die modernen Beu-
   telschneider).

Aber bitte beginnen Sie nicht sofort eine Hormonbehandlung und eine
psychologische Beratung, um Frau zu werden. Erkennen Sie und benüt-
zen Sie Ihre weiblichen Teile bzw. Verhaltensweisen (Sie haben eine
Menge davon!), meine Herren.
Und für die Damen unter Ihnen: Wenn Sie versuchen, ein besserer
Mann zu werden als Ihre männlichen Manager-Kollegen, dann machen
Sie langfristig irgendetwas falsch.

Management ist Service für die Mitarbeiter

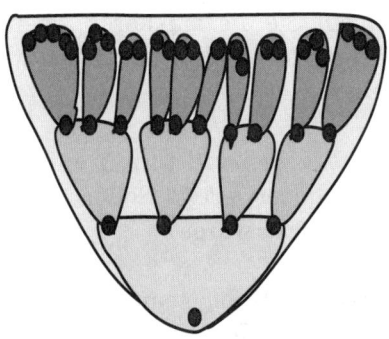

Üblicherweise werden Unternehmenspyramiden andersherum gezeichnet, mit der Spitze nach oben. Jan Carlzon hat mit der auf dem Kopf gestellten Unternehmenspyramide bei den Skandinavischen Airlines (SAS) in relativ kurzer Zeit große Veränderungen herbeigeführt und SAS zu einer der besten Fluggesellschaften gemacht. Ich habe mir erlaubt, die Idee der «linking pins» (Manager als Verbindungsglieder zwischen jeweils zwei Teams) von Likert miteinzubauen und der Hierarchie mehr die Form einer Yeti-Tatze zu geben - weg von der Hierarchie = heiligen Ordnung.

Carlzon hatte zwei Erfolgsideen: Zum einen hatte er die Macht von Bildern erkannt; er benutzte Grafiken und Symbole, um seine Philosophie zu vermitteln (z.B. die umgedrehte Pyramide). Zum anderen hat er die Philosophie zum Leben gebracht, daß die oberste Managerfunktion die ist, den Mitarbeitern zu dienen, so daß diese (die Stewardess, der Billetverkäufer, etc.) dem Kunden dienen können. Managen heißt also: Service für die Mitarbeiter.

Denken Sie an Ihr Unternehmen. Wer hat den meisten Kontakt zu den Kunden? Wer «holt das Geld rein»? Ihre Mitarbeiter! Alle Strukturen und Abläufe, alle Verwaltung, alles Management bekommt nur einen Sinn dadurch, daß Beratung, Verkauf, Lieferung, Service etc. für und an den Kunden effizienter und effektiver sowie zufriedenstellender ablaufen können. Ihr Unternehmen oder Ihre Abteilung ist so gut wie Ihre Mitarbeiter.

Coaching ist also Service für die Mitarbeiter.

Coaching im Veränderungsprozeß

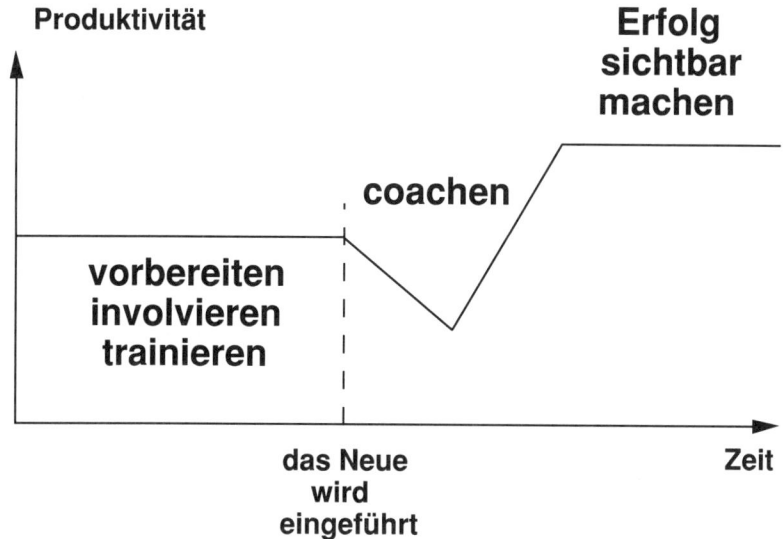

Schauen Sie zurück, auf die Veränderungen in Ihrem Unternehmen -
von umfangreichen Veränderungen in der Organisationsstruktur bis
hin zur Einführung neuer Werkzeuge oder eines neuen Software-
Programmes: Ich nehme an, Sie werden entdecken, daß fast alle diese
Change-Prozesse in etwa den obigen Verlauf genommen haben. Egal
wie gut Sie den Prozeß managen, Menschen haben fast immer gewisse
Umstellungsschwierigkeiten. Im einfachsten Fall ist das die Tatsache,
daß das Neue noch ungewohnt ist, also noch trainiert werden muß. Im
schlimmsten Fall könnte es sein, daß Mitarbeiter sabotieren, weil sie
mit dem Neuen nicht einverstanden sind. Je unprofessioneller allerdings die Vorbereitung auf die Einführung gelaufen ist, desto steiler
wird der Produktivitätsabfall sein und desto länger wird er anhalten.
Hoffen wir, daß Sie bis jetzt und in Zukunft immer wieder auf ein
höheres Produktivitätsniveau gelangen.

Insbesondere in der zweiten Phase, dann wenn das Neue eingeführt
wird, ist Ihr Coaching wichtig. Sie sollten mindestens als Hotline
fungieren, d.h. auf Anfrage der Mitarbeiter helfen können. Ich empfehle
Ihnen jedoch, den Coaching-Begriff weiter zu fassen: Coaching setzt ein
mit der Beteiligung der Mitarbeiter im Vorfeld; es gehört auch noch

zum Coaching, den schließlichen Erfolg sichtbar zu machen und zu verstärken und daraus zu lernen, wie man beim nächsten Mal den Change
noch besser einführen kann.

Ich möchte noch einmal die zweite Phase hervorheben. Betrachten Sie
es als normal, daß es eine Zeitlang einen gewissen Produktivitätsein-
bruch gibt. Planen Sie das voraus; setzen Sie für diese Zeit niedrigere
Ziele. Verstärken Sie Ihre Coaching-Aktivitäten. Und geraten Sie nicht
in Panik! Einer der größten Fehler ist es, wenn Sie vor Angst die
Veränderung noch einmal verändern; dann geht es tiefer bergab. Es
könnte auch sein, daß beim nächsten Mal die Mitarbeiter geradezu
darauf warten, daß die Veränderung wieder geändert wird: «Erst mal
abwarten, bevor wir etwas anderes tun. Es wird nichts so heiß geges-
sen, wie es gekocht wird!» Ihre Glaubwürdigkeit geht verloren.

Coachen -
in welcher Beziehung zum Mitarbeiter?

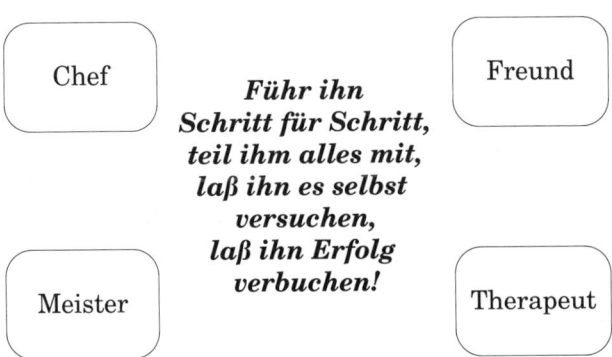

Chef

*Führ ihn
Schritt für Schritt,
teil ihm alles mit,
laß ihn es selbst
versuchen,
laß ihn Erfolg
verbuchen!*

Freund

Meister

Therapeut

Als Coach Ihres Mitarbeiters befinden Sie sich zumindest in den o.a.
Rollen gleichzeitig.

Sie sind der *Chef*, der Vor-Gesetzte. Per Definition haben Sie die Positi-
ons-Macht. Je hierarchischer Ihre Unternehmenskultur, Ihr Führungsstil oder/und das Denken Ihrer Mitarbeiter ist, desto größere Hürden
haben Sie zu überwinden, um die persönliche Nähe zu erreichen, die
man braucht, um Menschen zu coachen. Ver-trauen ist Freundschaft.

Sie brauchen also die Rolle des *Freundes*, mit dem man gewillt ist, über Probleme zu reden, dessen Rat-Schläge man akzeptiert, weil man sie als Freund und nicht als Chef gibt.

Gleichzeitig sollten Sie in der *Meister*-Rolle sein. Das heißt nicht, daß Sie alle Rollen und Aufgaben Ihrer Mitarbeiter verstehen und beherrschen müssen - das ist schlicht unmöglich. Das heißt jedoch, daß Sie als jemand anerkannt sein sollten, der nicht nur seine Rolle als Professional, sondern auch als Führungskraft und besonders als Coach beherrscht. Ihre Mitarbeiter haben ein Gespür dafür, von und mit wem sie etwas lernen können.

Und schließlich die Rolle des *Therapeuten*. Ob Sie wollen oder nicht, wenn Sie Ihren Mitarbeitern nur helfen, neue Techniken zu verstehen und situationsgerecht einzusetzen, arbeiten Sie immer schon am Verhalten des Mitarbeiters. Oder noch konkreter: Sie können leicht in die Situation kommen, daß Sie einem Mitarbeiter helfen sollten, seine Nervosität vor Reden oder vor Kundengesprächen abzulegen.

Über
das
Lernen

Über das Lernen in Organisationen

«Lernen ist wie Rudern gegen den Strom.
Sobald man aufhört, fällt man zurück.»

Gerne benutze ich dieses Wort von Benjamin Britten. Es wurde so von einem großen deutschen Automobilhersteller in einer Imagekampagne eingesetzt. Lernen ist «in». Das möchte ich nicht weiter belegen. Nur einige Hinweise noch. Haben Sie auch schon vom Konzept der «lernenden Organisation» gehört? Besonders große Unternehmen, also große Organisationen, haben erkannt, daß Größe und Finanzkraft allein nicht mehr als Überlebensgarantie ausreichen. Und wer will schon nur überleben? Wachsen, besser werden, neue Ziele erreichen.

Organisationen müssen flexibel auf die Veränderungen im Umfeld reagieren können oder gar pro-aktiv auf das Umfeld einwirken können.

Indes, ich habe einige Schwierigkeiten mit dem Begriff «lernende Organisation». Begriffe haben Bedeutung bzw. Menschen geben Begriffen Bedeutungen. Wer soll lernen? Die Organisation? Die Organisation gibt es nicht, es sei denn wir meinen die berühmte Blaupause, das Blatt Din-A-4, auf das Sie als Chef Ihre Organisationsstruktur, das Organigramm, zeichnen; Sie natürlich ganz oben (Nebenbei bemerkt: haben Sie sich schon einmal um andere Darstellungsformen Ihrer Organisationsstruktur bemüht, andere Formen, die eher noch klarer, auf jeden Fall aber Ihre Design-Idee besser zum Ausdruck bringen kann?!).

Für mich besteht bei diesem Begriff wieder die Gefahr, daß ein Konzept von oben über die Menschen in einer Organisation gestülpt wird. Und diese Menschen, vom Manager bis zum einfachen Mitarbeiter (Manager sind auch Mitarbeiter!) bleiben passiv. Wie oft habe ich in Diskussionen mehr oder weniger deutlich gehört: «Das ist alles ganz prima, was wir hier lernen. Aber wenn ich das jetzt so anders mache, dann heißt das doch, daß ich bisher alles falsch gemacht habe!» Erkennen Sie sich in diesem Zitat wieder? Wenn die Mitarbeiter ständig rudern = lernen, dann lernt die Organisation. Allzuoft ist der Kampf darum, daß Menschen Neues akzeptieren, neues Wissen in Verhalten umsetzen, wie ein Kampf gegen die Windmühlen des Don Quichotte.

Coaching und Motivation

Gute Resultate, sprich: Leistung, Mitarbeiter-Zufriedenheit und -Motivation sind nur selten reine Glücksfälle. Meistens steckt engagierte und harte Arbeit der Manager und Mitarbeiter dahinter. Hier liegt auch die eigentliche Aufgabe von Führungskräften: nicht nur bei schönem Wetter, wenn alles glatt läuft, zu administrieren, sondern in schwierigen Situationen Mitarbeiter zu führen. Die Bedürfnisse der Mitarbeiter und ihre Leistungsprobleme sowie Entwicklungsnotwendigkeiten treffen den Kern dessen, was man managen = führen nennt. Sie verdienen als Manager = Führungskraft eigentlich erst dann Ihr Gehalt, wenn Sie Ihre Mitarbeiter führen = coachen. Vielen von Ihnen wird es schwer fallen, im Gespräch unter vier Augen mit Ihrem Mitarbeiter über Leistungsprobleme zu reden und mit ihnen Aktionspläne zur Leistungsverbesserung und Mitarbeiterentwicklung zu entscheiden.

Wie verbessert man die Leistung von Mitarbeitern? Durch Motivation? Ja! Die Bedürfnisse der Mitarbeiter erkennen und befriedigen. Man will mehr Leistung durch Motivation erreichen. Aber: Reicht das? Coaching in seinen unterschiedlichen Formen (s.u.) hat zum Ziel, die Leistung zu verbessern. Der konstruktive Coaching-Prozeß und die erzielten Leistungssteigerungen wirken dann motivierend. Motivation ist dann das Ergebnis von mehr Leistung. Coaching- und Motivationstechniken sollten also als sich notwendigerweise ergänzende Managementtechniken gesehen und genutzt werden. Viele Motivationstheorien geben daher also nur jeweils die halbe Antwort.

Motivation

= Bedürfnisse befriedigen

= führt vielleicht zu: Leistungssteigerung

Coaching

= Leistungssteigerung

= führt meistens zu: Motivation

Nach G. Eric Allenbaugh soll Coaching in einem für Manager und Mitarbeiter konstruktiv-positiven Prozeß Stärken und Schwächen
erkennen, Stärken ausbauen und Schwächen abbauen. Ziel ist es,

- die Aufgaben besser zu verstehen,
- die aufgabenbezogenen Fertigkeiten zu verbessern,
- die Zusammenarbeit am Arbeitsplatz zu verstärken,
- Gelegenheiten für persönliches und professionelles Wachstum zu
  erkennen und zu nutzen.

Auch in dieser Definition ist der motivationale Charakter des Coaching
angesprochen: persönliches und professionelles Wachstum sind in der
Maslow'schen Bedürfnispyramide ganz oben angesiedelt.

Gurus und Pragmatiker

Coaching ist für viele Manager und Berater in den Verdacht gekommen,
doch wieder nur alter Wein in neuen Schläuchen zu sein. Auch bei den
Managementphilosophien und -techniken gibt es Modeerscheinungen.
Wenn das alte nicht funktioniert hat, aus welchen Gründen auch immer
(vielleicht, weil niemand die Techniken ernsthaft angewendet hat),
dann greift man zum neuen Angebot. Außerdem kann man sich mit
neuen Paketen und neuen Namen selbst einen Namen machen.

Ganz grob hingeschaut, können Sie in der Beratungspraxis zwei Coa-
ching-Richtungen erkennen:

➤ Da sind die *Guru-Berater*, die sich als Manager-Coach inthroni-
   sieren, als Begleiter, als Freund, als Schatten, als graue Eminenz.
   Deren Spezialgebiet scheint (wieder einmal) die Kommunikation,
   das allgemeine Verhalten, der Führungsstil, das Selbstbild zu
   sein. Coaching wird damit in die Ecke des New Age Thinking
   gezogen. Diese «Gurus» machen zur Zeit das Image von Coaching
   in der Literatur und in Managementzirkeln.
➤ Und da sind die sachlichen *Pragmatiker*, die sagen, daß Coaching
   schon immer stattgefunden hat, z.B. zwischen Meister und
   Lehrling; diese betonen den sachlichen Leistungsaspekt. New Age
   Thinking und damit auch die psychologischen Aspekte grenzen sie
   aus.

Eine detaillierte, wissenschaftliche Auseinandersetzung mit diesen beiden und eventuell weiteren Schulen will ich anderen Autoren überlassen. Nur einige Bemerkungen, die helfen, meine Denkrichtung zu verdeutlichen:

> In der Therapie hat man erkannt, daß die Familie, die
  Bezugsgruppe in die Therapie des Klienten einbezogen werden
  muß. Beispiel: Sie hören auf zu rauchen; Ihr Partner/Ihre Partnerin raucht weiter. Wann werden Sie wieder anfangen zu rauchen
  oder wann werden Sie sich trennen? Das Einzelcoaching von
  Managern durch Gurus löst den Manager aus seiner Bezugsgruppe heraus. Einzelcoaching muß mit Gruppencoaching gekop-
  pelt sein. Sonst ist es ein elitärer, auf die hierarchische Durchset-
  zungsmacht des Managers hoffender Schritt zurück auf dem Gebiet der Organisations- und Personalentwicklung.
> Was fehlt, ist die systematische Aufarbeitung von Prozessen und
  Techniken, die nicht nur Managern, sondern auch Professionals
  zur Verfügung gestellt werden können. Guru-Expertise wirkt oft
  wie Geheimwissen. Und wer von den Managern hat schon die Zeit
  und die Geduld, sich durch dutzende von Büchern zu arbeiten, um
  jeweils die drei favorisierten Coachingtechniken des Autors
  herauszufinden und mühsam an seine Praxis anzupassen.

Berufe, die man nicht zu lernen braucht

Haben Sie darüber schon einmal nachgedacht? Es gibt eine Reihe von
wichtigen Berufen, für die man kein Diplom erwerben muß, die man
also nicht gründlich studieren muß. Sie können Betriebswirtschaftsleh-
re lernen, Informatik, Landwirtschaft, und noch einige hunderte
Berufe.

Wo aber können Sie «Manager», «Verkäufer», «Eltern», «Trainer» und
ähnliche Berufe lernen? Das sind alles Berufe, die man antritt und
eigentlich erst in der Praxis lernt.

Und dann tauchen Fragen und Probleme auf. Dann sucht man nach
Rat, nach Seminaren, Vorträgen. Und jetzt beginnt das Spiel zwischen
Theorie und Praxis. Sie als Praktiker haben natürlich Ihre eigenen
Erfahrungen gemacht; Ihre Erfahrungen, so eng oder so weit wie sie

sind, nenne ich Theorie, Sie nennen es Praxiserfahrung. Schlimmer noch, meistens sind Ihre Erfahrungen nicht systematisch durchdacht und überprüft, sondern eher Impressionen. Impressionen kann man nur schwer weitergeben; unverständlich für andere, die sie lernen und umsetzen sollen. Hinzu kommen all die eingefahrenen Verhaltensprogramme, die Sie selbst nicht mehr erkennen können. Fragen Sie mal einen Starverkäufer nach seinen erfolgreichen Strategien. Klar, Sie bekommen eine Menge Antworten. Doch beobachten Sie den Mitarbeiter einmal in der Praxis. Sie werden Überraschungen erleben. Der Mitarbeiter tut eventuell ganz andere Dinge als er glaubt zu tun. Es könnte sogar sein, daß er Dinge tut, die Sie als absolute Todsünden betrachten. Aber irgendwie macht diese Todsünde ihn gerade erfolgreich, so scheint es. Wir werden weiter unten noch über Verhaltensstrategien und Clonen reden.

In den Seminaren und Vorträgen treffen Sie dann auf Theorien. Theorien sind für mich Konzepte, die aus den Praxiserfahrungen vieler Menschen abgeleitet wurden; nicht bloße Hirngespinste. Selbst die vieldiskutierte Bedürfnispyramide von Maslow, über die man bereits schmunzeln darf, da sie zu einfach scheint, wurde aus Praxisbeobachtungen heraus entwickelt. Aber wenn Sie in diesen Theorien nicht unmittelbar Ihre Alltagstheorie wiederfinden, also Ihre Praxiserfahrungen, dann haben viele von Ihnen damit Schwierigkeiten: das ist Theorie! Lehrer, Trainer, Berater und Sie als Manager-Coach müssen daher in der Lage sein, den Studenten, Schülern, Trainees, Teilnehmern etc. bei dieser Verknüpfung zwischen Theorie und Praxis zu helfen.

Coaching und Verhaltensveränderung

Auch den Pragmatikern muß man einige Gedanken entgegenhalten:

➤   Coaching zielt, geplant oder ungeplant, immer auch auf Verhaltensveränderung ab. Das möchte ich mit dem Persönlichkeitsmodell auf der folgenden Seite zeigen. Beispiel: Selbst wenn ich einen
      Verkäufer nur dazu ermutige, in Meetings aufzustehen und am
      Flipchart zu visualisieren, wenn ich ihn also zum Gebrauch einer
      Technik auffordere, ist das in den Augen der anderen Personen im
      Meeting eine Verhaltensveränderung des Verkäufers. So haben sie

ihn noch nicht argumentieren sehen. Er wirkt sicherer, überzeugender. Die Resonanz seiner Meetingpartner ist positiver. Er bemerkt das. Das wiederum verstärkt den Gebrauch der Technik. War das Visualisieren zuerst etwas Fremdes, so wird es jetzt immer stärker zum Teil seiner selbst. Und erstaunlich: Eine ganze Reihe anderer Verhaltensweisen können sich anschließen, quasi automatisch, wie z.B.: langsamer reden, Fragen stellen, sich besser vorbereiten, etc.

➤ Je effektiver ich als Coach diesen Lern- sprich Verhaltensveränderungsprozeß begleitend unterstütze, desto eher werde ich das neue Verhalten beim Verkäufer programmieren.

➤ Nur ein Beispiel. Was ich zeigen will, ist, daß sich durch den neuen Einsatz einer Technik komplexe Verhaltensketten verändern können. Geplant oder ungeplant ist Coaching also gleichzeitig Verhaltensveränderung. Denn man kann nicht einzelne konkrete Verhaltensweisen isoliert betrachten und behandeln. Der Mensch ist ein komplexes System aus voneinander abhängigen Verhaltensweisen. Eine Veränderung zieht andere Veränderungen nach.

(Sie gestatten mir, hier keinen Ausflug in die Systemtheorie zu starten.)

Nun können wir natürlich auch andersherum diskutieren. Inwieweit ist es die Aufgabe von Führungskräften, das Verhalten ihrer Mitarbeiter zu verändern? Woher nehmen sie die Legitimation dazu? Und: Kommen wir hier nicht auf das Gebiet der Manipulation? Und: Es geht doch gar nicht um den Menschen, sondern um die Leistungssteigerung, nur dieses Mal geschickter, effektiver, subtiler.

Ein Ausflug in die Führungsethik bietet sich hier an. Ich gestehe, ich kann das nicht leisten. Vier Bemerkungen dazu machen meinen Standpunkt klar:

➤ Ob wir es wollen oder nicht, wir führen und/oder manipulieren uns gegenseitig, meistens ohne es zu wissen.

➤ Wenn Coaching als eine offene Lernpartnerschaft zwischen Manager und Mitarbeiter gelebt wird, dann schließt sich Manipulation von selbst aus. Grundlage für Coaching sind die offen diskutierten und vereinbarten Bedürfnisse und Ziele beider, des Mitarbeiters und des Managers.

➤ Ich denke nicht, daß Sie als Manager sich Mitarbeiter wünschen, die sich so ohne weiteres manipulieren lassen. Auf solche Mitarbeiter könnten Sie in schwierigen Situationen (z.B. Kundenverhandlungen) nicht setzen. In den meisten Unternehmen werden selbständige, selbstverantwortliche und professionelle Mitarbeiter gebraucht.

Persönlichkeitsmodell

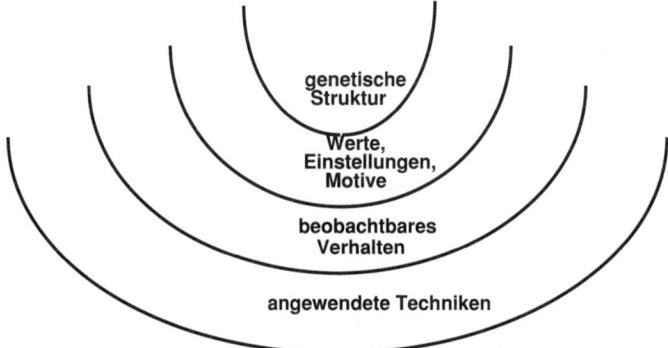

In der Literatur ist es üblich, die «Persönlichkeit» im Zwiebelmodell mit mehreren Schichten darzustellen. Ich gebe Ihnen ein stark vereinfachtes Modell mit nur vier Schichten. Das genügt, um zu diskutieren, an welchen Schichten Sie als Coach arbeiten und an welchen eher nicht.

Gewiß gibt es in unserem Sprachgebrauch den Begriff der Persönlichkeit. Für mich ist «Persönlichkeit» etwas Gesamthaftes, nämlich das Gesamtbild, das wir vom Anderen haben. Es ist nichts Geheimnisvolles, was tief im Innern den Kern des Menschen ausmacht. Ganz nüchtern betrachtet, macht das genetische Material den Kern des Menschen aus, also alles das, was er von seinen Eltern an Anlagen geerbt hat. Ich betrachte das als den Rahmen, innerhalb dessen sich «Werte, Einstellungen, Motive» und das «beobachtbare sprachliche und nicht-sprachliche Verhalten» durch Erziehung entwickeln können. Man könnte noch eine Schicht zwischen der genetischen Struktur und den Werten etc. einziehen, nämlich das Gehirn: Das ist nämlich in seiner Grundstruktur (Hardware, Betriebssystem und Applikationen) bis zum Ende des zweiten Lebensjahres fertig.

Wichtig ist mir, daß aus der Sicht des Beobachters, des Coaches also, nur zwei von vier Schichten unmittelbar beobachtbar sind: die Techniken oder Werkzeuge, die der andere einsetzt, und das ganz konkrete sprachliche und nicht-sprachliche (Körpersprache) Verhalten. Dummerweise schließen die meisten Beobachter daraus auf die Werte, Motive und Einstellungen und, schlimmer noch, auf die Persönlichkeit. Das ist reine Interpretation und Spekulation.

Und ich glaube, daß Sie als Coach auch nur an den äußeren beiden Schichten arbeiten können bzw. sollten. Selbst wenn Sie die Expertise eines Psychotherapeuten oder gar eines Psychoanalytikers hätten, haben Sie nicht die Zeit, um Ihre Mitarbeiter «umzubauen». Und woher könnten Sie das Recht dazu ableiten?

Manager als Rollen-Modell

Ich möchte noch ein Stück weiter gehen: Müssen Sie alles das wissen und können, was Ihre Mitarbeiter wissen und können sollen?

Eine interessante Frage. Sie als Coach, als Trainer haben sicherlich ein gutes Gefühl, wenn Sie alles vorher und besser wissen und können als Ihre Mitarbeiter. Der Vorsprung tut gut. Gleichzeitig besteht aber die Gefahr, daß Sie vor lauter Besserwisserei und Besserkönnerei den Mitarbeitern nicht helfen selbst zu lernen, sondern das anstehende Problem dann lieber selber lösen, weil Sie es eh besser und schneller können. Ich wette, daß ist einer der wichtigsten Gründe, weswegen viele Manager Stress- und Zeitprobleme haben: «Das muß ich selber machen! Da kann ich nicht auf meine Mitarbeiter warten!»

Sicherlich sollten Sie wissen, was Trainer in den Seminaren Ihren Mitarbeitern beizubringen versuchen. Es ist erstaunlich, wieviel Vertrauen viele Chefs in die Trainer haben. Die Trainer werden auf die Mitarbeiter losgelassen ohne intensives Briefing. Und dann kommt die Überraschung nachher, wenn die Teilnehmer nach dem Seminar tatsächlich das Neue anwenden wollen. Allzuoft stellt man dann fest, daß das nicht zum Unternehmen oder vielleicht nur nicht zum Führungsstil des Chefs paßt. Aus! Return on Training verschenkt.

Darüber - auch im Detail - Bescheid zu wissen, ist eine Sache. Das aber alles zu können, ist eine andere Sache. Sicherlich sind Sie im allgemeinen ein Rollenmodell für Ihre Mitarbeiter.

Mitarbeiter tendieren dazu, das zu tun und zu sagen, was Sie tun. Schauen Sie sich einmal bei Ihren Mitarbeitern um und versuchen Sie zu entdecken, was die Mitarbeiter Ihnen nachmachen: Ihre Arbeitseinteilung, Ihre Kleidung, Ihre Marotten, Ihre Sprüche, Ihre …. Sie können sich auch bewußt und geplant als Rollenmodell einsetzen. Ich erinnere mich an die Begebenheit, als ein Manager für sich selbst beschloß, dreimal pro Woche Kunden zu besuchen. Was er vorher nur auf Anfrage getan hatte, tat er jetzt geplant. Die Mitarbeiter haben das offenbar bald gemerkt: «Wenn der Boß häufiger zu Kunden geht, dann scheint das wohl wichtig und richtig zu sein!» Man hat die Verkäufer seitdem entscheidend häufiger nicht im Büro, sondern bei den Kunden gesehen.

Inhaltsfreies Coaching und Lernpartnerschaft

Oder lassen Sie mich ein bißchen ironisch sein. Wenn Sie für alles Wissen und Können das Rollenmodell für Ihre Mitarbeiter sein sollten, dann, so nehme ich an, ist Ihr Unternehmen oder Ihre Abteilung nicht sehr erfolgreich. Denn die Kundenstruktur, die Art der Herausforderungen und Probleme ist differenzierter als Sie mit all Ihrem Wissens- und Verhaltensbereich abdecken könnten.

Das heißt aber nun auch, daß Sie als Coach nicht beweisen müssen, daß Sie alles besser können. Sie müssen jedoch Prozesse und Techniken einsetzen können, die Ihren Mitarbeitern helfen, etwas zu lernen, was Sie selbst nicht können und eventuell auch nicht zu können brauchen. Wozu haben Sie denn Mitarbeiter? Sie brauchen sich doch nicht auf alles selbst zu spezialisieren. Sie sollten sich jedoch als Coach spezialisieren. Für dieses Konzept bevorzuge ich den Begriff «inhaltsfreies Coaching».

Die Parallele dazu ist ein guter Moderator. Nehmen Sie ruhig den Moderator, wie Sie ihn abends im Fernsehen sehen. Stellen Sie sich vor, der Moderator müßte über alles selbst genauso Bescheid wissen, wie seine Gesprächspartner! Das geht nicht. Das Geheimnis liegt wohl darin, daß ein Moderator den groben Rahmen des Themas so weit versteht, daß er Fragen stellen kann. Und der Moderator bekommt um so mehr aus seinen Partnern heraus, je mehr gute Fragen er stellt. Und durch die Antworten auf seine Fragen lernt er selbst dazu, zumindest ergeben sich für ihn neue Fragen daraus.

Wenden Sie dieses Bild auf Sie als Coach an: Als inhaltsfreier Coach helfen Sie Ihrem Mitarbeiter zu lernen und Sie selbst lernen dazu. Oder anders: Sie und Ihr Mitarbeiter bilden eine Lerngemeinschaft. Also nicht eine «Besser-Schlechter-Beziehung» oder «Lehrer-Schüler-Beziehung», sondern eine Lernpartner-Beziehung. Das ist deswegen möglich, weil selbst neue Mitarbeiter meistens genügend Wissen und Können bzw. genügend innere Ressourcen haben, um Neues selbst zu entdecken (d.h.: zu lernen bzw. Verhalten zu verändern). Ich behaupte sogar, daß sie oft mehr und Besseres wissen und können als Sie und Ihre «alten» Mitarbeiter: die Neuen haben Wissen und Können woanders (Uni, andere Unternehmen, etc.) frisch aufgetankt. Es kommt nur darauf an, ob Sie und wie Sie ihnen helfen, dieses Wissen und Können auf Ihr Unternehmen umzusetzen - es also nutzbar zu machen, statt zu sagen: bei uns macht man das anders! Für das, was Ihre Mitarbeiter noch nicht wissen und können, brauchen sie Hilfe zur Selbsthilfe.

Coaching - Seminare - Coaching

Zwei Schlußfolgerungen daraus sind wichtig:

➤ Entweder brauchen Sie als Coach einen theoretischen Bezugsrahmen und zwar
  ➤ sowohl bezüglich der Coaching-Prozesse und -Techniken
  ➤ als auch bezüglich dessen, was Sie beim Mitarbeiter coachen wollen, wie z.B. Einwandbehandlung oder Vorteilsverkauf oder Fragenstellen.
➤ Oder Ihre Coaching-Aktivitäten sollten integriert sein in einen umfassenden Entwicklungs- bzw. Trainingsplan, der mindestens sowohl Seminare durch externe oder interne Trainer als auch das Coaching vor und nach den Seminaren vorsieht. Oder anders: die Seminare vermitteln Theorien und Techniken pur; Ihr Coaching ist das Training in und an der Praxis.

Seminare, auch von prominenten Trainern, können nicht Ihre Coaching-Bemühungen ersetzen. Und Ihr Coaching kann keine Seminare ersetzen. Beide brauchen sich gegenseitig. Wir Trainer bemühen uns, nicht nur gut Geld zu verdienen, sondern die Seminare so zu gestalten, daß die Teilnehmer immer bereits Theorie und Praxis miteinander verbinden, in Diskussionen und in Übungen und Rollenspielen. Aber was sind 2, 3 oder auch 5 Tage ein- oder zweimal im Jahr? Sport-Profis trainieren fünf mal in der Woche jeweils einige Stunden. Wie oft trainieren Sie bzw. Ihre Mitarbeiter? Training muß kontinuierlich stattfinden.

Noch konkreter: Viel Return on Training wird verschleudert, weil Mitarbeiter zu Seminaren geschickt werden, ohne daß sich die Führungskräfte vorher mit diesen Mitarbeitern über das Seminar, die Ziele, Inhalte unterhalten hätten; besser wäre es doch, wenn Führungskraft und Mitarbeiter vorher darüber diskutieren würden,

- ❑   was der Mitarbeiter besonders lernen sollte,
- ❑   was er/sie nach dem Seminar damit anfangen soll.

Sie sollten bereits vor dem Seminar planen, was in die Praxis umgesetzt werden soll und wie dieser Transfer stattfinden soll. Dieses Gespräch vorher, der Plan, die Umsetzung in die Praxis und Ihre Unterstützung dabei, das alles sind Coaching-Aktivitäten, die Sie Ihrem Unternehmen, Ihrem Mitarbeiter und sich selbst schuldig sind. Und glauben Sie mir, auch uns Trainern macht das Arbeiten so mehr Spaß, wenn wir sehen, daß Sie mithelfen, aus Ihrem Unternehmen eine lernende Organisation zu machen.

Praxis - Theorie/Konzepte - Praxis

Das Ziel von Coaching ist, daß Mitarbeiter etwas anders tun; der Weg dahin ist Lernen; Coaching ist ein Prozeß, der das Lernen unterstützen soll.

Was heißt das für Sie als Coach Ihrer Mitarbeiter?

- ➤   Sie sollten sich einige Theorien und Techniken bewußt aneignen, sofern Sie das nicht schon getan haben.

- ➤   Sie sollten in der Lage sein, Theorien und Techniken zu erklären und selbst vorzuleben. Do what you preach! Preach what you do!

➤   Zumindest aber sollten Sie Ihre Praxiserfahrung, die Sie erfolgreich gemacht hat, durchdenken und formulieren, um sie vermitteln zu können.

➤   Sie sollten immer daran denken, daß Ihre Mitarbeiter jeweils ihre eigenen Praxiserfahrungen haben.

➤   Ihre Aufgabe ist es, die Verbindung zwischen Ihrer Praxiserfahrung = Theorie zur Praxiserfahrung = Theorie des Mitarbeiters herzustellen.

➤   Aber selbst, wenn Sie keine Ahnung haben von dem, was Ihr Mitarbeiter lernen soll, können Sie durch inhaltsfreies Coaching helfen: Stellen Sie Fragen, hören Sie hin, benützen Sie den Bedarfsanalyse-Prozeß, den Problemlösungsprozeß, etc.

Wußten Sie, daß man bis vor wenigen Jahrhunderten nicht wußte, daß es einen Puls gibt, daß also das Herz schlägt? Ein Briefwechsel zwischen einem englischen und einem italienischen Arzt belegt das. Das Konzept des Blutkreislaufes besagte, daß das Blut fließt. Da man kein Konzept vom Pulsschlag hatte, konnte man ihn auch nicht als Herzschlag wahrnehmen. Was will ich mit dieser wahren Geschichte ausdrücken? Wir brauchen Konzepte, um Dinge wahrzunehmen. Suchen Sie einmal etwas, ohne zu wissen, was Sie suchen sollen; Sie werden tausend Sachen finden, aber trotzdem nichts gefunden haben. Oder andersherum an einem einfachen Beispiel: Nehmen wir an, Sie haben sich ein neues Auto gekauft, Marke ungenannt. Wetten, daß Sie dieses Auto jetzt viel häufiger auf den Straßen sehen als zuvor. Ihr Gehirn ist programmiert auf diesen Typ. Jetzt erst nehmen Sie es wahr, obwohl vorher genausoviel davon auf den Straßen fuhren.

Ich behaupte, daß Coaching nicht theorielos, quasi als Praxishuberei, ablaufen kann. Theorien sind Konzepte, die helfen zu erkennen, was man und wie man etwas tut und wie man es anders machen könnte. Auch Ihre Alltagstheorien sind für Sie Konzepte. Denken Sie jedoch daran, daß Ihre Alltagstheorie zunächst nur Ihre Alltagstheorie ist, nicht die des Mitarbeiters.

Konzepte helfen zu erkennen
oder: Reframing (in einem anderen Rahmen sehen)

> Bis vor wenigen Jahrhunderten wußten die Menschen nicht, daß es einen Puls gibt.
>
> Ein Briefwechsel zwischen einem italienischen und einem englischen Arzt belegt das.
>
> Sie wußten nicht, daß man auf das Schlagen hören sollte, also haben sie es nicht gehört.

> Brotschimmel war einst ein Zeichen für die Wertlosigkeit dieses Nahrungsmittels.
>
> Inzwischen haben wir gelernt, den Schimmelprozeß selbst zu benutzen, um aus ihm einen Impfstoff zu gewinnen.

> Noch vor kurzem wurden Wasserfälle, die wir ehrfurchtsvoll bestaunten und deren Schönheit wir bewunderten, als ein Hindernis für die Ausbreitung von Industrie und Handel angesehen, weil durch sie Flüsse nicht als Transport- und Kommunikationsmittel benutzt werden konnten.
>
> Heute haben wir gelernt, mit ihrer Hilfe Elektrizität zu erzeugen, die wiederum den Weg für neue Transport- und Kommunikationsmöglichkeiten eröffnet.

Intelligenztypen

Haben Sie schon einmal einen Intelligenztest mitgemacht? Ihr Ergebnis? Offen gesagt, ich habe schlechte Erfahrungen und inzwischen habe ich Angst vor dieser IQ-Mathematik. Auf jeden Fall ödet sie mich an, ich habe keine Motivation, die x-hundert Fragen zu beantworten.

Dazu möchte ich Ihnen eine kleine Geschichte erzählen, aus Trainer- und Beraterkreisen. Ein Trainerkollege (sein Name ist mir leider entfallen!) hat eine größere Gruppe von Verkäufern einen Standard-Intelligenztest ausfüllen lassen. Das Ergebnis war für die meisten schockierend; sie lagen unter dem Durchschnitt. «Sind wir denn nun alle blöd?» Die Standard-Verzweiflung auf den Standard-Test. Die Aufklärung liegt einerseits im System des Tests bzw. in dem, was er tatsächlich mißt und andererseits in dem, welche Art von Intelligenz gute Verkäufer vor allen Dingen brauchen. Standard-Tests messen in erster Linie die mathematisch-naturwissenschaftliche und die linguistische Intelligenz sowie teilweise die räumliche Intelligenz (räumliches Vorstellungsvermögen).

Howard Gardner hat ein neues Intelligenzkonzept mit 7 verschiedenen Intelligenztypen erarbeitet:

1.	der mathematische Typ	bei Naturwissenschaftlern und Mathematikern
2.	der linguistische Typ	bei Dichtern
3.	der musikalische Typ	
4.	der räumliche Typ	bei Architekten, Bildhauern, Malern, Piloten
5.	der kinästhetische Typ	bei Tänzern, Chirurgen, Athleten
6.	der interpersonale Typ	Verständnis für andere und ihre Motivation
7.	der intrapersonale Typ	Streben nach Selbsterkenntnis

In unterschiedlichen Berufen wird eine unterschiedliche Intelligenz benötigt, wie man in diesem Konzept sieht. So erlebten die Verkäufer ihre zweite Überraschung, als sie realisierten, daß sie vor allen Dingen interpersonale Intelligenz benötigen, um erfolgreich zu sein.

Ähnliche Überraschungen dürfte es bei Führungskräften geben. Ich kenne «hochintelligente» Manager des ersten Typs (mathematisch-naturwissenschaftlich), die von ihren Mitarbeitern als Experte hochgeschätzt werden, über die man aber mit einem verzweifelten Ausdruck im Gesicht redet, wenn es um die Mitarbeiterführung geht.

Mitarbeiter zu führen und zu coachen verlangt ein gutes Stück interpersonale und auch intrapersonale Intelligenz, Sie sollten sich selbst recht gut kennen - oder darum bemüht sein -, um Menschen zu entwickeln. Sie brauchen vor allen Dingen aber die Fähigkeit, auf die Bedürfnisse der Chefs, der Kollegen, der Mitarbeiter, der Kunden etc. einzugehen und sie für eine Sache zu begeistern: also interpersonale Intelligenz.

Und noch eine Fähigkeit ist wichtig: Sie müssen in komplexen Situationen mit geringen oder/und unsicheren Informationen Entscheidungen treffen können. Intuition und Kreativität sind verlangt.

Lernen - Erfahrungen - Intuition

Lernen ist ein Prozeß zwischen der Außen- und der Innenwelt von Menschen. Inputs, Erlebnisse in Lernsituationen werden durch die Sinnesorgane aufgenommen. Durch nachdenken, verarbeiten und verknüpfen wird die neue Information im Gehirn gespeichert. Ausprobieren und versuchen führen - hoffentlich zu Erfolgserlebnissen; und der Coach/Lehrer kann das Neue durch Lob noch weiter verstärken. Das ist die Basis für neue Inputs, für erneutes Nachdenken. Im weiteren Verlauf baut sich daraus die Routine, die Erfahrung auf. Subjektive Erfolgserlebnisse und Verstärkung durch andere machen die Person dann schrittweise zum Experten, der intuitiv, ohne Detailanalyse weiß, was zu tun ist. Also: Intuition kommt nicht aus dem hohlen Bauch. Intuition ist das Ergebnis von Lernprozessen.

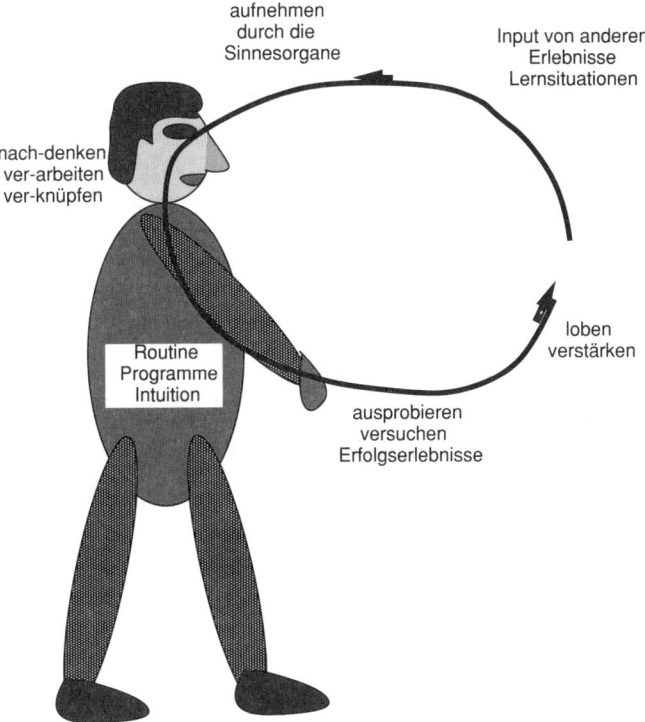

Wenn Sie als Coach neues Verhalten bei Ihrem Mitarbeiter programmieren wollen, dann sollten Sie all diese Lernschritte mit Ihrem Mitarbeiter durchmachen. Lernen ist wie Training im Sport: Je besser das Training, desto eher sind Bewegungsabläufe programmiert; sie laufen selbständig ab.

Stellen Sie sich einen Tausendfüßler vor, der sich jedes einzelnen Schrittes bewußt ist!

Baumwoll - Affen
- aus Erfolgen wird man klug -

Gegen die Volksweisheit: Ich behaupte, daß man (gerade auch) aus Erfolgen klug wird. Nichts ist erfolgreicher als der Erfolg. Wichtig ist jedoch, daß Sie als Chef Ihren Mitarbeitern helfen, Ihre Stärken zu erkennen und auszumachen, was denn den Erfolg ausgemacht hat; nur dann können diese es beim nächsten Mal genauso erfolgreich machen. Außerdem macht es mehr Spaß und es gibt auch ein besseres Gefühl als (nur) über Fehler und deren Gründe zu sprechen.

Mit Affen hat man entsprechende Experimente gemacht. Drei Gruppen von Affen sollten lernen, Baumwolle zu pflücken. Die Affen der ersten Gruppe wurden jedes Mal bestraft, wenn sie etwas falsch gemacht hatten. Die der zweiten Gruppe wurden jedes Mal belohnt, wenn sie etwas richtig gemacht hatten. Die dritte Gruppe diente als Kontrollgruppe; die durften sich unbelohnt und ungestraft im Baumwollparadies austoben. Wissen Sie, welche Affen am schnellsten und am besten gelernt haben?

In dem weitläufig bekannten (jedoch wenig gelesenen) Buch «Der Ein-Minuten-Manager» steht der Satz: «Catch your people doing something right!» oder auf deutsch: «Erwischen Sie Ihre Leute dabei, wenn sie etwas Richtiges tun!» und belohnen Sie sie.

Ich habe folgende Beobachtungen bei Managern gemacht:

❶   Meistens: Feedback wird überhaupt nicht gegeben, sondern aufgespart bis zum nächsten Beurteilungsgespräch oder bis zum nächsten unvermeidlichen Knall.

❷   An zweiter Stelle: negatives Feedback, denn man muß die Mitarbeiter ja auf Fehler hinweisen.

❸   Und schließlich weit abgeschlagen: positives Feedback, denn daß die Mitarbeiter ihre Aufgaben gut erledigen ist ja selbstverständlich; außerdem ist es peinlich, dauernd zu loben und die Mitarbeiter wollen dann nur noch mehr Geld.

Das ist nicht nur schade, sondern auch kontra-produktiv. Drehen Sie die Rangfolge um!

Wer arbeitet,
macht Fehler -

Wer Fehler macht,
der lernt

Man darf
jeden Fehler machen,
aber nur einmal!

Coaching-Stil und Reifegrad der Mitarbeiter
(Hersey und Blanchard)

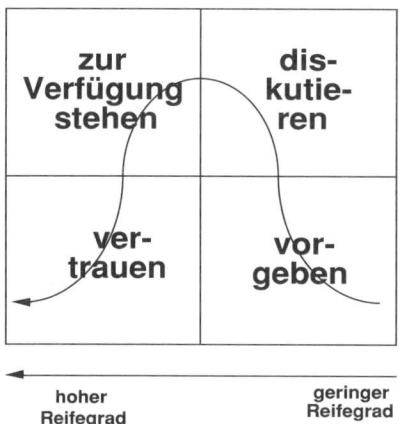

Wenn ein Mitarbeiter eine (komplett) neue Rolle übernimmt, dann kann er selbstverständlich zunächst nur wenig bis nichts über das neue Umfeld, seine «Kunden» und die neuen Aufgaben wissen - abgesehen von der beruflichen Qualifikation. Mit den Wochen und Monaten und Jahren wächst er in die Rolle hinein und wird selbst zum Meister auf seinem Gebiet. Das heißt, der Reifegrad des Mitarbeiters in dieser Rolle nimmt im Laufe der Zeit zu.

Sie als Führungskraft sollten Ihren Führungsstil beim Ziele vereinbaren, beim Delegieren, beim Coachen daran anpassen. Einem Mitarbeiter, der recht neu in seiner Rolle ist, müssen Sie noch einige Vorgaben machen; sie müssen einiges an Zeit für ihn aufwenden. Am anderen (linken) Extrem haben Sie eventuell auch Mitarbeiter, die die Rolle voll und selbständig ausfüllen. Diese Mitarbeiter sollten Sie im vereinbarten Zielrahmen selbstverantwortlich arbeiten lassen.

Auf zwei Gefahren möchte ich Sie aufmerksam machen:

- Viele Führungskräfte verpassen den Zeitpunkt, wann sie Ihren Mitarbeitern keine Vorgaben mehr machen, sondern sie als Partner betrachten sollten. Und dann reden sie den Mitarbeitern in die Arbeit rein; mit dem Ergebnis von Demotivation und minderer Leistung (hier ist sie, die Sich-selbst-erfüllende-Prophezeihung!).
- Andererseits kümmern sich viele Führungskräfte zu wenig um die reifen Mitarbeiter. Auch diese brauchen Zuwendung und Verstärkung. Nur sind nicht Einmischung und Vorgaben gefragt, sondern Fragen und Hinhören. Sie können auch von Ihren Mitarbeitern lernen.

Was ist der Unterschied zwischen motivieren und kegeln?

* *wechseln Sie die Spiele und Spielregeln*
* *erklären Sie das Spiel nicht*
* *vergeben Sie Punkte rein willkürlich*
* *wechseln Sie die Spieler aus*
* *löschen Sie das Licht*
* *weisen Sie immer nur auf Fehler hin*
* *stellen Sie Schwache bloß*

Haben Sie Spaß am Kegeln? Anders als beim Bowling kann man ja echt kreative Spiele machen. Und dabei kann man studieren, ob ein Spiel- bzw. Teamleiter ein guter Coach ist. Ziele und Spielregeln müssen definiert, vereinbart und verstanden sein. Sie sollten konstant bleiben bzw. nur dann abgeändert werden, wenn die Notwendigkeit dazu besteht; und Veränderungen brauchen dann wieder Vereinbarung und Aufklärung und ein bißchen neues Training, um das Neue zu lernen. Als guter Coach beherzigen Sie auch, daß Menschen Ermutigung brauchen. «Catch your people doing something right!» Menschen lernen nicht besonders gut und nicht besonders lustvoll, wenn man sie nur auf die Fehler aufmerksam macht.

Menschen geben aber auch neues Verhalten bald auf, wenn man ihnen im nachherein (nachdem man das Neue begonnen hat) immer wieder unter die Nase reibt: «Siehst Du. Das habe ich Dir beigebracht. Ohne meinen Tip wärst Du immer noch schlecht. Und warum hast Du das nicht gleich so gemacht, wie ich es Dir gesagt habe?!» Wenn Sie solche Bemerkungen hören, dann kommen Sie sich leicht wie ein abhängiger Trottel vor. Also, geben Sie Ihren Mitarbeitern die Chance, sich selbst als die Treiber ihrer Verhaltensveränderung zu sehen. Und Sie können das Positive durch loben verstärken. So erzielen Sie Motivation.

Stellen Sie sich auf Ihre Mitarbeiter ein

Aufgrund ihrer genetisch festgelegten Programme und aufgrund von Erziehung und Erfahrung lernen Menschen, wie sie lernen, also Informationen aufnehmen, verarbeiten und wie sie sich in der Kommunikation mit anderen darüber äußern. Jeder entwickelt so seinen eigenen Lernstil. Mancher Stil ist effizienter als der andere. Und ich behaupte sogar, daß die meisten Menschen verkehrt zu lernen gelernt haben. Das ist dann meist auch ein wichtiger Grund dafür, daß diese Menschen Schwierigkeiten haben, als Erwachsene Neues, speziell neues Verhalten zu lernen.

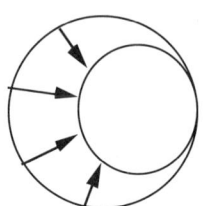 Eltern, Verwandte, Lehrer, Priester, Chefs programmieren auch das Lernverhalten von Personen. «So macht man das! Wenn Du das so machst, bist Du ein liebes Mädchen. Wenn nicht, dann wirst Du schon sehen, was Du davon hast!» D.h. durch Belohnung und Bestrafung wird aus unserem großen Potential (der äußere Kreis) unser Verhaltensprogramm geformt. Die gute Botschaft dabei: Wir können auch neu bzw. umlernen, denn unser genetisches Potential erlaubt uns eine größere Bandbreite als das, was durch Erziehung und Erfahrung aus uns gemacht wurde.

Das ist insbesondere eine Herausforderung für Sie als Coach. Kennen Sie Ihren bevorzugten Lernstil? Ich denke, daß die Wahrscheinlichkeit sehr hoch ist, daß Sie beim Coaching genau den Lehrstil einsetzen, der Ihr bevorzugter Lernstil ist; und das könnte der Lernstil des Mitarbeiters sein; Sie könnten aber auch daneben liegen. Auch wenn der Lernstil Ihres Mitarbeiters uneffizient ist, sollten Sie diesen erst einmal erkennen und diesen Stil adressieren. Wenn Sie es als Ihre Aufgabe ansehen und wenn Sie die Zeit dazu haben, können Sie sich auch die Mühe machen, ihm/ihr einen effizienteren Lernstil beizubringen.

Ich gebe Ihnen auf zwei Seiten dazu ein einfaches, schnell zu begreifendes Modell über Lernstile bzw. Problemlösungstypen und wie Sie auf die Lernstile eingehen können. Ich habe es in weitergehenden Einzelheiten in meinem 1990 erschienenen Buch «Change-Management» beschrieben.

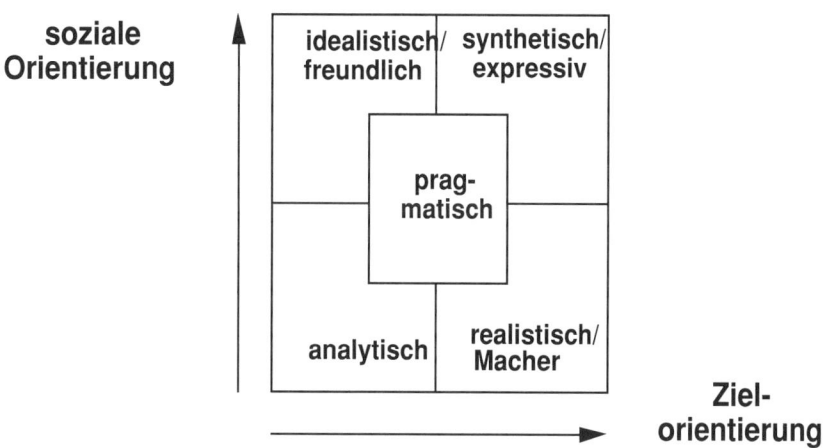

soziale Orientierung

idealistisch/ freundlich	synthetisch/ expressiv
prag-matisch	
analytisch	realistisch/ Macher

Ziel-orientierung

Mut zum Profil

Autoreifen sollten besonders bei schlech-
tem Wetter ein gutes Profil haben.

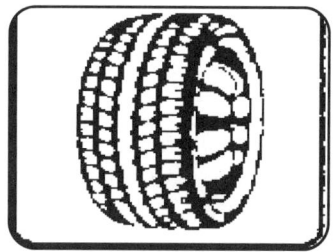

Ein häufiger Fehler von Führungskräften ist es, daß sie/Sie annehmen, der Mitarbeiter müsse z.B. genau so seine Verkaufsstrategie aufbauen wie sie/Sie es selbst gemacht haben, als sie/Sie noch im Verkauf aktiv nötig waren. Man übersieht leicht, daß Vorgehensweisen, Techniken und Werkzeuge erst dann produktiv eingesetzt werden, wenn sie zur Person passen.

Ein Beispiel: Ich habe es mir zur Angewohnheit gemacht, daß ich vor Seminaren und Meetings mindestens 1 Stunde vorher im Seminarraum bin, um alles so vorzubereiten, daß ich rechtzeitig noch vor dem ersten Teilnehmer fertig bin. Ich bin dann praktisch der Besitzer des Raumes

(Platzhirsch) und habe genügend Zeit, um jeden einzelnen Teilnehmer zu begrüßen und mit ihnen zu reden. Außerdem nehme ich mir in dieser Stunde immer mindestens 5 Minuten Zeit, um mir mentale Filme zu machen: was will ich erreichen? Wie gehe ich vor? etc. Dieses Vorgehen halte ich für absolut professionell. Und dieses Ritual mache ich nun seit 15 Jahren, selbst wenn ich die Seminarinhalte alle auswendig herunterspulen könnte.

Ich gestehe, ich erwische mich immer wieder dabei, daß ich die Vorgehensweise anderer Trainer für falsch halte - nur weil sie anders ist. Andere kommen in den letzten 5 Minuten vor Beginn in den Raum, und sie sind (meistens) auch nicht schlecht.

Ich hoffe, Sie können aus dem Beispiel erkennen, daß Ihr Coaching nicht darauf abzielen sollte, Ihren Mitarbeitern Ihr Vorgehen, Ihr Profil aufzudrängen. Sie sollten hingegen zusammen mit dem Mitarbeiter herausfinden, wie speziell er vorgehen sollte, um seine Stärken und Schwächen (jawohl: Schwächen! Man kann auch Schwächen nutzen) effizient und zielgerecht einzusetzen. Die Zielerreichung ist entscheidend.

Es könnte auch sein, daß Sie erkennen, daß die Vorgehensweise Ihrer Mitarbeiter, also deren Profil für Sie selbst besser geeignet ist als Ihr bisheriges Profil. Was oder wer hindert Sie daran, von Ihren Mitarbeitern zu lernen?

Außerdem: Mitarbeiter mit Ecken und Kanten, Mitarbeiter, die in gewisser Weise auffallen (nicht graue Mäuse), bleiben besser im Gedächtnis ihrer/Ihrer Kunden haften. Man verkauft nie das Produkt alleine; man verkauft immer sich selbst (zuerst).

Lassen Sie Ihren Mitarbeitern ihr, nicht Ihr, Profil; sie bleiben dann besser bei ihren/Ihren Kunden haften.

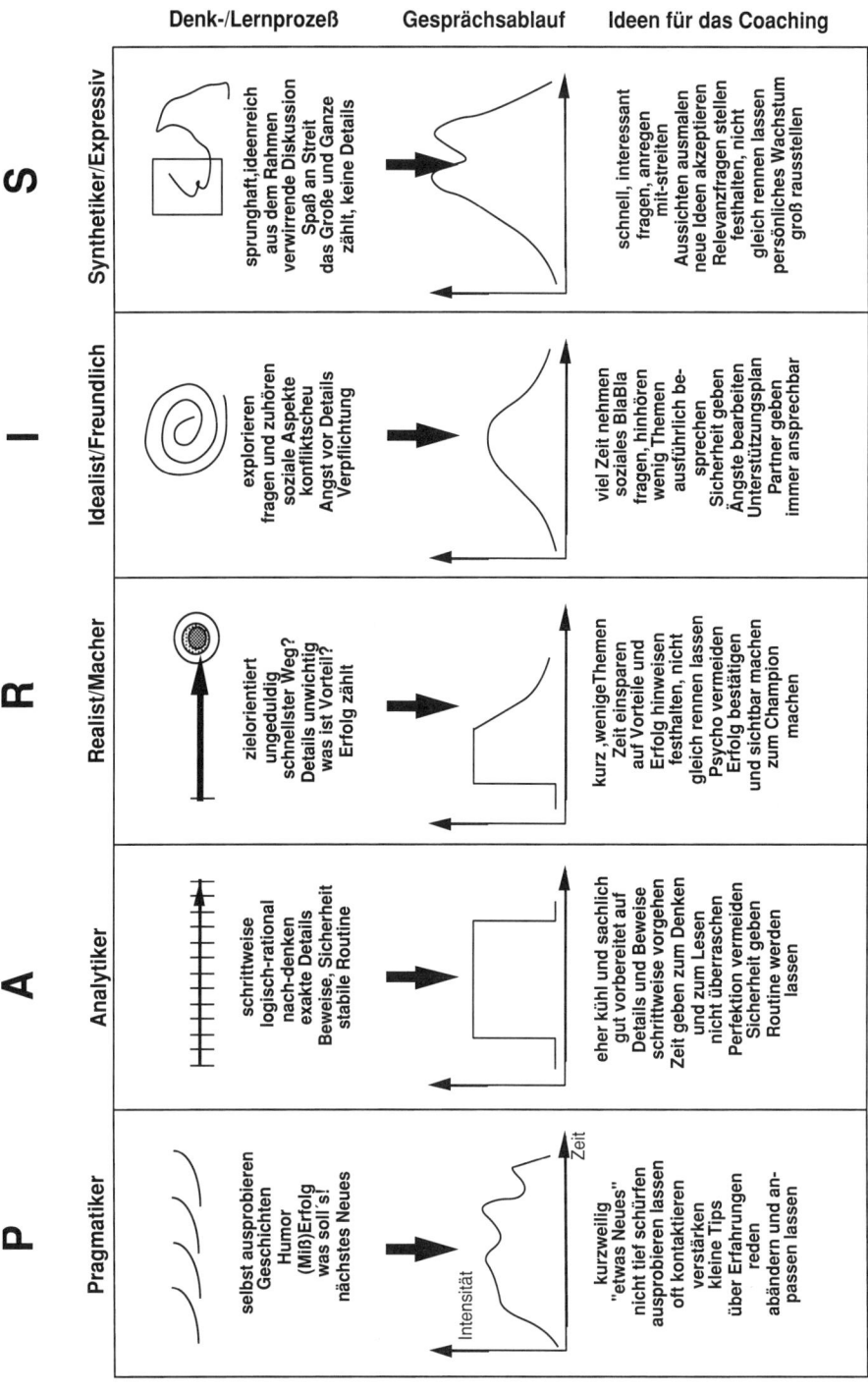

	Denk-/Lernprozeß	Gesprächsablauf	Ideen für das Coaching

S — Synthetiker/Expressiv

sprunghaft, ideenreich
aus dem Rahmen
verwirrende Diskussion
Spaß an Streit
das Große und Ganze
zählt, keine Details

schnell, interessant
fragen, anregen
mit-streiten
Aussichten ausmalen
neue Ideen akzeptieren
Relevanzfragen stellen
festhalten, nicht
gleich rennen lassen
persönliches Wachstum
groß rausstellen

I — Idealist/Freundlich

explorieren
fragen und zuhören
soziale Aspekte
konfliktscheu
Angst vor Details
Verpflichtung

viel Zeit nehmen
soziales BlaBla
fragen, hinhören
wenig Themen
ausführlich be-
sprechen
Sicherheit geben
Ängste bearbeiten
Unterstützungsplan
Partner geben
immer ansprechbar

R — Realist/Macher

zielorientiert
ungeduldig
schnellster Weg?
Details unwichtig
was ist Vorteil?
Erfolg zählt

kurz, wenige Themen
Zeit einsparen
auf Vorteile und
Erfolg hinweisen
festhalten, nicht
gleich rennen lassen
Psycho vermeiden
Erfolg bestätigen
und sichtbar machen
zum Champion
machen

A — Analytiker

schrittweise
logisch-rational
nach-denken
exakte Details
Beweise, Sicherheit
stabile Routine

eher kühl und sachlich
gut vorbereitet auf
Details und Beweise
schrittweise vorgehen
Zeit geben zum Denken
und zum Lesen
nicht überraschen
Perfektion vermeiden
Sicherheit geben
Routine werden
lassen

P — Pragmatiker

selbst ausprobieren
Geschichten
Humor
(Miß)Erfolg
was soll's!
nächstes Neues

kurzweilig
"etwas Neues"
nicht tief schürfen
ausprobieren lassen
oft kontaktieren
verstärken
kleine Tips
über Erfahrungen
reden
abändern und an-
passen lassen

Zeit

Intensität

Coaching-
Führungsverhalten
und
Coaching-Rollen

Coaching-Führungsverhalten

(Steven J. Stowell, Coaching: A Commitment to Leadership,
in: Training and Development Journal, Juni 1988)

Positives, unterstützendes Führungsverhalten:

➤ gemeinsames Lösen von Problemen
➤ Anbieten von Hilfe und geeigneten Maßnahmen
    (Training, Ressourcen, etc.)
➤ echtes Interesse und Engagement für die Bedürfnisse und Ziele
    der Mitarbeiter
➤ Empathie
➤ Ausschau halten nach Hindernissen und Problemen, um sie aus
    dem Weg zu räumen
➤ Mitarbeiter und deren Beitrag für das Unternehmen für wertvoll
    halten und herausstellen
➤ die eigene Verantwortung für Leistungsprobleme anerkennen
➤ Interaktion und Diskussion, nicht Einbahnstraßen-Belehrungen
➤ dem Mitarbeiter Zeit lassen, selbst nachzudenken und
    auszuprobieren
➤ fragen
➤ hin- und zuhören
➤ und auch: Lob und Anerkennung bei Leistungssteigerungen

Negatives, nicht-unterstützendes Führungsverhalten:

➤ negativ sein (Zweifel, Angst, Anschuldigungen)
➤ Macht einsetzen (Drohungen, Disziplin, Einbeziehung höherer
    Managementebenen)
➤ Frustration zeigen (Frust, der durch den Druck von oben, von
    Kunden, etc. entsteht)
➤ nicht interaktiv kommunizieren (Belehrungen, Lebensweisheiten)
➤ nicht helfen wollen
➤ kein Gefühl für die Probleme und Hindernisse der Mitarbeiter
    haben
➤ schlechte Umfeldbedingungen für Coaching-Gespräche

Führungsverhalten, mit dem man Coaching-Prozesse starten kann:

➤ Feedback geben und dabei Themen/Probleme/Herausforderungen analysieren in einer interaktiven Diskussion
➤ die Erwartungen und Anforderungen sowie Rahmenbedingungen klar zum Ausdruck bringen
➤ explorieren, wie sich das Mitarbeiterverhalten auswirkt
➤ Aktionspläne, um Lösungen/Veränderungen zu implementieren
➤ nach Einverständnis und Übernahme von Verantwortung (Commitment) fragen
➤ klar herausarbeiten, welche positiven und negativen Konsequenzen sich aus den Aktionsplänen und aus dem geänderten Verhalten ergeben

Fünf Coaching-Rollen

(vgl.: Tom Peters und Nancy Austin, A Passion for Excellence - The Leadership Difference; New York 1985 (Warner Communications Company)

Sind Sie sich allen diesen fünf Rollen als Coach bewußt? Inwieweit füllen Sie sie für Ihre Mitarbeiter aus?

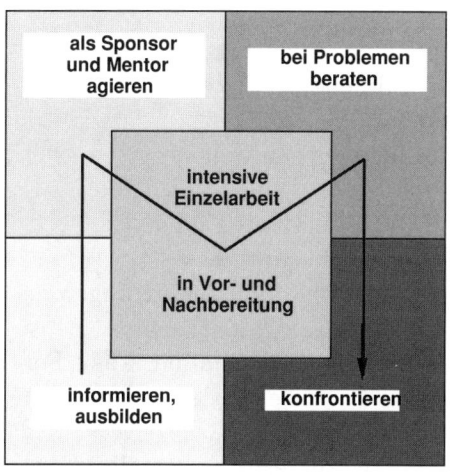

Mit dem **M** in der Grafik möchte ich nicht nur andeuten, daß Coaching eine Management-Aufgabe ist. Das **M** zeigt auch eine Reihenfolge der Coaching-Rollen. Einen neuen Mitarbeiter werden Sie zunächst informieren bzw. ausbilden (lassen). Als Sponsor agieren Sie, wenn Sie ihm Türen öffnen, wenn Sie ihm Zugang zu anderen Managern verschaffen, wenn Sie ihm helfen, sichtbar zu werden, wenn Sie sich Zeit für ihn nehmen und hinhören und fragen.

Der Kasten in der Mitte, die intensive Einzelarbeit in Vorbereitung und Nachbereitung ist Coaching im engeren Sinne. Sie nehmen sich z.B. heute die Zeit, mit dem Mitarbeiter ein wichtiges Kundenmeeting vorzubereiten. Eventuell machen Sie sogar ein Rollenspiel; Sie spielen den

Kunden. Und nach dem Meeting fragen Sie, wie es gelaufen ist. Vielleicht gehen Sie sogar mit zu diesem Meeting. Natürlich greifen Sie auch ein und Sie beraten bei Problemen. Aber hoffentlich sind Sie nicht der ewige Problemlöser für den Mitarbeiter; vielmehr sollten Sie ihm helfen, schrittweise seine eigenen Probleme zu erkennen und selbst zu vermeiden bzw. zu lösen. Und schließlich gehört auch die Konfrontation in das Portfolio. Das heißt, wenn Sie bereits die anderen Rollen ausprobiert haben, wenn Sie sich um den Mitarbeiter gekümmert haben, er/sie aber trotzdem die Leistung nicht steigert, dann sollten Sie eine klare Aussprache haben und klare Zeitlimits für die letzte Chance setzen. Sie sollten nicht verschleiern und Mitarbeiter einfach mitschleppen. Das macht Sie und den Mitarbeiter kaputt.

Informieren/lehren/erziehen

Wann   bei Veränderungen der Ziele, Rollen, Abläufe, Bedingungen
                 um neue Mitarbeiter einzuarbeiten - egal auf welchem hierarchischen Niveau
                 wenn Leistungserwartungen unklar sind
                 wenn die Werte des Unternehmens falsch interpretiert werden
                 wenn Sie als Manager eine neue Gruppe übernehmen
                 wenn neues Wissen und neue Fertigkeiten und Fähigkeiten benötigt werden
                 wenn die Mitarbeiter hinzulernen wollen

Wie   ➤ positiv, konstruktiv, unterstützen
                 ➤ sorgfältige Planung des Lernprozesses
                 ➤ klare und konsistente Ziele und Erwartungen geben
                 ➤ realitätsnahe Lernumgebung schaffen: Task Forces oder risikoarme Projekte, in denen Erfahrungen gesammelt werden
                 ➤ konstruktives, glaubwürdiges und zeitnahes Feedback geben - das Feedback muß sich auf konkrete Tatsachen und Beobachtungen beziehen, damit die Mitarbeiter genau wissen, wie sie in ihrer Leistung abschneiden

> ➤ alle Informationen geben und den Zugang zu Informationen verschaffen, damit die Mitarbeiter sich als Partner verstehen
> ➤ den Unterschied zwischen einer akzeptablen und einer exzellenten Leistung klarmachen - am besten, indem man Beispiele erzählt
> ➤ genügend Zeit mit den Mitarbeitern verbringen
> ➤ Flexibilität verlangen und auch klarmachen, daß überflüssige Spielregeln gebrochen werden dürfen, um die Ziele zu erreichen

Konsequenzen neue Fähigkeiten und Fertigkeiten werden erlernt
Vertrauen in das Neue steigt
die Mitarbeiter haben ihre Kenntnis und Sicht über das Unternehmen und seine Organisation erweitert

Notwendige die Leistungserwartungen klar formulieren
Fähigkeiten ein Gefühl dafür, die Lernsituationen so realitätsnah
und wie möglich zu gestalten
Fertigkeiten Geduld haben
den Lernprozeß nicht als eine einmalige Situation sehen, sondern immer wieder nach Gelegenheiten Ausschau halten, wie das Gelernte verstärkt werden kann

Sponsoring

Wann wenn ein Mitarbeiter einen besonderen Beitrag leisten kann
wenn ein Mitarbeiter ständig hohe bzw. exzellente Leistungen zeigt
wenn man einen Mitarbeiter auf eine Beförderung oder auf die Übernahme größerer Verantwortung vorbereiten will
wenn man einem Mitarbeiter einen Einblick in andere Bereiche des Unternehmens ermöglichen will
um einem Mitarbeiter die Chance zu geben, seine Fähigkeiten, seine Fertigkeiten bzw. sein Wissen «öffentlich» zu demonstrieren

um die Fähigkeiten und Fertigkeiten des Mitarbeiters
zu vervollkommnen
wenn man seine Manager-Kollegen auf ein Talent
aufmerksam machen will

Wie
➤ positiv und enthusiastisch
➤ Betonung der langfristigen Entwicklung und des
zukünftigen Beitrages der Person für das Unternehmen
➤ Zukunftsdenken
➤ arbeiten an Details
➤ Mitarbeiter als Kollegen behandeln
➤ Ausschau halten nach Lern- und Erfahrungsgele-
genheiten für Mitarbeiter
➤ die Unternehmensphilosophie und die Normen
verständlich darstellen und die Beziehung zu und
Bedeutung für die Aufgabe der Mitarbeiter klar
machen
➤ mit dem Mitarbeiter regelmäßig und intensiv über
persönliche Ziele und Karrierevorstellungen/-mög-
lichkeiten diskutieren
➤ sich selbst nicht bedroht fühlen durch die exzellenten Fähigkeiten und Fertigkeiten des betreffenden Mitarbeiters
➤ alles tun, damit der Mitarbeiter erfolgreich sein
kann

Was es
nicht ist
➤ den Mitarbeiter von sich abhängig machen
➤ das Sponsoring dazu benutzen, den Mitarbeiter
besser zu kontrollieren
➤ den Mitarbeiter vor Fehlern bewahren und ihm
schlechte Nachrichten vorenthalten
➤ die persönlichen Entscheidungen des Mitarbeiters
für ihn treffen
➤ nur die Mitarbeiter sponsoren, die ähnlich wie
man selbst sind
➤ Mitarbeiter gegeneinander ausspielen, weil Wettbewerb gesund ist

Konsequenzen	der Mitarbeiter wird zum Modell für ausgezeichnete Fähigkeiten und Fertigkeiten sowie für exzellente Leistungen der Mitarbeiter erweitert seinen Erfahrungshorizont Beförderung
Notwendige Fähigkeiten und Fertigkeiten	Strukturen und Prozesse entbürokratisieren Leistungshindernisse abbauen kollegiale Arbeitsbeziehungen zu den Mitarbeitern entwickeln Kontrolle aufgeben Informationen geben

Coaching/trainieren

Wann	um Mitarbeiter vor oder nach dem «ersten Mal» (z.B. erstes Meeting bei einem Kunden, erstes Management Meeting, etc.) besonders zu ermutigen um einfache und kurze Korrekturen am Verhalten oder an den Arbeitstechniken der Mitarbeiter durchzuführen wenn man sieht, daß die individuellen Fähigkeiten und Fertigkeiten von Mitarbeitern verbessert werden müssen wenn man Mitarbeiter ermutigen möchte um in der Arbeitsgruppe Teamwork zu entwickeln um Vertrauen und Unterstützung anzubieten wenn Ermutigung notwendig wird, um die Leistung zu steigern wenn man die individuellen Fähigkeiten/Fertigkeiten sowie die individuellen Leistungen fördern möchte
Wie	➤ ermutigen und enthusiastisch sein ➤ vorbereiten auf neue Aufgaben ➤ herausfordern, das Beste zu geben ➤ gutes Beispiel geben ➤ Gründe für Instruktionen und Prozeduren geben ➤ Mitarbeitern helfen, ihre Gedanken und Argumente durchzudenken und durchzudiskutieren, bevor sie sie anderen präsentieren

> ➤ die Mitarbeiter ihre eigenen Entscheidungen machen lassen
> ➤ sich um die Mitarbeiter kümmern und Hilfe anbieten, sich aber nicht aufdrängen
> ➤ Empathie zeigen und versuchen zu verstehen
> ➤ ehrliches Feedback geben, das den Mitarbeitern hilft, ihren Leistungsstand zu erkennen
> ➤ sehr gut zu- und hinhören
> ➤ den Mitarbeitern keine Ideen in den Mund legen, sondern wie Sokrates: fragen
> ➤ nicht wie besserwissende Eltern tadeln und loben
> ➤ klare Meilensteine setzen und fair kontrollieren
> ➤ Mitarbeiter finden immer offene Türen
> ➤ schlechte Nachrichten nicht verstecken
> ➤ Erfolg sehen und mit den Mitarbeitern feiern
> ➤ seinen eigenen Job lieben
> ➤ gerne und viel Zeit für die Mitarbeiter aufwenden

Konsequenzen   verstärktes Vertrauen
                        neue Fähigkeiten und Fertigkeiten
                        erhöhte Leistung

Notwendige   offene und ehrliche persönliche Anerkennung geben
Fähigkeiten   zuhören
und
Fertigkeiten

Probleme diskutieren und lösen

Wann   wenn die individuelle Leistung durch Probleme beeinträchtigt wird
                        wenn ein normalerweise guter Mitarbeiter in der Leistung nachläßt
                        wenn die Leistung sich durch Information bzw. Training und Coaching nicht steigern läßt
                        wenn ein Mitarbeiter um Hilfe bei persönlichen Problemen bittet
                        wenn ein Mitarbeiter nicht mehr weiter weiß
                        wenn Mitarbeiter mit dem Wachstum und Wandel in der Organisation nicht mehr mitkommen

Wie	➤ mit Fokus auf die Lösung von Problemen
	➤ positiv, unterstützend, ermutigend
	➤ strukturiert und geplant
	➤ zweiseitige Diskussion, nicht arbeiten für den Mitarbeiter
	➤ den Mitarbeiter nicht tagelang hängen lassen, sondern Hilfe rechtzeitig anbieten - auch wenn er nicht danach fragt, weiß er, daß Sie von dem Problem wissen
	➤ sich ausreichend ungestörte Zeit nehmen
	➤ die Diskussion mit einer kurzen Erklärung über das Thema des Meetings eröffnen, dann zuhören und fragen - kein Drama beginnen
	➤ aufmerksam zuhören; selbst zu lernen versuchen; entdecken, was man eventuell selbst zu dem Problem beigetragen hat
	➤ den Problemlösungsprozeß mit Prozeßfragen anwenden
	➤ dem Mitarbeiter versichern, daß man ihn generell als Mensch akzeptiert - trotz des Problems - und ihm zu verstehen geben, daß man alle notwendige Hilfe geben wird
	➤ gemeinsam einen Aktionsplan erarbeiten
	➤ vor Ende des Meetings einen neuen Termin abmachen
Was es nicht ist	➤ keine Gelegenheit für psychologische Experimente
	➤ keine einmalige 5-Minuten-Angelegenheit
	➤ nicht bestrafend
	➤ nicht nur die Angelegenheit der Personalabteilung
	➤ keine Gelegenheit, das ganze Leben des Mitarbeiters zu durchleuchten
	➤ kein Vortrag mit Lebensweisheiten
Notwendige Fähigkeiten und Fertigkeiten	fragen und zuhören
	durch den Problemlösungsprozeß führen - nicht kontrollieren und in vorgefaßte Richtungen und Lösungen führen
	persönliches Engagement zeigen
	Gefühlen Rechnung tragen, sie akzeptieren

Vertraulichkeit bewahren
Interesse haben für das, was der andere sagen will,
nicht für das, was man selbst hören will

Konfrontieren

Wann   wenn Leistungsprobleme sich mit den anderen
Coaching-Techniken nicht lösen lassen
wenn ein Mitarbeiter in seiner Rolle versagt, sich
darin unglücklich und unfähig fühlt
wenn die Leistung eines Mitarbeiters die Leistung der
ganzen Gruppe beeinträchtigt
wenn der schwierige Mitarbeiter andere ermutigt, die
Firma zu verlassen
wenn nichts mehr geht außer Versetzung oder Entlassung

Wie

➤ positiv und unterstützend
➤ konkret, sicher, ruhig, fest und fair
➤ sich selbst prüfen, wie weit man zu dem Problem
   beigetragen hat und was man anderes hätte tun
   können
➤ mit Fokus darauf, daß eine Entscheidung gefällt
   werden muß
➤ den Mitarbeiter nicht schlecht angehen, nicht mit
   ihm kämpfen, keine heißen Diskussionen
➤ den Mitarbeiter mit den Konsequenzen andauernder Leistung konfrontieren
➤ keine Überraschung: wenn ein Mitarbeiter konfrontiert wird, dann sollte es nicht das erste Mal
   sein, daß er von seinem Leistungsproblem erfährt
➤ klar und präzise sprechen, nicht um den heißen
   Brei herum reden
➤ kurz und auf das Wesentliche beschränken - der
   Mitarbeiter kann nur eine begrenzte Menge von
   Feedback verdauen
➤ Augenkontakt halten
➤ auch positive Alternativen sehen: nicht nur Entlassung, sondern eine neue Rolle oder die Versetzung - aber vorher bereits eine klare Entscheidung treffen

Notwendige	zuhören und fragen
Fähigkeiten	direktes, nützliches Feedback geben
und	sachlich diskutieren
Fertigkeiten	Emotionen kontrollieren, aus dem Spiel lassen

Brauchen auch Experten Ihr Coaching?

Vielleicht kennen Sie diese Spiele/Experimente: Man stellt über zwei, drei Stufen Aufgaben zum Beispiel der Art, daß geometrische Figuren in drei und in vier Teile geteilt werden sollen. Auf der folgenden Seite finden Sie solch ein Experiment. Machen Sie es bitte Schritt für Schritt, mogeln Sie nicht; die Lösung werden Sie auch im Text finden. Aber erst selbst leiden. Bei diesen Spielen ändert sich an einer Stelle etwas an der Aufgabenstellung. Und gerade wenn Sie in den ersten Schritten gelernt haben, die Aufgaben zu lösen, scheitern Sie nun bzw. Sie haben ziemliche Schwierigkeiten, die Lösung zu finden. In den ersten Schritten sind Sie zum Experten geworden; und wenn sich dann die Situation ändert, nützt Ihnen Ihr Expertenwissen nur noch die Hälfte. Es sei denn, Sie sind ein Experte darin, wie man Experte für die Aufdeckung neuer Situationen wird.

Ich denke, ähnlich ist es mit den meisten Menschen, die viel Erfahrung in ihrem Beruf haben. Sie wissen, daß sich das Berufswissen alle paar Jahre, je nach Beruf, ziemlich drastisch verändert bzw. erweitert. In der Computer-Industrie gibt es eine Faustregel, daß man die Produkte, die man in fünf Jahren verkaufen wird, heute noch gar nicht kennt. Der Wandel wird eher immer schneller als langsamer. Und durch die neuen Produkte, die neuen Systeme, die neuen Services kommen auch neue Frage- und Problemstellungen und wiederum neue Bedarfe auf.

Experten haben es schwer, immer am Ball zu bleiben und Experten zu bleiben. Experten haben es auch schwer, sich in organisatorischen Zwängen zu behaupten. Sie haben es auch oft schwer, mit Vorgesetzten zu kommunizieren, die nichts von dieser Expertise verstehen oder oft auch Angst vor der Stärke des Experten haben oder Neid, weil dieser die Anerkennung bekommt, nicht er (der Vorgesetzte). Erfahrene Experten haben es auch deshalb schwer, weil man sie zu Managern macht statt ihnen eine professionelle Karriere zu ermöglichen (Paralleler Karrierepfad). Man verliert einen guten Professional und handelt sich einen unzufriedenen, «schlechten» Vorgesetzten ein; außerdem produziert man so unzufriedene Mitarbeiter.

In diesen Gedanken sind bereits einige gute Gründe enthalten, warum auch Experten Ihr Coaching brauchen:

> Experten müssen erkennen, daß sie sich nicht auf ihrem erworbenen Expertenwissen ausruhen können. Lebenslanges Lernen ist angesagt.
> Experten werden leicht zu überzeugt von sich selbst und rennen gerade deswegen in die Denkblockade.
> Experten geraten in die Gefahr, sich gegenüber ihren Mitmenschen arrogant zu verhalten (sicherlich unbeabsichtigt?).
> Experten machen sich selbst zu Primadonnen, die gerne organisatorische Regelungen übersehen; sie reklamieren für sich Ausnahmen.
> Experten müssen lernen, wie Sie Expertenwissen erwerben, d.h. wie sie lernen. Wenn Sie wissen, wie sie das machen, können Sie Ihre Expertise auf andere Gebiete erweitern oder gar verlagern.
> Experten sollten lernen, wie sie ihr Wissen und ihre Fähigkeiten anderen beibringen können; sie müssen also lernen, ihre Sonderstellung aufzugeben.

Und

> Experten brauchen Zuwendung und Anerkennung und Bestätigung. Sie brauchen Menschen, die ihnen helfen, ihre Frustrationen zu verarbeiten. Frustrationen entstehen leicht, wenn

> die anderen nicht verstehen, was man meint;

> man in der Arbeit nicht voran kommt, obwohl man die Sache im Griff zu haben glaubt - Sie können als Gesprächspartner dienen, der seine/ihre Ideen anhört und nachfragt (die Amerikaner sagen «sounding board», frei übersetzt in etwa «Echo-Wand»);

> man trotz aller Expertise ein Mißerfolgserlebnis hatte;

➢ man merkt, daß es auch andere, sogar jüngere Kollegen gibt,
  die einen überholen;

➢ man wieder von vorne anfängt zu lernen.

Sie brauchen vielleicht ein Experten-Schaffungs- *und* Erhaltungs-
Programm.

Achtung: Denkblockade
**(bitte nicht mogeln, sondern erst selber leiden, bevor Sie es an
anderen ausprobieren!)**

1. Nehmen Sie ein kariertes Din-A-4-Blatt
    senkrecht vor sich.
2. Teilen Sie es mit zwei geraden Linien in 4
    gleiche Teile. Das sieht dann in etwa so
    aus wie rechts.

3. Im Quadranten links oben: Zeichnen
    Sie folgendes Gebilde: Und teilen Sie es
    in 3 exakt gleiche Teile. (Exakt heißt:
    flächen- und deckungsgleich!)

4. Im Quadranten rechts oben zeichnen
    Sie als nächstes folgendes Gebilde:
    Und teilen Sie es in 4 exakt gleiche
    Teile.

5. Haben Sie es bis hierher erfolgreich
    geschafft? Prima! Hervorragend! Dann
    können Sie nun die Aufgabe im Qua-
    dranten rechts unten angehen. Zeich-
    nen Sie das nebenstehende Gebilde und
    teilen Sie es in 5 exakt gleiche Teile.

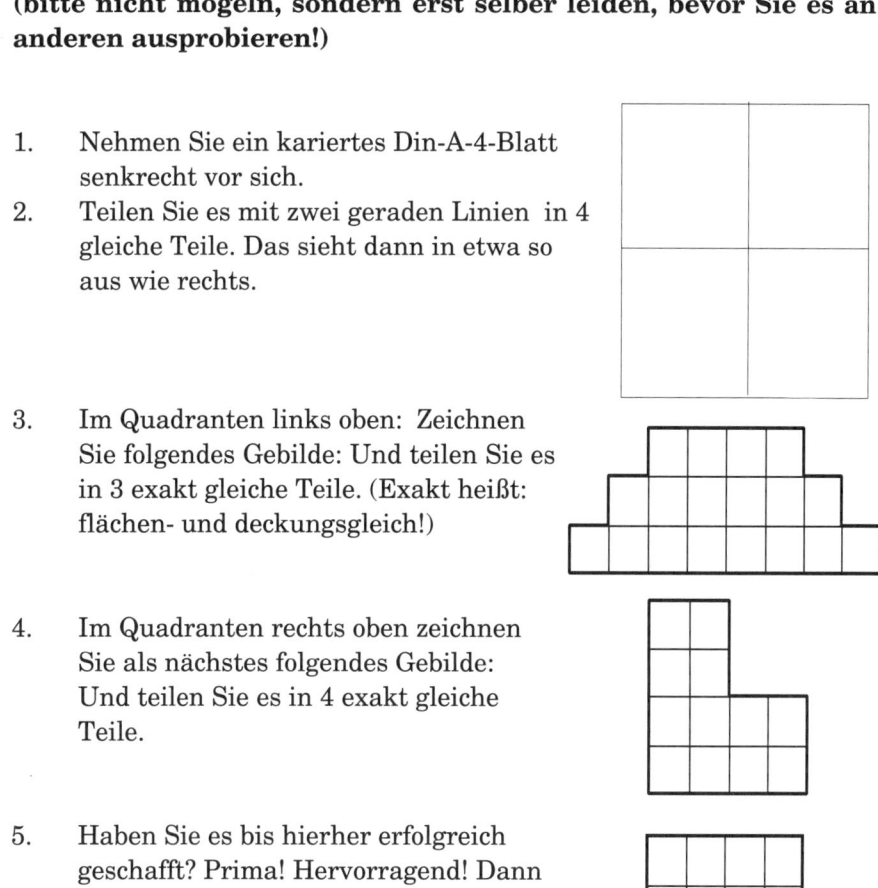

Wie Experten denken

(aus: Michael J. Prietula und Herbert A. Simon, Die verkannten Spezialisten,
in: Harvard Manager, 3/1989, S.7-11)

➤ Experten nehmen nur anscheinend große Mengen von
   Informationen schnell auf und beurteilen sie. Tatsächlich haben
   sie im Laufe langjähriger Erfahrung gelernt, Ablaufmuster zu
   erkennen und sie zu Verständnisblöcken zusammenzufassen und
   mit wieder anderen Blöcken zu verknüpfen. Dieses Denken in
   Mustern und Blöcken beansprucht weniger Platz im Arbeitsspei-
   cher und weniger Aufmerksamkeit.

➤ Bei Auftreten eines Problems werden also nur bestimmte Einzel-
   informationen wahrgenommen. Einzelne Probleme sind jedoch
   nicht isoliert voneinander. Aus dem Langzeitgedächtnis werden
   nun ganze Muster und Blöcke abgerufen, ohne daß weiter Detailanalyse betrieben werden muß. Man weiß aus Erfahrung, was wie
   zusammengehört.

➤ Von außen und von Laien betrachtet hat solch ein Experte ein anscheinend riesiges und schnelles analytisches Denkvermögen. Das
   würde bedeuten, daß er in der Lage ist, mit rasender Geschwindig-
   keit Informationen aufzunehmen, Informationen aus dem Lang-
   zeitspeicher zu aktivieren und das alles in einem riesigen Arbeits-
   gedächtnis präsent zu haben.

➤ Tatsächlich haben wir es hier mit Intuition zu tun. Intuition
   kommt nicht «aus dem hohlen Bauch». Intuition erwächst aus
   Erfahrungen, die zunächst noch nach schrittweisen Analysen verlangen. So wie die Erfahrung zunimmt, beginnen die Experten jedoch, die Informationen zu Mustern zusammenzusetzen unter
   Umgehung einzelner analytischer Schritte. So passiert es dann,
   daß ein vertrautes Ablaufmuster in einer bestimmten Situation
   sofort einen denkbaren Befund, einen denkbaren Fehler oder ein
   denkbares Risiko nahelegt. Solche Assoziationen entwickeln sich
   im Laufe der Zeit und setzen sich um so besser fest, je öfter sie für
   Problemlösungen aktiviert werden. Intuition ist also immer ein
   Sprung. Und der, der den Sprung tut, ist sich im allgemeinen
   nicht bewußt, wie er zu dieser Lösung oder Schlußfolgerung
   gekommen ist.

➤ Erst im nachherein wird dann analysiert und nach Fakten
   gesucht, um Vorschläge zu begründen. Der Prozeß geht also von

Erfahrung und Musterbildung über intuitive Erkenntnissprünge zu analytischer Begründung und Argumentation.

➤ Ein Schachgroßmeister muß beispielsweise imstande sein, rund 50.000 Spielverläufe zu speichern und wieder abzurufen. Man schätzt, daß es ungefähr 10 000 Spielstunden bedarf, um einen so umfangreichen Wissensspeicher aufzubauen.

Auflösung des Denkblockade-Experiments

Ich weiß, diese Denkblockade-Übung ist gemein und hinterhältig. Über die ersten Stufen hinweg werden Sie zum Experten für eine bestimmte Art von Problemen gemacht. Und Sie tun sich ein bißchen schwer. Aber Sie knacken die Nuss. Erfolg! Und dann wird der Erfolg auch noch verstärkt. Lob! Das gibt ein gutes Gefühl. Wo ist die nächste Aufgabe?

Was glauben Sie, wie gut Sie eine ganze Gruppe in einem Meeting oder Seminar blockieren können! Sie müssen nur ein bißchen geschickt reden, um erst die Expertise, dann die Blockade zu verstärken. Es wäre ein bißchen viel, wenn ich Ihnen jetzt auch noch ein Transkript der Experiment-Anweisungen gebe, die ich immer benutze. Nur ein Tip noch: Zeichnen Sie die zu teilenden Figuren immer auf einem Flipchart vor. Und noch ein Tip: Sagen Sie immer wieviel Kästchen eine Kantenlänge hat (daher Rechenpapier!). Ich habe Ihnen auf der Experiment-Seite die Kästchen der Einfachheit halber dazugezeichnet.

Im Quadranten links oben:

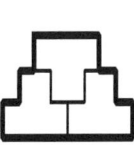

Sie brauchen drei Gebilde darin mit jeweils sechs Kästchen (insgesamt gibt es achtzehn Kästchen). Die drei Gebilde schauen ähnlich aus wie das zu teilende: vier Kästchen Grundlinie; zwei Kästchen Oberlinie; und dann die eine Stufe dazwischen. Geht das so ohne Grafik? Sonst rufen Sie mich an (089 für München und dann 8506790).

Im Quadranten rechts oben:

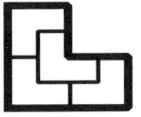

Sie brauchen darin vier Gebilde mit jeweils 3 Kästchen (insgesamt gibt es zwölf Kästchen). Diese vier Gebilde sehen so aus: zwei Außenkanten mit jeweils zwei Kästchen; vier

Innenkanten mit jeweils einem Kästchen. Denken Sie an ein Mühlespiel, bei dem der Teil unten rechts ausgeschnitten ist.

Im Quadranten rechts unten:

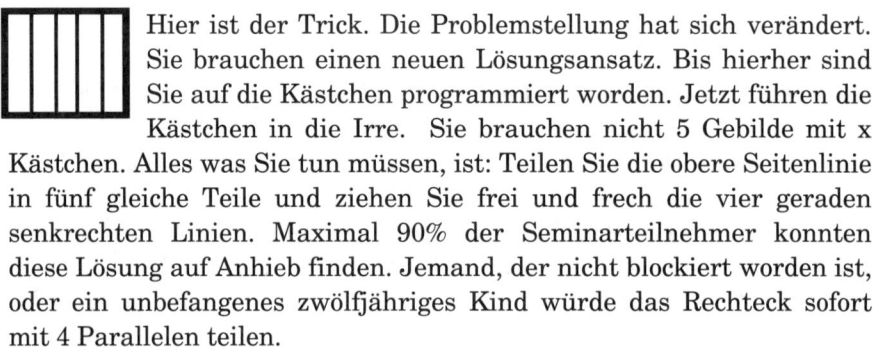

Hier ist der Trick. Die Problemstellung hat sich verändert. Sie brauchen einen neuen Lösungsansatz. Bis hierher sind Sie auf die Kästchen programmiert worden. Jetzt führen die Kästchen in die Irre. Sie brauchen nicht 5 Gebilde mit x Kästchen. Alles was Sie tun müssen, ist: Teilen Sie die obere Seitenlinie in fünf gleiche Teile und ziehen Sie frei und frech die vier geraden senkrechten Linien. Maximal 90% der Seminarteilnehmer konnten diese Lösung auf Anhieb finden. Jemand, der nicht blockiert worden ist, oder ein unbefangenes zwölfjähriges Kind würde das Rechteck sofort mit 4 Parallelen teilen.

Im Quadranten links unten:

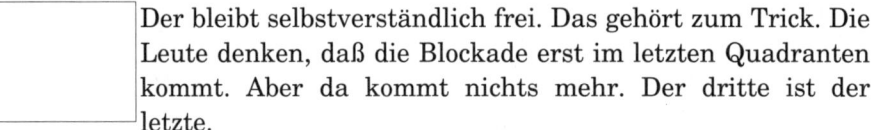

Der bleibt selbstverständlich frei. Das gehört zum Trick. Die Leute denken, daß die Blockade erst im letzten Quadranten kommt. Aber da kommt nichts mehr. Der dritte ist der letzte.

Coach as can coach
oder: Wen Sie coachen könnten/sollten

Mit Ihren Coaching-Bemühungen haben Sie schon immer, zwar ungeplant und nicht als Coaching verstanden, eine Reihe von Menschen getroffen: Sie haben schon immer anderen Menschen geholfen, etwas besser zu machen oder eine neue Fähigkeit zu erlernen, etc.

Mir ist diese Grafik besonders wichtig, weil ich Coaching nicht alleine auf Mitarbeiter (Untergebene) bezogen verstehen kann. Die Prozesse und Techniken sind dieselben bei den anderen Bezugsgruppen. Auf zwei Gruppen möchte ich in aller Kürze besonders hinweisen:

➢   Coachen Sie sich selbst (Selbstmanagement), wenn es Ihr Chef
    nicht mit Ihnen tut.

➢   Coachen Sie Ihre Kunden, verkaufen Sie ihnen nicht nur Ihre
    Produkte und Dienstleistungen, sondern helfen Sie ihnen, diese
    auch richtig einzusetzen.

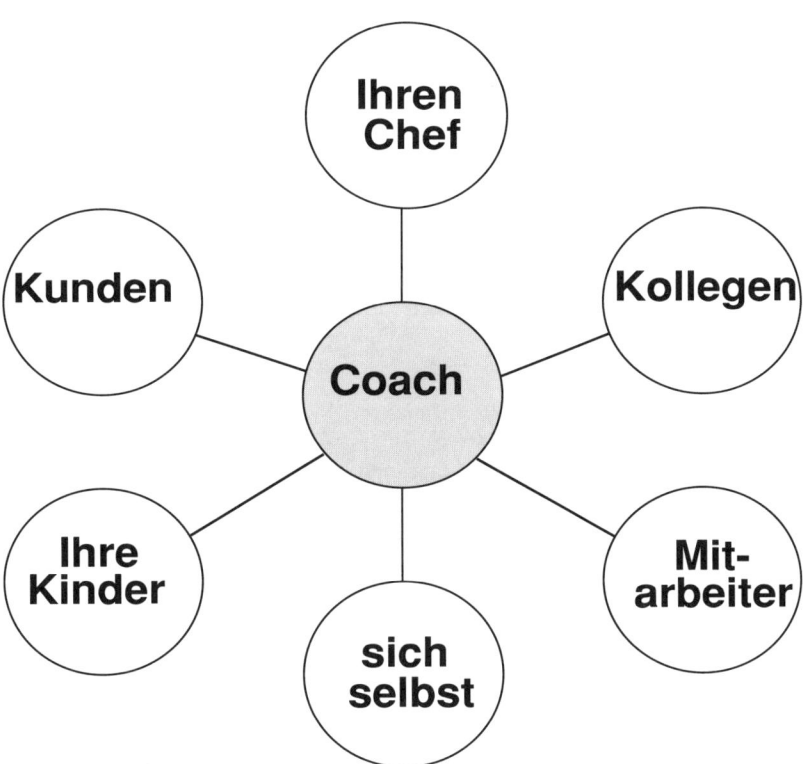

Wie die Zielvereinbarung zum Coaching-Werkzeug wird

Coaching
Entwicklungsplan
Anforderungsprofile
Zielvereinbarungen
Rollenvereinbarungen
Stellenbeschreibungen

Was sind Ihre Erfahrungen mit Stellenbeschreibungen? Haben Sie eine? Haben Sie Stellenbeschreibungen für Ihre Mitarbeiter? Schriftlich?

Ich gestehe, daß ich eine sehr gespaltene Meinung über Stellenbeschreibungen habe. Einerseits sind sie wichtig, um sich klar zu werden, wer welche Verantwortungen hat und für welche Art von Aufgaben zuständig ist. Die Blaupause «Organigramm» bekommt dadurch Inhalt. Doch ich würde gerne viel häufiger sehen, daß die Stellenbeschreibungen

➤ von Mission, Zielen und Strategien des Unternehmens, des Bereiches, der Abteilung abgeleitet sind und also auch flexibel und zügig angepaßt werden, wenn sich da Veränderungen ergeben;

➤ innerhalb der Abteilung, des Bereiches, des Unternehmens aufeinander abgestimmt sind, um Redundanzen und Lücken zu vermeiden;

➤ der Mitarbeiter im Unternehmensablauf (z.B. im Projektmanagement-, Verkaufs-, Accountmanagement- oder Auftragsbearbeitungs-Prozeß mit deren Phasen, in denen jeweils unterschiedliche Mitarbeiter unterschiedliche Aktivitäten übernehmen) miteinander verknüpft sind;

➤ den Mitarbeitern tatsächlich bekannt sind;

➤ tatsächlich von den Mitarbeitern gelebt werden (oft würde das einem Arbeiten nach Vorschrift bzw. Bummelstreik gleichkommen);

Stellenbeschreibungen sind notwendig. Sie sollten die o.a. Anforderungen erfüllen. Sie alleine als Führungsinstrument sind aber nicht ausreichend, wenn Sie Mitarbeiterentwicklung und Coaching ernsthaft betreiben wollen. Auf der Grundlage der Stellenbeschreibungen sollten Sie mit dem Mitarbeiter für einen gegebenen Zeitraum seine

Rolle im Unternehmen und seine Ziele definieren. Davon wiederum können Sie sein individuelles Anforderungsprofil ableiten, das ihnen gemeinsam dann die Möglichkeit bietet, die individuellen Stärken und Schwächen zu erkennen und zu planen, wie sie gemeinsam daran arbeiten.

Die Überschrift ist groß und wiegt viel. Das ist Absicht. Coaching macht nur im Zusammenwirken mit diesen anderen Führungsinstrumenten Sinn.

Das ABC des Führens im Regelkreis

Ich schlage Ihnen vor, den Führungsprozeß in einem Regelkreis mit Feedback- (Rückkoppelungs-)Schleife zu sehen. Hier eine abstrakt-einfache Beschreibung dieses Prozesses:

Mit dem Blick auf die Unternehmensziele aktivieren Sie Ihre Mitarbeiter dazu, eine Aufgabe zu erledigen. Für die Aufgabenerledigung stellen Sie Belohnungen/Bestrafungen in Aussicht; das sind die Konsequenzen für den Mitarbeiter. Während er mit der Aufgabe beschäftigt ist, beobachten Sie geplant oder ungeplant-beiläufig den Arbeitsfortschritt. Wenn Sie Abweichungen vom vereinbarten Soll beobachten, greifen Sie mit Feedback ein; daran schließt sich wieder eine Aktivierungsphase an, denn Sie müssen nun dafür sorgen, daß der Mitarbeiter das Ziel wie vereinbart erreichen kann.

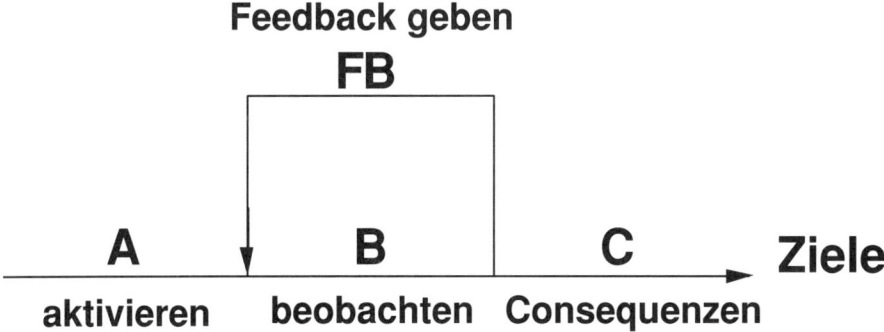

Je genauer Sie sich diesen Rückkoppelungsprozeß anschauen, desto eher werden Sie bemerken, daß die Aktivierungsphase ausschlaggebend für den Ablauf und das Ergebnis des ganzen Prozesses ist. Was sind Ihre Aufgaben in dieser Phase?

> ➤ Ziele vereinbaren und im Hinblick auf die Unternehmensziele abstimmen

> ➤ Kriterien vereinbaren, wie Sie messen, ob die Ziele erreicht wurden

> ➤ prüfen, ob der Mitarbeiter die Anforderungen (Anforderungsprofil) für die Zielerreichung erfüllt

> ➤ Ressourcen bereitstellen

> ➤ motivieren, Sinn vermitteln, Belohnungen (Bestrafungen?) in Aussicht stellen

> ➤ ggf. Entwicklungs- und Coachingplan erstellen

> ➤ ggf. Unterstützungsplan erstellen

> ➤ ggf. genauen Aktionsplan erarbeiten

> ➤ Kontroll- und Berichtsplan erstellen

> ➤ etc.

In der Beobachtungsphase kontrollieren Sie den Fortschritt des Mitarbeiters bei der Aufgabenerledigung. Sowohl bei negativen als auch bei positiven Abweichungen sollten Sie mit Feedback eingreifen. Im ersten Fall, um den Mitarbeiter neu «auszurichten», im zweiten Fall, um ihn zu loben und ihn im positiven Fortschritt zu verstärken. Gegebenenfalls haben Sie einen Coachingplan aufgestellt; d.h., daß Sie während dieser Zeit den Mitarbeiter mit den vereinbarten Aktivitäten unterstützen.

Es wäre interessant herauszufinden, wie hoch der Beitrag der Führungskräfte zur (nicht) erfolgreichen Zielerreichung der Mitarbeiter ist.

Zielvereinbarungen = Rollenvereinbarungen
- Was definiert werden sollte -

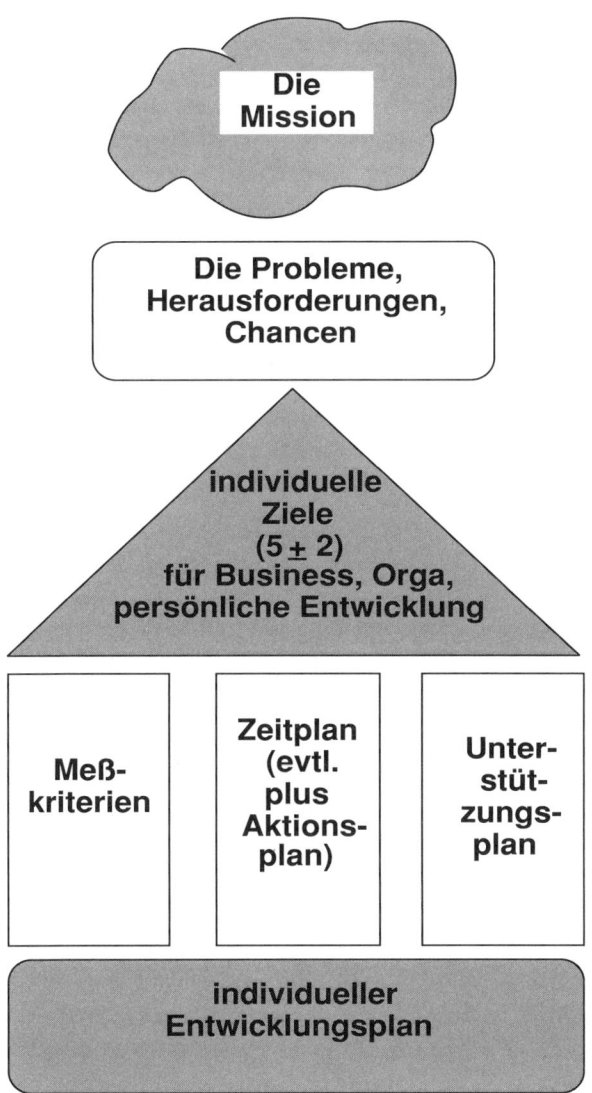

Wenn Ziele motivieren sollen !

Rollen- und Zielvereinbarungen
Was Sie definieren sollten

Sicherlich finden Sie in der Personalentwicklungsliteratur und bei unterschiedlichen Beratern unterschiedliche Tips oder auch (nur) unterschiedliche Begriffe für die Elemente, die in eine Zielvereinbarung gehören. Wie Sie bereits gesehen haben, schlage ich Ihnen einen etwas weiteren Rahmen vor: Die Rollenvereinbarung als Rahmen für die Ziele.

Die 7 Elemente:

❶ *Die Mission*
Genauso wie man für ein ganzes Unternehmen definieren sollte, zu welchem Zweck es auf dem Markt ist, sollte man den Sinn und Zweck, also die Daseinsberechtigung für jede einzelne Rolle definieren. Üblicherweise formuliert man dazu einen Satz, einen Paragraphen. Für Pragmatiker genügen auch einige Stichpunkte.
Eine sinnvolle, akzeptierte und verstandene Mission hat für Mitarbeiter eine nicht zu unterschätzende Motivationswirkung. Und ich wette, daß es auch Ihnen gelingt, selbst für Ihre Sekretärin, nicht nur für die Professionals, eine Mission zu formulieren. Diesen Satz, diese Stichpunkte sind das, was sich Ihre Mitarbeiter am besten merken können sollten. Davon sollten die konkreten Ziele abgeleitet werden.

❷ *Die Probleme, Herausforderungen, Chancen*
Auch diese haben motivierenden Charakter. Ich schlage Ihnen bewußt drei verschiedene Begriffe vor: Was für den einen Probleme sind, sind für den anderen Herausforderungen oder Lernchancen. Deutsche sind jedoch eher an das Wort «Problem» gewöhnt; gerade deswegen sollten Sie die Alternativen dazu gebrauchen.

❸ *Die individuellen Ziele*
Im Rahmen der Mission und der Herausforderungen sollten Sie nicht mehr als 5 plus/minus 2 Ziele vereinbaren. Warum diese Anzahl? Man hat herausgefunden, daß Menschen sich normalerweise nicht auf mehr als 5 plus/minus 2 Dinge gleichzeitig konzentrieren können. Ziele aber sollen dazu dienen, den Mitarbeiter zu programmieren und alle seine Aktivitäten auf die Zielerreichung

auszurichten. Sollten Sie mehr als 7 Ziele definieren müssen, dann bietet es sich an, sie zu gruppieren und unter Oberbegriffen zusammenzufassen. Mit solch einer Zielstruktur erreichen Sie denselben Zweck.

Und: Definieren Sie nicht nur quantitative Businessziele, sondern auch qualitative Ziele in den Bereichen Organisation und Person.

❹ *Die Meßkriterien*

Die Zielerreichung sollte meßbar bzw. beobachtbar sein. Qualitative Ziele lassen sich oft schlecht quantitativ messen. Daher sollten Sie Beobachtungskriterien vereinbaren, die helfen zu bestimmen, inwieweit die Ziele erreicht sind.

Mit definierten Kriterien ersparen Sie sich bei der Mitarbeiterbeurteilung und bei der Gehaltsfindung manche unnötige konfliktäre Diskussion. Sagen Sie also nicht:

«... den Umsatz erhöhen ...»,

sondern:

« ... den Umsatz bei der Kundengruppe XY mit den Produkten ABC von 100 auf 115, also um 15%, bis zum 31.6.1991 erhöhen».

❺ *Der Zeitplan*

Definieren Sie explizit, in welchem Zeitraum «von wann, bis wann spätestens» die Ziele erreicht sein sollen.

Je «unreifer» der Mitarbeiter ist und/oder je wichtiger für Sie die Zielerreichung ist, desto eher werden Sie zusammen mit ihm/ihr einen Projekt- bzw. Aktionsplan erstellen; Sie planen, was getan werden muß, um die Ziele zu erreichen. Bestehen Sie aber auf jeden Fall darauf, daß Ihr Mitarbeiter sich einen Projektplan macht. Betrachten Sie jedes Ziel als ein Projekt.

❻ *Der Unterstützungsplan*

Viele Ziele können nur erreicht werden, wenn die Zusammenarbeit mit anderen funktioniert: mit Ihnen, mit Kollegen, mit anderen Abteilungen.

Definieren Sie diese anderen und definieren Sie auch, welche Art von Unterstützung benötigt wird. Gegebenenfalls ergeben sich daraus für Sie als Chef Aktionen, um die Unterstützung etwa durch eine Nachbarabteilung zu vereinbaren, damit Ihr Mitarbeiter erfolgreich sein kann.

❼   *Der individuelle Entwicklungsplan*
     Sie sollten auch individuelle Entwicklungsziele definiert haben.
     D.h., daß Sie auch konkret planen sollten, wie Sie dem Mitarbeiter
     helfen, sich zu entwickeln. Das unterstützende Instrument ist hier
     das Anforderungsprofil.
     In den Entwicklungsplan gehören Aktivitäten wie:
     ➤   Seminarbesuche, intern und extern
     ➤   Teilnahme an Meetings
     ➤   Job Rotation
     ➤   Learning on the Job
     ➤   Stellvertretung
     ➤   Ihre Coaching-Aktivitäten
     Betrachten Sie auch den Entwicklungsplan als Projektplan.
     Übrigens haben Sie einen Entwicklungsplan für sich selbst?

Wie die Zielvereinbarung zum Coaching-Instrument wird

Einige Tips sollen Ihnen helfen, die Zielvereinbarung gezielt als
Coaching-Instrument einzusetzen.

➤   Die Zielvereinbarung sollte schriftlich abgefaßt sein, möglichst auf
     einer Seite (plus detaillierte Anlagen, wenn nötig). Warum?
     Bei all Ihren Mitarbeitergesprächen sollten Sie sie benutzen
     können, als Arbeitsmittel. Eine Seite? Es ist besser das Wichtige
     auf einen Blick zu sehen. Das Gehirn wird effektiver program-
     miert.

➤   Benutzen Sie ein Zeitmanagement-System? Dann kopieren Sie die
     Zielvereinbarungen auf das Format und heften Sie sie ein (nicht
     ab). Sie haben die Vereinbarungen dann griffbereit. Ihre Mitarbei-
     ter sollten das auch so handhaben.

➤   Sie brauchen die Zielvereinbarung weder selbst vorzuschlagen
     noch selbst schriftlich zu verfassen. Warum?
     Einige Wochen vor dem Zielvereinbarungsgespräch bitten Sie den
     Mitarbeiter, sich Gedanken zu machen und zum Gespräch mit
     Vorschlägen zu kommen. Das klappt natürlich um so besser, wenn
     Sie vorher mit Ihrem Team über die Mission, Ziele und Strategien
     des Unternehmens und über den Zielrahmen für Ihre Abteilung
     diskutiert haben.

Auf jeden Fall ist es sinnvoll, den Mitarbeiter zu aktivieren. Was er sich selbst ausdenkt, wird er viel eher akzeptieren als das, was Sie ihm vorschlagen. Und wenn Sie dann im Gespräch die Vereinbarungen getroffen haben, bitten Sie den Mitarbeiter, die Ergebnisse selbst schriftlich zu verfassen und mit Ihnen noch einmal endgültig zu verabschieden. Sie wissen doch:

Nur wenn man etwas selbst schriftlich, kurz und bündig formulieren kann, hat man verstanden, was man diskutiert und entschieden hat. Ihr Mitarbeiter wird auf jeden Fall sehr intensiv über seine Rolle, seine Ziele, seine Entwicklungsnotwendigkeiten nachdenken. Und Sie werden erstaunt sein, wie selbständig und selbstverständlich das die meisten Ihrer Mitarbeiter können.

Berücksichtigen Sie aber den unterschiedlichen Reifegrad! Neue Mitarbeiter sind bei diesem Vorgehen u.U. überfordert.

➤ Bevor Sie die individuellen Ziele endgültig vereinbaren, lassen Sie jedes Teammitglied in einem Meeting seine/ihre Ziele erläutern und darüber sprechen, was er/sie unternehmen wird, um die Ziele zu erreichen. Diese gegenseitige Information

   ➤ erhöht die persönliche Verpflichtung jedes Einzelnen,
   ➤ ermöglicht gegenseitige Korrekturen,
   ➤ erhöht das gegenseitige Verständnis
   ➤ und ermöglicht, daß sich die Mitarbeiter gegenseitig unterstützen können (benützen Sie dazu die Verantwortlichkeiten-Matrix).

Natürlich sind Sie bei dieser Übung dabei. Auch und gerade Ihre Ziele sollten bekannt sein.

➤ Wenn sich aus dieser Information über die individuellen Ziele wesentliche, gegenseitige Unterstützungsmöglichkeiten/-notwendigkeiten ergeben, dann sorgen Sie dafür, daß die Mitarbeiter die Unterstützung für die anderen als Ziel in Ihre eigenen individuellen Ziele mit aufnehmen.

➤ Gewichten Sie die Ziele nach Bedeutung. Und vereinbaren Sie mit jedem Mitarbeiter sogar nur ein Ziel, auf dessen Erreichung Sie besonders achten werden. Fokussieren Sie Ihre Aufmerksamkeit.

➤ Lassen Sie Ihre Mitarbeiter in Ihren monatlichen Team-Meetings über ihre Fortschritte berichten. Jedes dieser Meetings könnte mit einem kurzen Review beginnen; jeder 5 Minuten.

➤ Lassen Sie kurze, schriftliche Berichte über den Status der Zielerreichung verfassen und stellen Sie diese Berichte allen Teammitgliedern zur Verfügung. Ihr individueller Bericht und der zusammenfassende Bericht des Teams sind natürlich auch dabei. Ich finde, diese schriftlichen Berichte sind keine bürokratische Zumutung, sondern eher eine «erzieherische Maßnahme» der Art, daß die Mitarbeiter lernen, intensiv über ihre Ziele und Aufgaben nachzudenken. Außerdem können Sie/sie so die Erfolge sichtbar machen. Im «negativen» Falle dienen die Berichte als Frühwarnsystem. Schließlich müßte es auch eines Ihrer Coaching-Ziele sein, den Mitarbeitern «die Denke» abzugewöhnen, daß man Probleme und Fehler solange wie möglich verstecken sollte. Ganz im Gegenteil: Über Probleme und Fehler sollte man sofort reden, um sie frühestmöglich abstellen zu können - bevor es zu spät ist.

➤ Ich bin sicher, daß Sie jetzt noch weitere Ideen haben, wie Sie die Zielvereinbarungen als effektives Coaching-Instrument einsetzen können.

Rollen-/Zielvereinbarung

Mission						
Probleme, Herausforderungen, Chancen						
Nr.	Ziele(Business, Orga, Person)	A	B	C	Meß-kriterien	Wann bis wann	Unterstütz-ung durch

Aufgaben-(Input-Output)-Analyse

Ich weiß, man kann alles übertreiben. Aufgaben - Analyse? Wozu das auch noch? Stellenbeschreibungen sind oft statisch und definieren höchst oberflächlich die In- und Outputbeziehungen in einer Stelle. Außerdem verändern sich die Aufgaben und die Beziehungen im Laufe der Zeit. Daher ist es angebracht, von Zeit zu Zeit eine Bestandsaufnahme zu machen. Es gibt noch andere gute Gründe dafür:

➤ Machen Sie einmal das folgende Experiment: Bitten Sie Ihre Mitarbeiter, die Aufgabenanalyse für sich selbst zu machen. Und Sie sollten das parallel dazu tun. Vergleichen Sie dann. Sie werden erstaunt sein, wie die Auffassungen auseinandergehen.

➤ Im schlimmsten Fall stellen Sie fest, daß mehrere Mitarbeiter entweder ohne Notwendigkeit dasselbe tun bzw., obwohl es nötig wäre, nicht miteinander vernetzt sind.

➤ Oft hängt die Zielerreichung des einen Mitarbeiters von der Unterstützung eines anderen Mitarbeiters ab. Diese Beziehungen sollten sichtbar gemacht werden.

➤ Neue Mitarbeiter brauchen eine Hilfestellung, was von ihnen erwartet wird. Diese Analyse wird für sie zum Ausbildungswerkzeug.

Sie können die Vernetzung Ihrer Mitarbeiter untereinander noch eine Stufe weitertreiben:

➤ Bitten Sie jeden Mitarbeiter für jeden anderen Mitarbeiter zwei Fragen zu beantworten bzw. Aussagen zu machen:

❶ Das kann ich Dir geben, damit Du Deine Ziele erreichst.
❷ Das brauche ich von Dir, damit ich meine Ziele erreichen kann.

Lassen Sie das auf Karten schreiben und hängen Sie die Karten an eine Pinnwand, sodaß Sie die Beziehungen übersichtlich in einer zweidimensionalen Matrix sehen.

➤ Danach lassen Sie die Mitarbeiter jeweils zu zweit einen Kooperationsvertrag abschließen.

➢ Die Hauptbestandteile der Kooperationsverträge sollten Sie in die individuellen Zielvereinbarungen aufnehmen. Machen Sie also die gegenseitige Unterstützung zum Ziel.

Auf diese Art und Weise können Sie Ihr Team als Ganzes coachen. Vor diesem Hintergrund ist auch das Coaching für einzelne Mitarbeiter erfolgreicher.

3. von wem	2. Inputs	1. Hauptaufgaben	4. Outputs	5. an wen

Job enrichment
(2-Faktoren-Theorie frei nach F. Hertzberg)

Hygienefaktoren	Motivatoren
Auf dieser Seite stehen alle die Dinge, die die Mitarbeiter von Anfang an oder bald, nachdem sie sie bekommen haben, für selbstverständlich halten (eben: Hygiene ist selbstverständlich); und wenn diese Dinge nicht stimmen, sind die Menschen unzufrieden: Arbeitsbedingungen Betriebsklima ordentliche Führung Gehalt ect.	Auf dieser, rechten, Seite stehen alle die Dinge, die die Mitarbeiter echt motivieren. Wenn diese Dinge erfüllt sind, dann wachsen viele Mitarbeiter über sich hinaus, weil sie ihre Bedürfnisse nach Selbstverwirklichung, nach Anerkennung, etc. in der Aufgabe befriedigen können: interessante Aufgabe, vielseitige, ganzheitliche Aufgabe, Anerkennung für vollbrachte Leistung, persönliche Wachstumschancen

Die belesenen unter Ihnen und die Seminargänger haben Hertzberg sicherlich schon «satt». Ich denke, daß viele Manager mit der 2-Faktoren-Theorie von Hertzberg nur deswegen herzlich wenig anfangen können, weil sie sie nicht im Coaching-Rahmen sehen bzw. erst im Coaching-Rahmen sehen müssen.

Wenn Sie die Rolle und die Ziele mit Ihren Mitarbeitern definieren, dann sollten Sie auf jeden Fall und immer die Frage diskutieren, wie Sie gemeinsam die Rolle und die Aufgaben des Mitarbeiters interessanter gestalten können. Viele Manager sehe und höre ich sagen: «Aber es gibt nun mal uninteressante Aufgaben. Wie können Sie einen Lagerarbeiter mit Motivatoren motivieren? Da gibt es keine!» Falsch! Fragen Sie doch einmal Ihre Mitarbeiter. Die haben zahlreiche Ideen; wenn man sie nur fragen und machen lassen würde!

Das war auch die Herausforderung bei einem Großverteiler von Sanitäranlagen, Küchen, Bädern, etc.. Die Lagerarbeiter haben ihre Aufgaben selbst umgestaltet: eigene Zielsetzungen zur Leistungsverbesserung, eigenes Kontrollieren und Messen, eigene Aufgabenaufteilung, ein paar neue Werkzeuge in der Administration (dafür wurde überflüssiger Papierkram weggeschmissen), etc. Die Fehler und Schäden beim Verpacken und beim Be- und Entladen haben sich dramatisch verringert und die Lieferschnelligkeit deutlich verbessert.

Sie erinnern sich: Coaching ist Hilfestellung, um die Leistung zu verbessern. Mit Job Enrichment, also Job Design, und einem guten Stück Selbstbestimmung (anders als Mitbestimmung) können Mitarbeiter ihre Leistung enorm steigern. Ihre Coaching-Aufgabe besteht darin, die Rahmenbedingungen dafür zu schaffen.

Anforderungsprofile

Feedback, Entwicklungspläne und Beobachtungen/Kontrolle sollten auf konkreten, klaren Vereinbarungen beruhen. Coaching-Gespräche können daran scheitern, daß Manager und Mitarbeiter annehmen, daß sie dasselbe meinen, tatsächlich jedoch unterschiedliche Ansichten etwa über das gewünschte/ideale Verhalten oder über den Leistungsstatus haben. Dieses Problem kann man durch grundlegende Kommunikationstechniken und durch die Verwendung von Anforderungsprofilen in den Griff bekommen:

➢ Sie können drei verschiedene Arten von *Anforderungskriterien* definieren:
  ➪ *wissen* - Informationen und Kenntnisse haben
  ➪ *können* - ein Verhalten zeigen, eine Technik beherrschen
  ➪ *wollen* - Motivation und Engagement für etwas zeigen

➢ Definieren Sie gemeinsam mit dem Mitarbeiter präzise das gewünschte/ideale Verhalten. Ein Beispiel: *flexibel*. Mit dem Wort flexibel ist kein beobachtbares Verhalten beschrieben, sondern eine Eigenschaft. Welches präzise Verhalten könnte gemeint sein? Etwa:
Mitarbeiter XY soll in der Lage sein, einen Bericht auf deutsch abzufassen, nebenbei die häufigen Telefonate zu erledigen - die zudem noch auf englisch oder französisch geführt werden müssen; zusätzlich muß er auch in der Lage sein, sich jederzeit von Mitarbeitern und Kollegen für kurze Beratungsgespräche unterbrechen zu lassen.

Wie Sie sehen, sollte das Verhalten also so beschrieben sein, daß man es *beobachten* kann. Wenden Sie zusätzlich die *Präzisionstechnik* an. Ein Kunstgriff zur Konkretisierung des Verhaltens kann auch die *Frage nach den Beobachtungskriterien* sein: Woran werden wir erkennen können, ob Sie, Mitarbeiter XY, das neue Verhalten effektiv einsetzen?

➤ Als zweites sollten Sie auch vereinbaren, *in welchen Situationen und wie Sie als Manager Ihren Mitarbeiter beobachten* werden. So könnten Sie etwa vereinbaren,

➤ daß Sie die Frage- und Einwandbehandlungstechnik Ihres Mitarbeiters während einer Budgetverhandlung im Management-Meeting beobachten;

➤ daß Sie gemeinsam mit Ihrem Mitarbeiter einen Kundenbesuch vereinbaren, um seine Bedarfsanalysetechnik zu beobachten;

➤ etc.

➤ Drittens sollten Sie eine *Bewertungsskala* benutzen, um den gegenwärtigen (Ist) und den gewünschten (Soll) Leistungsstand sichtbar zu machen. Etwa in der Form von Schulnoten von 1 bis 5, wobei Sie wie folgt definieren:
1 = sehr wenig
5 = sehr viel
An der Größe der Differenz zwischen Ist und Soll kann man dann die Notwendigkeit für Entwicklungsaktivitäten erkennen. In Zwischengesprächen läßt sich damit auch der Entwicklungsfortschritt sichtbar machen.

➤ Viertens sollten Sie auch Notizen von Ihren *Beobachtungen* machen. Man vergißt sehr schnell konkrete Einzelheiten. Im anschließenden Gespräch (manchmal ja erst einige Zeit später) fehlen diese dann.

➤ Schließlich sollten Sie im Anforderungsprofil auch die *Ideen bzw. Pläne zur Entwicklung* vermerken. Was tun Sie und Ihr Mitarbeiter z.B., damit Ihr Mitarbeiter es lernt, Fragen zu stellen, aktiv zuzuhören und Notizen zu machen?

Lassen Sie mich noch, wie Sie es inzwischen von mir gewohnt sind, einige Bemerkungen anfügen: Einerseits mache ich in Training und Beratung immer wieder die Erfahrung, daß sich viele Manager gegen die Verwendung von Anforderungsprofilen wehren. Dafür gibt es viele gute oder schlechte Gründe. Meistens liegt es jedoch daran, daß die Rolle als Coach und der Mitarbeiterentwicklungsprozeß nicht ernst genug genommen werden.

Zum anderen habe ich auch schon beobachten müssen, daß das Profilsystem zu einem bürokratischen Papiersystem ausgebaut wurde - unter dem Mantel der Wissenschaftlichkeit und der Objektivität/Gerechtigkeit. So wird die Idee der *Behavior Methodology* statt Anleitung für Manager zu bürokratischem Perfektionismus.

Ich denke, daß es auf die Kommunikation zwischen Manager und Mitarbeiter ankommt. Für diese Situation braucht es einfache und handhabbare Mittel - kein von Personalfachleuten bis in das Detail ausgefeiltes Beurteilungssystem. Je stärker etwas ausgefeilt ist, desto eher hört Kommunikation und Führung auf und desto eher beginnt die Verwaltung des Mitarbeiters.

Anforderungsprofil

Nr.	Anforderungs-kriterien	wie, wann, wo kann man das beobach-ten?	1	2	3	4	5	Beobach-tungen	Ideen für Entwick-lungsplan

Kunden-Analyse
Voraussetzungen für die ASS-Analyse

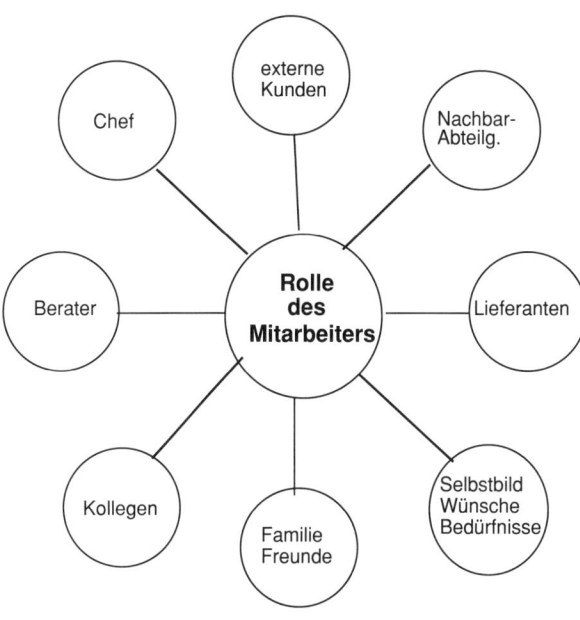

Der bessere Weg herauszufinden, was Ihre Mitarbeiter in ihrer Rolle wissen, können und wollen sollten, ist, die «Kunden» zu befragen. «Kunden» sind alle die, die Erwartungen an den Rolleninhaber haben und dessen/deren Leistungen für ihre Aufgabe benötigen. Selbstverständlich sollten Sie eine solche Analyse nicht für jeden einzelnen Ihrer Mitarbeiter anstellen. Sie können die Aufgaben/Rollen der Mitarbeiter bündeln. Sie werden sich wundern, wenn Sie einmal eine solche Analyse gemacht haben, also nicht nur in Ihrem eigenen Kopf oder allenfalls mit der Unterstützung der Personalabteilung: da gibt es eine Vielzahl von durchaus unterschiedlichen Erwartungen. Niemand kann alle Erwartungen erfüllen; es ist aber wichtig, das ganze Spektrum zu kennen.

Ihr Vorgehen:

❶   Identifizieren Sie die Personengruppen, mit denen Ihr Mitarbeiter zu tun hat.

❷   Fragen Sie aus jedem Kreis einige der Individuen:
   ➢   Welche Leistungen erwarten Sie von dieser Rolle/Aufgabe/ von diesem Mitarbeiter?
   ➢   Wie sehen Sie den gegenwärtigen Leistungsstand?
   ➢   Im Hinblick auf zukünftige Entwicklungen: was müßte verändert werden?

❸   Aus diesem Material können Sie ein Anforderungsprofil erstellen.

Verhaltenswissenschaftlich fundierte Potentialerkennung

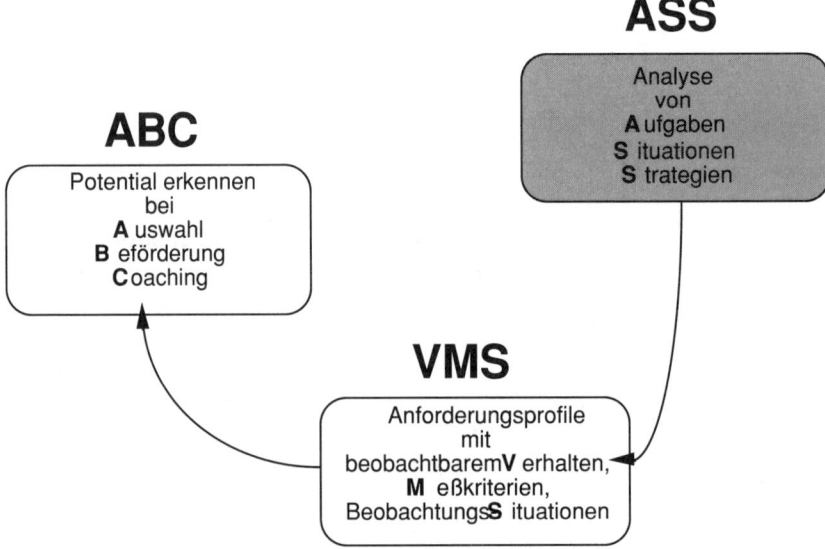

Potential, eigenes oder das von Mitarbeitern, erkennt man nicht aus dem hohlen Bauch (oft mit Intuition verwechselt) oder durch die grobe Schaun-wir-mal-hin-Beobachtung.

Durch die *ASS-Analyse* können Sie - hoffentlich nicht an der Vergangenheit, sondern an den zukünftigen Anforderungen orientiert - herausfinden,

    ⇨   welche *Aufgaben* in einer bestimmten Rolle erledigt werden müssen,

    ⇨   welche kritischen (im Sinne von «wichtig») *Situationen* dabei vorkommen,

    ⇨   welche *Strategien* (sprich: konkretes, beobachtbares Verhalten) dafür effizient und effektiv sind.

Die dazu notwendigen Informationen können Sie bekommen in Interviews/Meetings

    ➢   mit Menschen, die diese Rolle bereits beherrschen, also als *Experten* anerkannt sind,

    ➢   mit den Erwartungsträgern an diese Rolle, d.h also mit den «*Kunden*» (z.B.: Manager, Kollegen, Mitarbeiter, Kunden, etc.),

    ➢   mit *Beratern*, die sich in der vermutlichen zukünftigen Entwicklung in der Rolle auskennen.

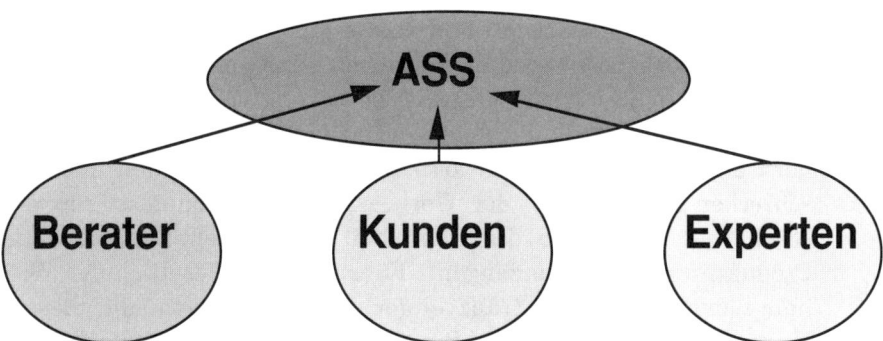

Achtung: psychometrische Tests

Mindestens Sie, die Personalmanager unter Ihnen, sind schon mit psychometrischen Tests konfrontiert worden. Und ich weiß aus meinem
Kundenkreis, daß einige von ihnen/Ihnen schon fast ein schlechtes Gewissen haben, wenn sie/Sie nicht den neuesten Stand der «Wissenschaft» nutzen. Und während Sie den vorhergehenden Satz gelesen
haben, bin ich sicher, daß Sie sicher sind, daß ich mit dieser sogenannten Wissenschaftsgläubigkeit nicht einverstanden bin. Einige meiner
Begründungen:

❶   Seit ungefähr siebzig Jahren beschäftigt man sich in Wissenschaft
     und Literatur mit Führungsstilen und Führungsverhalten. Der
     Teufel steckt im Detail! Relativ zu Beginn dieser ca. siebzig Jahre
     stand das Persönlichkeitsmodell im Mittelpunkt des Interesses.
     Man suchte nach dem idealen Führungsstil und also nach den
     Persönlichkeitsmerkmalen von Führungskräften. Zwar wurde es
     kaum offen dargestellt, aber ich denke, daß man sich dabei mei-
     stens an sogenannten erfolgreichen «Führern» orientiert hat
     (Geschichte wird ja noch immer so geschrieben als seien alle Ereig-
     nisse von Führer-Persönlichkeiten entschieden und durchgeführt
     worden).
     Inzwischen haben seriöse Wissenschaftler und Managementexper-
     ten längst erkannt, daß unterschiedliche Situationen ein unter-
     schiedliches Führungsverhalten erfordern, um effizient und effek-
     tiv zu sein. Situationsgerechtes Führen ist nicht nur eine Mode,
     sondern - ganz einfach - Realität. Das ist insbesondere richtig,
     wenn man bedenkt, wie schnell sich das wirtschaftliche, soziale
     und politische Umfeld verändert. Und hinzu kommt, daß wir in

der westlichen Gesellschaft und inzwischen auch in der osteuropä-
ischen Gesellschaft keine einheitlichen Wertvorstellungen haben
und sich gleichzeitig ein massiver Trend weg von den materiellen
und hin zu den immateriellen Werten nicht nur abzeichnet, sondern erschreckend deutlich artikuliert - zum Erstaunen und Er-
schrecken zum Beispiel der Werbexperten (Werbung ist im wesentlichen: die Werte der Menschen ansprechen, um sie vom
Produktnutzen zu überzeugen). Führung und Gesellschaft? Wie
hängt das zusammen. Ganz einfach: Die Menschen, die diesen
Wertewandel leben, sind Ihre Kollegen, Chefs, Mitarbeiter,
Kunden, Lieferanten (wer fehlt noch?).

❷   Es ist wirklich verrückt (entschuldigen Sie meine Umgangsspra-
che - oder auch nicht): In der Führungsliteratur ist das Denken in
Persönlichkeitsmerkmalen «out»; und gleichzeitig ist es immer
noch oder schon wieder «in». Und zwar bei Einstellung bzw. Be-
werberauswahl und - und damit komme ich wieder explizit auf das
Coaching-Thema zurück - als Grundlage für die Beratung von
Mitarbeitern.

Ich kenne persönlich in Europa einige Unternehmen, die sich eine
komplett   schizophrene   Vorgehensweise   leisten   (zu   können
glauben).

Einerseits haben sie/Sie ein wohldurchdachtes und durchgearbei-
tetes, auf der Behavior Methodology aufbauendes System erarbeitet (vergleiche den vorhergehenden Abschnitt). Dieses System
empfiehlt,

➢   daß man die Erwartungen der externen und internen Kun-
      den an eine Stelle (Job, Aufgabe, Position) herausfinden
      sollte, um die Anforderungen an eine Stelle (Job, ...) zu
      definieren. Daneben identifiziert man Modelle, d.h. Experten
      in dieser Stelle, die sie bereits sehr gut ausfüllen; diese
      Menschen-Modelle werden beobachtet: was und wie tun sie
      in der Aufgabenerfüllung? was macht sie erfolgreich? Das
      zusammen ergibt das Anforderungsprofil. Man ist bemüht,
      beobachtbares Verhalten zu definieren. Also nicht: Der
      Stelleninhaber muß «selbstsicher» sein.

Es wäre interessant, wenn Sie, meine Leser, mir Ihre Vorstellung von «selbstsicher» in einem kleinen Brief schreiben würden. Ich wette, daß ich 2345 unterschiedliche Definitionen bekomme: In welcher Situation? Welches konkrete, beobachtbare Verhalten? Mit welchem Ziel?

➢ daß man die Bewerber für eine Stelle (neue Leute von außen oder Leute, die im Unternehmen von einer Stelle zu einer anderen befördert werden möchten/sollen/oder vorgeschlagen sind, gegen dieses Anforderungsprofil messen (ich vermeide das Wort «beurteilen») kann. Personal- und Trainingsmanager sowie die Manager der Personen haben die Aufgabe, diese Personen in Seminaren oder gar Assessment-Centern und im Berufsalltag in typischen Situationen zu beobachten, ob sie die Anforderungen erfüllen. Höllisch viel Arbeit muß darin investiert werden, herauszufinden, welche Situationen für eine Stelle typisch sind. Aber das ist nicht nur fair, sondern sogar wirtschaftlich notwendig, um die passenden Menschen für eine Stelle zu finden.

Dieselben Unternehmen lassen es gleichzeitig geschehen, daß sogenannte allgemeingültige Persönlichkeitstests darüber entscheiden, ob jemand für eine Stelle geeignet ist oder nicht. Zwei sich großenteils in der Philosophie und Methodik widersprechende Systeme werden parallel, ohne Verknüpfung eingesetzt.

❸ Ich weiß, die Testbatterien, die statistische Auswertung sowie die Auslegung sind imposant, bekommt doch der Klient ein eindeutiges Ergebnis. Ich möchte Sie jedoch auf einige Probleme aufmerksam machen:

➢ Der Test kann nur das als Ergebnis herausbringen, was vorher in ihn von den Testexperten hineindefiniert wurde. Was heißt das konkret? Tests sind immer auf einer Theorie aufgebaut, d.h. auf Annahmen darüber, was z.B. eine erfolgreiche Persönlichkeit denkt, ist, sagt und tut.

➢ Aber wer sagt, ob das das ideale Verhalten ist? Ganz abgesehen davon, daß unterschiedliche Unternehmen aufgrund Ihrer Unternehmenskultur unterschiedliche Vorstellungen von den Mitarbeitern haben, die sie sich wünschen.

➤   Nun machen Sie einmal das Gedankenexperiment mit: Was glauben Sie verstehen die Engländer unter «assertive» und die Deutschen unter «selbstsicher»? Ich brauche das hier nicht ausführen. In unterschiedlichen Kulturen hat man unterschiedliche Vorstellungen von den Begriffen.

➤   Oder nehmen Sie die nächste Schwierigkeit: Was bedeutet Flexibilität wohl für einen Topmanager und was für einen Softwareprogrammierer? Für den Topmanager könnte es bedeuten, daß er/sie in der Lage sein muß, alle fünf Minuten mit einer anderen Person über ein anderes Thema zu diskutieren. Für den Softwareprogrammierer?

➤   Und schließlich ein Beispiel aus einem Fragebogen:
    «Sie sind allein zu Hause; abends gegen 20 Uhr; sie schauen Fernsehen; ansonsten haben Sie nichts besonderes zu tun. Es klingelt an der Haustür. Frage:
    a)   Rufen Sie «Einen Moment! Ich komme gleich!» und öffnen dann die Tür? oder
    b)   Verhalten Sie sich ruhig, sodaß man von draußen nicht merkt, daß Sie drinnen sind; und Sie öffnen nicht die Tür?

In diesem Test wird die Antwort a) als die richtige/gewünschte bewertet. Mit der Antwort b) riskieren Sie bereits den Stempel «schüchtern» oder «unsozial» oder «...». Und nun überlegen Sie sich mal, welche Gründe jemand haben könnte, die Tür nicht aufzumachen: Sie sind vielleicht einfach zu müde, weil der Tag hart und lang war. Sie wissen, es kann keiner Ihrer Verwandten und Freunde sein. Sie fühlen sich unwohl. Und wenn jemand wirklich ernsthaft etwas von Ihnen braucht, würde er/sie vorher anrufen. Etc. Es gibt hunderte von möglichen Erklärungen. Psychometrische Tests. Eigentlich verrät der Begriff schon das Problem. Es geht um Psycho und der soziale Hintergrund, die sozialen Einflußfaktoren, die sozialen Werte, etc. werden nicht einbezogen.

❹   Ich kann mir allerdings vorstellen, daß man psychometrische Tests in Kombination mit konkreten Anforderungsprofilen sowie mit Beobachtung und Interview sowie individueller Beratung einsetzen kann, um Bewerber auszuwählen bzw. um Personen zu beraten, welche Karriere, welcher Job für sie geeignet ist. Dummerweise sind psychometrische Tests verführerisch, weil sie nicht viel Zeitaufwand kosten. Und sie scheinen so schön wissenschaftlich. Sie haben dann z.B. Zahlen wie 17.5%. Dabei frage ich mich immer, ob man Einstellungen und Verhalten so eindeutig und messerscharf messen kann: bis hierhin ist es 17.5% Flexibilität und also schlecht; ab hier ist es 18% Flexibilität und daher sind Sie geeignet.

❺ In der Fachliteratur können Sie ein Auf und Ab, ein Für und Wider psychometrischer Tests studieren. Dabei ist auf jeden Fall sicher, daß auch validierte Tests (also Tests, die an einer ausreichend großen Gruppe von Versuchspersonen getestet worden sind) voll daneben liegen können. Sie sind halt lediglich in sich stimmig. Und in der Literatur können Sie dann auch nachlesen, daß es mit der Vorhersagewahrscheinlichkeit nicht weit her ist, d.h.: die Tatsache, daß jemand in bestimmten Tests gut abschneidet, sagt nur vage etwas darüber aus, ob er im Job erfolgreich sein wird.

Zwei Geschichten sollen das veranschaulichen. Erst neulich hörte ich, wie ein bekannter, erfolgreicher österreichischer Unternehmer gefragt wurde, wie er sich seine guten Leute aussucht. Seine Antwort: «Das ist mein Bauchgefühl! Und wenn ich mich dann einmal für jemanden entschieden habe, dann kommt es darauf an, daß ich mich um ihn kümmere, ihm helfe das Unternehmen und die Aufgaben zu verstehen!» Ich nenne das «Coaching».
Die andere Geschichte ist von meinem Schwiegervater. Der hat seine Manager nur dann eingestellt bzw. befördert, wenn seine Frau die Unterlagen, die Fotos gesehen hatte. Die entscheidende Hürde war dann immer die Einladung zum Essen. Es gibt inzwischen genügend Untersuchungen, die bestätigen, daß die sogenannten Hausfrauenurteile genauso gute Voraussagen über den zukünftigen Erfolg erlauben als die sogenannten wissenschaftlichen psychometrischen Tests.

Sollten meine Bemerkungen Ihnen zu kritisch oder zu ironisch oder zu unwissenschaftlich sein, so bitte ich Sie dafür (nicht) um Verzeihung. Ich glaube, daß Ihnen die sogenannte Wissenschaft nicht die Verantwortung und die Arbeit abnehmen kann, Ihre Mitarbeiter selbst zu beobachten, gegen ein Anforderungsprofil zu vergleichen und darin zu beraten, was sie weiterentwickeln sollten, um erfolgreicher zu werden und die Leistung zu verbessern. Das ist der Beginn eines jeglichen Coaching-Prozesses: Anforderungen kennen, beobachten, und dann coachen.

Ich möchte dieses Kapitel schließen mit einer letzten Beobachtung. Ich habe weiter oben ein Beispiel aus einem Test benutzt. Der Name der Firma, die den verkauft, sei nicht erwähnt. Ich weiß aber, daß diese Firma die Testresultate u.a. dazu verwendet, die Klienten dahingehend zu beraten, daß sie zu Seminaren mit dem Thema «Transaktionsanalyse» kommen. Nichts gegen die Transaktionsanalyse; das ist ein Kommunikationssystem wie einige andere. Ich habe auch nicht so viel gegen diese geschickte Marketingstrategie. Aber ich habe etwas gegen die Blindheit von Führungskräften, die diese Probleme nicht erkennen.

Entwicklungsplan

Haben Sie einen Entwicklungsplan? Haben Ihre Mitarbeiter einen? Ich schätze, daß nicht einmal ein Drittel aller Mitarbeiter in deutschen Unternehmen einen Entwicklungsplan haben. Auf jeden Fall ernte ich in Seminaren von der überwiegenden Mehrzahl der Teilnehmer immer ein bestürztes Schweigen, wenn ich danach frage.

Sie sollten den Entwicklungsplan als einen integralen Bestandteil der Zielvereinbarung ansehen. Wenn Sie diese Ziele vereinbart haben und wenn Sie diskutiert haben, welche Anforderungen der Mitarbeiter erfüllen muß, um diese Ziele in seiner Rolle zu erreichen, dann stellen Sie oft einen Entwicklungsbedarf beim Mitarbeiter fest. Z.B. könnte es sein, daß der Mitarbeiter lernen sollte, Meetings durchzuführen; oder er muß zuerst ein neues Softwareprogramm erlernen; oder ....

Ich schlage Ihnen vor, auf drei Dinge insbesondere zu achten, um gängige Fehler zu vermeiden:

➢   Verfassen Sie den Entwicklungsplan schriftlich oder besser noch: lassen Sie den Mitarbeiter alles niederschreiben. Am besten auf einer Seite, damit man alles auf einen Blick sieht.

➤ Nehmen Sie auf jeden Fall auch die Stärken des Mitarbeiters darin auf und Ideen dazu, wie er/sie selbst die Stärken noch besser ausbauen kann bzw. wird.

➤ Und denken Sie daran, daß man sich nicht nur in Seminaren entwickeln kann (damit geben Sie die Verantwortung für die Mitarbeiter bei den Trainern ab!), sondern auch «on the job», durch Ihr Coaching oder Literatur, also durch Lesen. Der richtige Weg hängt nicht nur vom Geld ab, das Sie zur Verfügung haben, sondern im wesentlichen auch vom Lernstil des Mitarbeiters.

Sie sehen, daß ich Ihnen auf der nächsten Seite ein Formblatt vorschlage. Sicherlich ist das Formblatt nicht wichtig, sondern die Idee, die dahinter steckt.

Entwicklungsplan
für:....................

für den Zeitraum von............... bis.............

meine Stärken, die ich auf jeden Fall behalten und noch ausbauen werde:	meine Pläne, wie ich meine Stärken noch besser nutzen kann:
1.	1.
2.	2.
3.	3.
4.	4.
5.	5.

daran werde ich arbeiten	im Seminar	on the job	Coaching durch	Literatur

Haben Sie Coaching-Ziele?

Was hindert Sie daran, die Entwicklungsplanung und damit Ihre Coaching-Ziele und -Aktivitäten zum Bestandteil der Zielvereinbarungen mit Ihren Mitarbeitern zu machen? Mitarbeiterentwicklung und Coaching sollen die lang- und auch kurzfristige Zielerreichung unterstützen und sicherstellen. Natürlich gibt es darin auch persönliche und Karriere- oder gar Lebensplanungsaspekte; im wesentlichen ist das Ziel des Coaching jedoch die Leistungssteigerung.

Wenn Sie nicht wissen, zu welchem Zweck Sie mittels Coaching bestimmte Fähigkeiten beim Mitarbeiter entwickeln wollen, werden Sie auch nicht besonders viel erreichen, weil Sie und Ihr Mitarbeiter keinen Sinn in den Bemühungen sehen, weil die Motivation fehlt, weil damit auch die Priorität für die Zeitplanung fehlt und weil damit «vereinbarte» Aktivitäten, wie z.B. ein gemeinsamer Kundenbesuch, dann zum x-ten Mal in's Wasser fallen; Sie haben schließlich noch andere Dinge zu tun, und der Mitarbeiter kann ja auch noch ein bißchen warten.

Die Coaching-Ziele folgen also den allgemeinen Zielvereinbarungen. Sie definieren mit Ihrem Mitarbeiter, welches konkrete Wissen, Können oder/und Wollen verbessert werden soll und welche Aktivitäten er/sie und Sie dazu unternehmen. Und eigentlich sollten Sie diese Vereinbarungen nicht nur als gegenseitigen Vertrag zwischen Ihnen und Ihrem Mitarbeiter sehen. Sie sollten diese Vereinbarungen auch in die Zielvereinbarungen aufnehmen, die Sie mit Ihrem eigenen Chef abschließen. Sie sollten Mitarbeiterentwicklungs- und Coaching-Ziele in Ihren eigenen Zielvereinbarungen haben. Schriftlich.

Lassen Sie sich von Ihrem eigenen Chef an Ihren Mitarbeiterentwicklungs- und Coaching-Zielen messen - und dafür bezahlen!

Business-Ziele
  bezogen auf Markt, Kunden, Produkte, etc.
Organisatorische Ziele
  bezogen auf Strukturen und Abläufe bzw. Orga-Veränderungsprogramme
Mitarbeiter-Ziele
  bezogen auf die Entwicklung von Mitarbeitern

Lern- bzw. Coaching-Ziele

Wissen	⇨	Eunuchen - Wissen
Können	⇨	Sportprofis trainieren 5mal pro Woche
Wollen	⇨	wer nicht will, der kann nicht

Rein formal kann man drei verschiedene Arten von Lernzielen, d.h. also auch Coaching-Ziele unterschieden.

➤ **Wissen**
«Der Mitarbeiter soll sich ein bestimmtes Wissen aneignen, z.B.:
  ➤ die Namen aller Ansprechpartner bei den 10 größten Kunden
  ➤ alle Produkteigenschaften
  ➤ alle Produktvorteile zielgruppenspezifisch sortiert.»

➤ **Können**
«Der Mitarbeiter soll in der Lage sein, in Verkaufsgesprächen die Produktvorteile zielgruppenspezifisch zu erklären, damit die jeweiligen Gesprächspartner erkennen, wie ihr Bedarf befriedigt wird, d.h. welchen Nutzen sie davon haben.»

➤ **Wollen**
«Der Mitarbeiter soll die neue Verkaufsstrategie akzeptieren und sich mit ihr identifizieren.»
Alles Wissen und Können bleibt brach liegen, wenn die Motivation fehlt, es einsetzen zu wollen. Verkäufermeetings haben meistens zum Ziel, die Verkäufer für das Unternehmen, für die Produkte etc. zu begeistern, sodaß sie ihre Begeisterung zum Kunden weitertragen können. Das Wollen setzt jedoch das Wissen und Können voraus. Begeisterung wird von Ernüchterung abgelöst, wenn man nicht umsetzen kann, was man soll und will.

Ganz zu Beginn Ihrer Coaching-Aktivitäten mit einem Mitarbeiter sollten Sie die Lernziele definieren. Halten Sie sich an vier Anforderungen:

1. Definieren Sie nicht mehr als 5 plus/minus 2 Lernziele

2. Beschreiben Sie die Lernziele so konkret/beobachtbar wie möglich

3.   Stellen Sie Meßkriterien auf, die Ihnen und dem Mitarbeiter
     helfen zu erkennen, in welchem Ausmaß das Ziel erreicht ist

4.   Machen Sie es schriftlich

Betrachten Sie die Coaching-/Lern-Ziele als Zielvereinbarung zwischen
Ihnen und Ihrem Mitarbeiter. Was z.B. hindert Sie daran, diese Zielvereinbarung zum Bestandteil der allgemeinen Zielvereinbarung mit
dem Mitarbeiter zu machen?

Mit Visionen arbeiten

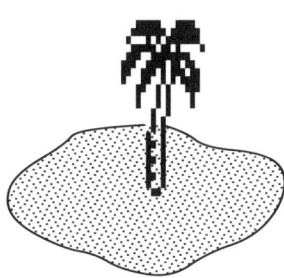

Ich habe von einer alten Weisheit gehört:
«Wenn Du jemandem beibringen willst, Boote
zu bauen, dann erzähle ihm erst, wie schön es
ist, auf dem weiten Ozean zu segeln und ferne
Inseln zu sehen!» Dann wird die Lernmotivati-
on enorm hoch sein. Der Computerhersteller,
auf dessen PC dieses Buch geschrieben ist, hat
eine Vision: PCs sollen einfach zu bedienen
sein, Schulung soll
überflüssig sein, und der PC soll die
Kreativität und Produktivität des Individuums
ermöglichen und steigern. Sind Sie schon
einmal den Mitarbeitern dieser Firma
begegnet? Sie werden sofort sehen, wie sie von
ihrer Vision und dem Produkt überzeugt, ja be-
geistert sind. All ihr Tun richtet sich danach
aus.

Sie sollten dieses Prinzip beim Coaching nutzbar machen. Es ist zwar
richtig, wenn Sie Ihrem Mitarbeiter sagen, daß er seine Präsentations-
technik verbessern soll; und es ist richtig, wenn Sie ihm selbst oder in
Seminaren einige Techniken beibringen. Besser (im Sinne von: selbst
entdecken, intensiveres Lernen, schneller, motivierender, ...) ist es
jedoch, wenn Sie Ihrem Mitarbeiter helfen, sich zu sehen, wie er bereits
erfolgreich ist, wie er begeisternd vorträgt, wie seine Zuhörer fasziniert
von ihm sind, wie er interessante Diskussionen und Fragen anregt, wie
er erfolgreich verkauft. Je intensiver Ihr Mitarbeiter diesen Film sieht,

hört und erlebt, desto stärker wird der Wunsch sein, die besten Präsentationstechniken zu lernen. Der mentale Film wird ihn motivieren zu lernen, zu üben, sich zu verbessern. Der Film wird sein Verhalten treiben und ihm Selbstsicherheit geben.

Ähnlich bei Ihrem Team. Bevor Sie individuelle Zielevereinbarungsgespräche haben, sollten sie im Team-Meeting über Zukunft diskutieren, Ideen, Visionen herausarbeiten, davon, wo Sie als Team in einem Jahr von jetzt sein werden. Visionen begeistern, setzen ungeahnte Kräfte frei. Warum nicht auch die Mitarbeiter bitten, die Augen zu schließen und sich einen möglichst farbigen und lebhaften Film von dieser Vision zu machen - und sich wohl und erfolgreich dabei zu fühlen.

Gehirngerechte
Kommunikation
im
Coachinggespräch

Gehirngerechte Kommunikation im Coachinggespräch

Beim Thema «Coaching» muß unbedingt das Thema «Kommunikation» angesprochen werden. Denn insbesondere dann, wenn Sie Feedback geben, wenn Sie Ziele vereinbaren, wenn Sie dem Mitarbeiter helfen wollen, Neues zu lernen oder gar Verhalten zu verändern, kommt es darauf an, daß Sie gehirngerecht kommunizieren. Was heißt das?

Unser Gehirn ist im Grunde das einzige wirkliche Werkzeug (vielleicht besser: Denkzeug), das wir haben. Unser genetisches Erbe und die Erziehung und Erfahrung programmieren uns, unsere Umwelt in bestimmter Weise wahrzunehmen, Informationen über bevorzugte Informationskanäle aufzunehmen, sie entweder als Bilder, Töne oder Gefühle abzuspeichern; und jeder Mensch ist auch programmiert, sich in bestimmter Art verbal oder/und nonverbal auszudrücken. Jeder von uns hat sein individuelles Programm.

Und in der Kommunikation kommt es nun darauf an, das Kommunikationsprogramm des Partners/Mitarbeiters zu erkennen und sich darauf einzustellen, also seine Sprache zu sprechen. Dadurch wird Kommunikation zumindest erleichtert, wenn nicht sogar oft erst ermöglicht. Wenn Sie weitere Details darüber haben wollen, sollten Sie vielleicht in meinem 1990 erschienenen Buch «Changemanagement» nachlesen oder in Büchern von NLP-Autoren.

Ich gebe Ihnen im folgenden fünf Werkzeuge an die Hand:

➤ Wie man an den Augenbewegungen den bevorzugten Informationskanal des Partners erkennen kann.

➤ Wie man die Sprache des Mitarbeiters sprechen kann.

➤ Wie man sich mit dem Mitarbeiter auf die gleiche Wellenlänge bringen kann; eine Voraussetzung dafür, daß er/sie als Coach akzeptiert und von und mit Ihnen lernen kann.

➤ Wie man Fragen stellt, um präzise Information zu bekommen und um Blockaden zu überwinden.

➤ Wie man seine Sprache so gestalten kann, daß man in das Gehirn des Partners kommt.

Ich beschränke mich dabei ganz bewußt auf die Darstellung der Techniken und auf kleine Übungen zum «Selber-Entdecken»; ich verzichte auf theoretische Hintergründe.

Körpersprache

Schule und Universität lehren uns, auf die Worte der Menschen zu hören. Erst in Management-, Kommunikations- oder Verkaufsseminaren lernen viele Menschen, daß wir uns nicht nur verbal, sondern auch mit dem Körper ausdrücken. Neugierde und Faszination des Neuen verführen schnell dazu, denen zu glauben, die lehren, daß eine bestimmte Körperhaltung jeweils etwas ganz bestimmtes bedeutet. Das mag richtig sein. Ich wende mich allerdings aus zwei Gründen gegen diese Schule:

➤ Es kann sein, daß die vor der Brust verschränkten Arme Ablehnung bedeuten, es kann aber auch ganz einfach sein, daß es der Person kalt ist. Oder allgemeiner, Körper-Sprache kann immer nur im Kontext mit anderen Signalen und mit der gesamten Situation, in der die Kommunikation stattfindet, gesehen werden.
➤ Halbwissende Laien kehren das angebliche Wissen um die Bedeutung von Haltungen und Gesten in Interpretation der Art, daß sie meinen zu wissen, was der andere denkt. Sie machen Rückschlüsse auf Inhalte des Denkens des anderen. Ich finde, das ist für beide Partner gefährlich. Man kann nur annehmen, was der andere denkt.

Warum sollten Sie dennoch den anderen beobachten, wenn ich mit dem o.g. Recht habe?

➤ Veränderungen in der Körperhaltung zeigen oft Veränderungen im Denk- bzw. Kommunikationsprozeß an. Beobachten Sie Ihren Gegenüber. Während Sie sprechen schaut er Ihnen zu, lehnt zurück, macht sich eventuell hier und da Notizen. Plötzlich sehen Sie, wie er etwas unsicher seine rechte Hand hebt, den Mund öffnet, sich etwas nach vorne lehnt, tief Luft holt, etc. Das sind Signale dafür, daß er nicht mehr zuhören, sondern etwas sagen will. Seine Körperhaltung hat sich verändert, weil sein Denken sich verändert hat. Es macht also nicht viel Sinn, wenn Sie noch länger reden.

➤ Wie Sie unter dem Stichwort «auf die gleiche Wellenlänge bringen» lesen können, ist die Einnahme einer ähnlichen Körperhaltung, also das Spiegeln, eine der Rapporttechniken, die besonders einfach und wirkungsvoll sind. Voraussetzung ist, daß Sie den anderen beobachten.

➤ Die Augenbewegungen verdienen besondere Beobachtung. Die Augen sind mit Nerven direkt mit dem Gehirn verbunden. Man hat festgestellt, daß die Augenbewegungen Hinweise darauf geben, auf welchem Informationsverarbeitungskanal der Denkprozeß stattfindet, wie also jemand denkt (nicht was!).

Haben Sie das schon einmal beobachtet?
Sie stellen eine Frage. Und Ihr Partner sagt: «Laß mich mal sehen!» Dabei schaut er überdeutlich mit seinen Augen nach oben rechts. Ihr Partner sieht in dem Augenblick tatsächlich. Er ruft in seinem Informationsspeicher ein Bild ab.

Wenn Sie also die Augenbewegungen beobachten, können Sie erstens erkennen, ob der andere Ihnen zuhört, also nach-denkt; Sie können zweitens erkennen, wie der die Informationen verarbeitet: visuell, auditorisch (hören) oder kinästhetisch (fühlen). Auf den nächsten Seiten finden Sie Beobachtungsmuster.

Die Augenbewegungen zusammen mit der VAK-Sprache geben Ihnen Hinweise darauf, welches der bevorzugte Informationsverarbeitungskanal Ihres Partners ist. Abhängig von bevorzugtem Kanal sprechen wir auch jeweils eine andere VAK-Sprache. Wenn Sie diese erkennen, dann steht Ihnen eine weitere Rapporttechnik zur Verfügung: Sie verwenden etwa bei stark visuellen Partnern häufiger visuelle Wörter (studieren Sie bitte die Liste mit VAK Wörtern).

Damit stellen Sie nun nicht nur Rapport her (gleiche Wellenlänge), sondern Sie helfen Ihrem Partner auch beim Erinnern. Wenn Sie einen visuellen Typ in der kinästhetischen Sprache ansprechen, geben Sie falsche Schlüssel-Wörter. Ihr Partner muß Ihre Wörter erst übersetzen. Visuelle Schlüssel öffnen das Gedächtnis bei diesem Partner schneller und besser.

Catarina schaut nach oben

Kinder sind Naturtalente. Nur die Erziehung durch uns Erwachsene engt sie schrittweise ein. Ich hatte die Chance, meine Tochter Catarina (8 Jahre) in etwas zu bestärken, was sie selbst entdeckt hat.

Wir saßen beim Abendessen. Anne (11 Jahre) und Catarina erzählten über die Schule, die Freunde und Freundinnen. Ich kann mich nicht mehr an den genauen Zusammenhang und Anlaß erinnern. Mittendrin im Gespräch sagte Catarina:

«Wenn ich etwas sehen will, dann schaue ich nach oben!»

Im Moment traute ich meinen Ohren nicht. Aber meine Augen bestätigten meine Verwunderung: Sie schaute nämlich gleichzeitig hoch und an die Decke.

NLP-Kenntnisse von Natur aus? Ich lobte Catarina und sagte ihr, daß das stimmt, daß sie nach oben schauen sollte, wenn sie in ihrem Gehirn etwas sehen will, Bilder machen oder finden will. Sie freute sich darüber. Aber ich war immer noch skeptisch. War es nicht vielleicht doch Zufall?
Also fragte ich sie: «Wo schaust Du denn hin, wenn Du nachdenkst?» Unglaublich! Ich glaube nicht, daß sie jemals in meinen NLP-Büchern studiert hat; und ich hatte auch noch nie darüber mit den Kindern gesprochen. Sie schaute sofort nach unten und ließ ihre Augen von links unten nach rechts unten ein paar mal langsam hin und her wandern; und sie sagte es auch gleichzeitig, was sie tat: «Dann schaue ich nach unten, hier, Papi, schau mal, ich zeige es Dir!» Buff. Da staunt der Laie und wundert sich der Fachmann.

Ich empfehle Ihnen, genauso vorzugehen, wie es Catarina tut. Bewegen Sie Ihre Augen bewußt nach oben, wenn Sie Bilder sehen wollen. Wenn Sie fühlen wollen, dann schauen Sie nach unten rechts. Wenn Sie mit sich selbst reden wollen, schauen Sie nach unten links. Warum das? Ganz einfach: Sie aktivieren damit Ihre beiden Gehirnhälften bzw. die unterschiedlichen Informationskanäle. Damit wird Ihnen das Sehen, Hören, Fühlen und der interne Dialog einfacher fallen. Und was hält Sie davon ab, das auch Ihren Mitarbeitern zu erklären.
Die Augenbewegungsmuster finden Sie auf den folgenden Seiten.

Augenbewegungen und Informationsverarbeitung

nach rechts schauen =
linke (konstruktiv, logisch, rational)
Gehirnhälfte aktiviert

nach links schauen =
rechte (ganzheitlich, kreativ,
eidetisches Gedächtnis)
Gehirnhälfte aktiviert

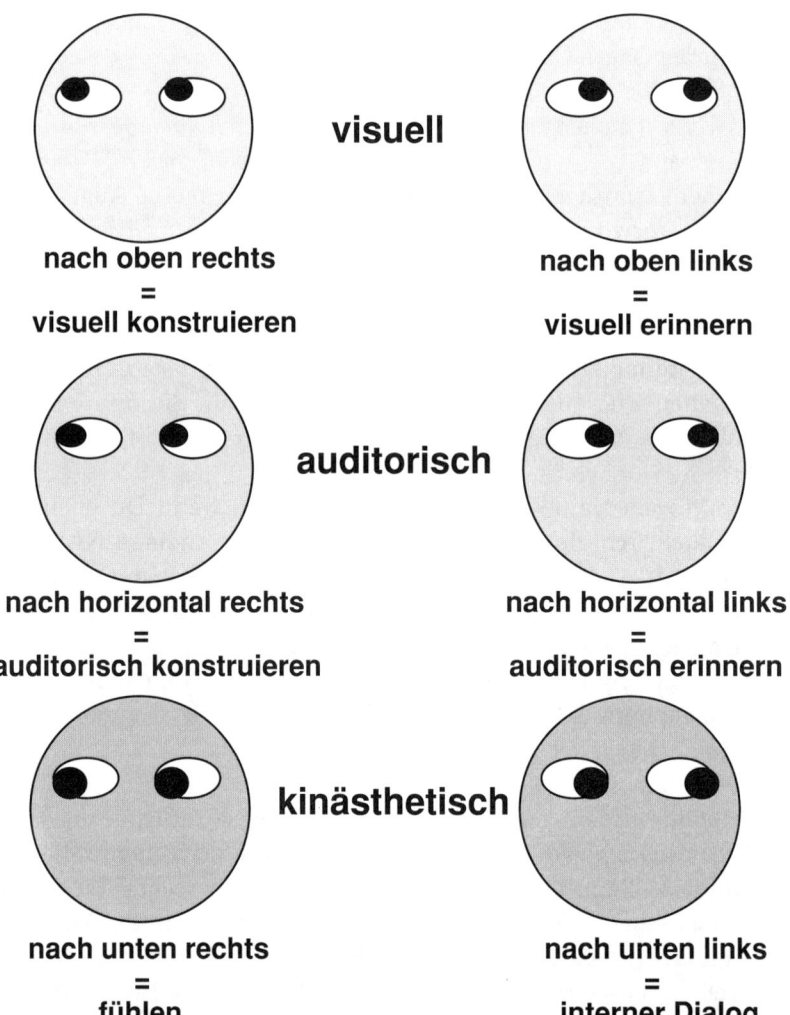

visuell

nach oben rechts
=
visuell konstruieren

nach oben links
=
visuell erinnern

auditorisch

nach horizontal rechts
=
auditorisch konstruieren

nach horizontal links
=
auditorisch erinnern

kinästhetisch

nach unten rechts
=
fühlen

nach unten links
=
interner Dialog

Fragen zur Beobachtung der Augenbewegungen

Die folgende Fragenliste soll Ihnen helfen, die Augenbewegungen zu beobachten. Am besten probieren Sie diese Übung mit einem Freund aus. Achtung: Ihr Partner sollte vorher noch nichts über die Augenbewegungen wissen. Er/sie könnte die Übung als zu künstlich erleben und sich verkrampfen. Es ist dann schwerer zu beobachten. Noch besser ist es, wenn Sie zu dritt sind:

*   einer liest die Fragen vor
*   einer wird beobachtet (er braucht nicht verbal zu antworten - wichtig ist, daß er mental eine Antwort sucht und findet)
*   einer beobachtet die Augenbewegungen (Notizen machen!)

1. Welche Farbe hat Ihr Auto?
2. Wo haben Sie letztes Jahr Ihren Urlaub verbracht?
3. Wie haben Sie sich gefühlt, als Sie das letzte Mal mit Ihrem Chef gesprochen haben?
4. Bitte erinnern Sie sich an das größte Erfolgserlebnis, das Sie in den letzten 3 Monaten hatten.
5. Bitte erinnern Sie sich an eine Situation, in der Sie sich sehr unwohl gefühlt haben.
6. Stellen Sie sich einen rosa Elefanten vor.
7. Wie fühlt es sich an, wenn Sie über kühle Seide streichen?
8. Was würden Sie als erstes tun, wenn Sie den Job Ihres Chefs übernehmen könnten?
9. Was ist Ihr Lieblingsschlager?
10. Was werden Sie in Ihrem nächsten Urlaub tun?
11. Was werden Sie als erstes tun, wenn Sie das nächste Mal in Ihr Büro gehen?
12. Wie sieht Ihr Lieblingstier aus?
13. Wie sehen Ihre Küchenmöbel aus?
14. Stellen Sie sich verschiedene Menschen vor: einen Schwarzen, einen Chinesen, einen Japaner, einen Inder, einen Pygmäen, einen Bayern!
15. Wie hat es sich angefühlt, als Sie das letzte Mal mit Ihrem Partner oder Ihrer Partnerin Liebe gemacht haben?
16. Wie hört sich das Pfeifen des Wasserkessels an, wenn das Wasser kocht?

17. Wie hört sich die Melodie von Big Ben in London an?
18. Wie fühlt es sich an, wenn Sie Ihre Hand in eiskaltes Wasser halten?
19. Was empfinden Sie, wenn Sie einen Sonnenuntergang sehen?
20. Stellen Sie sich ein lachendes Kindergesicht vor.

Bogen zur Beobachtung der Augenbewegungen

	oben links	oben rechts	horizon. links	horizont. rechts	unten links	unten rechts
1						
2						
3						
4						
5						
6						
7						
8						
9						
10						
11						
12						
13						
14						
15						
16						
17						
18						
19						
20						
	visuell erinnert	visuell konstruiert	audito-risch erinnert	audito-risch konstruiert	interner Dialog	fühlen

Augenbeobachtungstraining mit Trigger-Fragen

(mit denen man bestimmte Informationskanäle triggern kann)
(mit Hilfe von Vor-Annahmen)

Vor-Annahmen (pre-suppositions):

➤   Beispiel: Welche Farbe hatte Ihr erstes Auto?
     Hier wird vor-angenommen, daß der Partner bereits ein zweites
     oder x-tes Auto hat!
     Man setzt also «Tatsachen» implizit voraus.
➤   Zusätzlich wird in den folgenden Fragen durch Schlüsselwörter
     jeweils ein bestimmter Kanal adressiert.

Visuelle Erinnerung:

➤   Welche Farbe hatte Ihr erstes Auto?
➤   Welches ist der schönste Raum in Ihrem Haus?
➤   Wo in Ihrem Haus steht der größte Stuhl?
➤   Haben Sie in Ihrem Haus einen runden Spiegel?

Visuelle Konstruktion:

➤   Wie würden Sie mit pink-rosa Haar aussehen?
➤   Wie würde ein Tier aussehen mit dem Körper eines Elefanten und
     dem Kopf eines Löwen?

Auditorisch:

➤   Hören Sie sich im Geiste Ihre Lieblingsmelodie an!
➤   Was ist lauter: Wenn Ihre Eingangstür zuschlägt oder wenn die
     Badezimmertür zuschlägt?
➤   Singen Sie bitte für sich selbst die ersten zwei Zeilen von «Der
     Mond ist aufgegangen»!
➤   Lauschen Sie dem Plätschern eines Baches an einem warmen
     Sommertag.

Kinästhetisch:

➤ Fühlen Sie die Wärme der Sonne auf Ihrer Haut.
➤ Wie fühlt es sich an, wenn kaltes Eis in Ihrer Hand zerschmilzt?
➤ Nehmen Sie eine Zitrone in Ihre Hand und zerquetschen Sie sie.
➤ Berühren Sie ein Stück weiche Seide mit Ihrem Ellenbogen.

Fragen,
die nicht auf einen spezifischen Informationskanal abzielen

Wozu diese Art von Fragen?

➤ um den bevorzugten Informationskanal des Mitarbeiters festzustellen

➤ um seine Strategien zu erkennen für
  ➪   Motivation
  ➪   Entscheidungen treffen
  ➪   Durchführen

1. Woher *wissen* Sie, daß Ihr Name Ihr Name ist?
2. Wie haben Sie *entschieden*, die Kleidung zu tragen, die Sie jetzt
   anhaben?
3. Was *betrachten* Sie in Ihrem Leben als wichtig?
4. Wie *motivieren* Sie sich morgens in der Früh, um aus dem Bett
   aufzustehen?
5. Wie *motivieren* Sie sich etwas zu tun, was Sie nicht gerne tun,
   aber trotzdem tun müssen.
6. Wie *erleben* Sie es, wenn Sie neugierig sind?
7. Wie *wissen* Sie, wann Sie Spaß haben sollten?

Beobachten Sie die Augenbewegungen (siehe Muster) und dann fragen
Sie:

➤ Was tun Sie als erstes?
➤ Was tun Sie noch davor? Wie fängt es an?
➤ Was kommt dann? Was ist der nächste Schritt?
➤ Woher wissen Sie, was richtig für Sie ist?
➤ Was sehen Sie, hören Sie, erleben Sie?

Und hören Sie aufmerksam hin und machen Sie sich Notizen. Sie
können so erkennen, welche Schritte im Gehirn (inneres Verhalten) und
im Kommunikationsverhalten Ihres Mitarbeiters ablaufen, um sich z.B.
zu entscheiden. Wenn Sie das wissen, und wenn Sie das getestet haben,
indem Sie z.B. nachfragen («Es ist also so, daß Sie ... und dann machen
Sie ..., etc..»), dann wissen Sie, wie Sie effizienter bzw. auf welchen
Informationskanälen und in welchen Schritten Sie mit Ihrem Mitarbeiter kommunizieren sollten, um auf der gleichen Wellenlänge zu sein.
Ich bin sicher, Sie werden auch entdecken, daß Ihre Mitarbeiter recht
unterschiedlich sind; die Entscheidungs- und Motivationsstrategien
unterscheiden sich von Person zu Person oft recht deutlich.

Übrigens, was oder wer hindert Sie daran, auch Ihre Mitarbeiter darauf
aufmerksam zu machen, wie man bei Kollegen oder Kunden oder ... erkennen kann, wie sie sich entscheiden etc. Sie könnten Ihre Verkäufer,
Service-Ingenieure, Trainer, Berater etc. entscheidend erfolgreicher
machen!

VAK-Sprache

Finden Sie selbst jeweils mindestens noch 5 zusätzliche Wörter

Abhängig von ihren bevorzugten Informationskanälen sprechen
Menschen auch entweder eher eine visuelle, eine auditorische oder eine
kinästhetische Sprache. Ein einfaches Beispiel dafür, daß man dasselbe
in den drei verschiedenen Sprachen ausdrücken kann:

> «Das sieht gut aus!»
> «Das beeindruckt mich sehr!»
> «Das hört sich gut an!»

Hören Sie also auf die Sprache Ihres Partners. Finden Sie heraus, ob er
die V-, die A- oder die K-Sprache spricht. Und dann wählen Sie selbst
verstärkt die Sprache und die Wörter des anderen. Dadurch können Sie
sich selbst und Ihren Partner auf die gleiche Wellenlänge bringen.

VAK - Wörter

Visuell	**Auditorisch**	**Kinästhetisch**	**Interner Dialog**
sehen	**hören**	**fühlen**	
Bild	Ton	berühren	macht Sinn
klar	Note	Gefühl	logisch
farbenfroh	diskutieren	fühlen	Prioritäten
Fokus	hinhören	handhaben	abwägen
wahrnehmen	betonen	warm	Kriterien
sehen	rufen	werfen	sich fragen
zeichnen	sagen	Schock	auflisten
hell	singen	beeindrucken	
nebelig	tönen	schärfen	
zeigen	fragen	Auswirkung	
Leinwand	Stimme	bewegen	
illustrieren	lachen	schlagen	
vorhersehen	laut	sinnlich	
vergrößern	leise	absorbieren	
Schatten	komponieren	kraulen	
weitsichtig	vorhersagen	kitzeln	
Aussicht	harmonieren	handlich	
in Aussicht	schallend	empfinden	
stellen	klingen	schmecken	

Augenbewegungen und VAK-Sprache

Ein Beispiel

 «Also, wenn Sie mich fragen...»   direkter Blickkontakt
(geradeaus)

 «Ich hab mal so ein Auto
gekauft...»   erinnertes Bild
(links oben)

 «Meine Frau sagte oft, es sei
zu teuer für uns...»   hört etwas aus der
Vergangenheit
(links horizontal)

 «Andererseits-ich weiß nicht
recht-es spricht einiges dafür
..., obwohl ...»   innerer Dialog
(links unten)

 «Eigentlich bin ich froh,
daß ich es los bin.»   fühlen
(rechts unten)

 «Wenn ich mir vorstelle,
ich würde Fahrrad fahren...»   konstruiertes Bild
(rechts oben)

 «..dann würde meine Frau mich
wegen meiner Sportlichkeit
loben.»   hört Zukunftsmusik
(rechts horizontal)

Entdecken Sie und sprechen Sie die Sprache Ihres Kunden

«Die Sprache des Kunden sprechen!» Das redet sich so leichtfertig daher. Haben Sie tatsächlich schon einige Anstrengungen unternommen? Was haben Sie getan?

Einer meiner Seminarteilnehmer rief einige Wochen nach einem Seminar an, um von seiner Erfolgsstory zu berichten. Er arbeitete an einem Projekt an einer großen Klinik in Wien. Eine Woche vor einem Meeting mit allen Direktoren der Klinik lud er einen der Direktoren zum Abendessen ein. Der wahre Grund für die Einladung: Er wollte Klinik-Begriffe lernen. Er hatte wohl noch nie so gut hingehört. Es hatte sich ausgezahlt. Das Meeting lief hervorragend und er konnte das Projekt gewinnen. Er benutzte verstärkt diese Klinikwörter. Interessant war die Reaktion einiger der Direktoren nach dem Meeting: «Sie scheinen sich aber wirklich gut bei uns auszukennen! Haben Sie schon mal an einer Klinik gearbeitet?»

Ein anderes Beispiel aus der Beratungspraxis eines amerikanischen Kollegen - weit hergeholt, aber amüsant und lehrreich (siehe: R. Dilts u.a., Strukturen subjektiver Erfahrung, Junfermann Verlag, Paderborn 1989, S. 186): In der Beratung eines Blumengroßhändlers hat er genau hingehört und formuliert seine Erfahrung so: Wenn die Verkäufer des Blumengroßhändlers in den Gesprächen mit den Blumenhändlern verstärkt pflanzenbezogene Redewendungen und Begriffe gebrauchen würden, dann würde eine unterhaltsame Möglichkeit geschaffen, die guten Beziehungen zu den Händlern «vor dem Verwelken zu bewahren und ein gesundes Wachstum sicherzustellen. Außerdem würde dadurch ein frisches, fruchtbares und befriedigendes Milieu für ein Erblühen der Kreativität des Verkaufspersonals und ein gesundes Wachstum der Arbeitsmoral geschaffen.»

Interessant, nicht wahr!? Spaßeshalber gebe ich Ihnen auch noch eine Liste mit pflanzenbezogenen Begriffen (siehe R. Dilts u.a., a.a.O., S. 186):

riechen	ausschlagen	verwelken	Geruch	Zusammenstellung
mischen	aufblühen	schrumpfen	Feuchtigkeit	fruchtbar
sortieren	propfen	verkümmern	Licht	frisch
verpflanzen	arrangieren	verrotten	Blüte(nblatt)	fest
wachsen	präparieren	verblassen	Wurzel	Gewebe
knospen	Stamm	verbleichen	Arrangement	im Keim ersticken
keimen	Ast	Duft	Bouquet	

Wann erstellen Sie solche Listen für Ihre Kunden und wann ermutigen Sie Ihre Mitarbeiter, die Sprache Ihrer Kunden zu sprechen?

Wozu Sie das Wissen um Augenbewegungen einsetzen können

Es ist schön, über die Augenbewegungen Bescheid zu wissen. Besser noch ist es, wenn Sie wissen, wozu und wie Sie es einsetzen können:

➤ Sie können zusammen mit der Beobachtung der VAK-Sprache feststellen, welches der präferierte Informationsverarbeitungskanal Ihres Mitarbeiters ist. Danach können Sie Ihre Kommunikationstechnik richten. Wenn Sie z.B. beobachten, daß er/sie bei Ihren Fragen meistens als erste Reaktion nach oben schaut, und wenn sie gleichzeitig hören, daß er/sie gehäuft visuelle Wörter gebraucht, dann sollten Sie auch verstärkt visuelle Wörter gebrauchen und visuell arbeiten, d.h. Dinge zeigen und Ihre Argumente grafisch unterstützen. Denn dieser Mitarbeiter ist offensichtlich stark auf dem visuellen Kanal. Wenn Sie ihn beobachten, wie er häufiger nach unten schaut und auch häufiger Gefühls- und Wörter des internen Dialogs gebraucht, dann sollten Sie natürlich auch versuchen, sich dieser Sprache anzupassen. Darüber hinaus sollten Sie sich Zeit nehmen, langsamer sprechen, Pausen machen; denn mit sich selbst reden und fühlen braucht länger Zeit als sehen. Mit dieser Technik bauen Sie Rapport, die gleiche Wellenlänge auf.

➤ Wenn Sie einen Mitarbeiter aus dem Denken und Fühlen heraus und in das Sehen bringen wollen, dann sollten Sie zunächst auf seinem Kanal senden und ihn dann in's Sehen führen: mit visuellen Wörtern und indem Sie z.B. Ihre Hände dazu gebrauchen: Bringen Sie Ihre Hände hoch, zeigen Sie das Bild, den Rah-

men, die groben Inhalte eines Bildes in der Luft vor den Augen
Ihres Mitarbeiters. Wenn Sie wollen, daß er ein Bild konstruieren
soll, dann halten Sie die Hände nach links oben; denn dann schaut
Ihr Mitarbeiter nach rechts oben, aktiviert also die linke Gehirnhälfte, um ein Bild zu konstruieren. Wenn Sie wollen, daß er ein
Bild abruft, dann halten Sie Ihre Hände nach rechts oben, damit
er seine rechte Gehirnhälfte aktiviert.

➤   Wie wichtig das Sehen ist, braucht noch eine Erklärung: Ich
    meine, daß es in Zeiten schneller Veränderungen (Change) noch
    mehr darauf ankommt zu wissen, was man erreichen will, also
    eine Vision davon zu haben, wo man sein wird, wenn man all die
    Lern- und Veränderungsanstrengungen hinter sich hat. Solche
    Bilder, Filme, Phantasien, Visionen motivieren. Besser noch: Je
    intensiver Sie bzw. Ihr Mitarbeiter den Visions-Film sehen und je
    stärker das damit verbundene positive Gefühl ist, desto eher wird
    dieser Film das ganze Verhalten steuern. Ja, Ihre Filme steuern
    Ihr Verhalten (siehe das Kapitel über Visualisieren).

Auf die gleiche Wellenlänge bringen

Haben Sie das schon einmal beobachtet?

➤   Eine Gruppe sitzt in einem angeregten Gespräch vertieft um einen
    Tisch herum. Jeder ist interessiert und beteiligt. Alle lehnen nach
    vorne mit den Armen auf dem Tisch aufgestützt. Einer aus der
    Gruppe lehnt sich nach hinten und streckt seine Beine unter dem
    Tisch aus. Nur Sekunden später lehnen sich alle anderen ebenfalls
    zurück und strecken ihre Beine aus.

➤   Ein Baby schreit. Die Mutter eilt herbei, nimmt das Baby auf den
    Arm, wiegt es in sanftem Rhythmus, spricht ruhig und besänfti-
    gend mit etwas höherer Stimme und fängt an ein Lied zu singen.
    Das Baby beruhigt sich.

➤   Sie sitzen bei einem schönen Abendessen mit Ihrem Partner/Ihrer
    Partnerin. Sie genießen es, mit ihm/ihr zusammen zu sein. Das
    Essen und der Wein sind exzellent. Dabei entdecken Sie, daß Sie
    wiederholt gleichzeitig zum Glas greifen und trinken.

Sicherlich fallen Ihnen ähnliche Beispiele ein. Beispiele, in denen Menschen auf der gleichen Wellenlänge sind. Sie erkennen das daran, daß Körperhaltung, Körperbewegungen, ja Sprache und Atemrhythmus ähnlich oder gar gleich sind. Diesen Zustand, den wir offensichtlich immer schon herstellen, wenn wir uns wohlfühlen und wenn wir die Menschen mögen, nennt man «Rapport». Oder auf deutsch: Man ist auf der gleichen Wellenlänge. Was man so selbstverständlich tut, kann man auch ganz bewußt anwenden. Zum Beispiel im Mitarbeiter-, im Verkaufs- oder im Beratungsgespräch. Die Technik besteht darin, zum Spiegel des anderen zu werden, also entweder mit dem Körper, mit dem Atmen, mit dem Sprechen oder der Sprache dem anderen ähnlich werden. Ich werde mich z.B. in ähnlicher Haltung wie der andere hinsetzen, den Atemrhythmus angleichen, etc. Auf der folgenden Seite finden Sie eine lange Liste von Möglichkeiten. Probieren Sie aus. Jeder kann seine Technik finden. Am wirkungsvollsten sind jedoch die Angleichung der Atmung und der Körperbewegungen.

Machen Sie den Test:
Werden Sie zunächst zum Spiegel des anderen. Wenn Sie sich wohl und sicher fühlen, ändern Sie Ihre Haltung, Atmung, etc. Wenn der andere Ihnen folgt, also zu Ihrem Spiegel wird, dann können Sie sicher sein, daß Sie Rapport haben.

Denken Sie daran:
Rapport ist Voraussetzung dafür, daß der andere mit Ihnen offen redet, Ihnen zuhört, Ihnen vertraut, mit Ihnen Probleme löst. Und: Rapport kann den anderen beruhigen, ihn aus seinem Stress herausholen, entspannen, die Hitze aus einer konfliktären Diskussion nehmen. Das sind alles Voraussetzungen für eine klare, rationale Diskussion. Hochschäumende Emotionen würden zerstören.

Rapport-Techniken

Körper	• ähnliche Körperhaltung, Bewegungen • gleicher Rhythmus von Bewegungen
Atmen	• gleicher Rhythmus • gleicher Körperteil (obere Brust, Brust, Bauch)
Sprechen	• ähnliche Tonlage • ähnliche Lautstärke • ähnliche Geschwindigkeit • ähnlicher Rhythmus
Sprache	• visuelle, auditorische, kinästhetische Sprache • gleiche Expertenwörter • gleiche allgemeine Ausdrücke
Allgemeines	• positive Einstellung zu sich selbst • positive Einstellung zum anderen • ein Ergebnis erreichen wollen, das ein Gewinn für beide ist • Interesse an Themen, Problemen des anderen • den anderen ernst nehmen • vom anderen lernen wollen • Vertrauen in den anderen haben • entspannen • lächeln • fragen und reden lassen statt sagen • aktiv zuhören • bestätigend mit dem Kopf nicken • mmh, mmh, mmh • Notizen machen und Notizen für gelegentliche Zusammenfassungen nutzen • offene Körperhaltung und Gestik • Stacheldrahtwörter vermeiden • gefährliche Themen meiden • ähnliche Kleidung tragen • den anderen an seinem Platz treffen • Sesselecke statt Schreibtisch • sitzen statt stehen

Die Struktur des Rapport-Prozesses

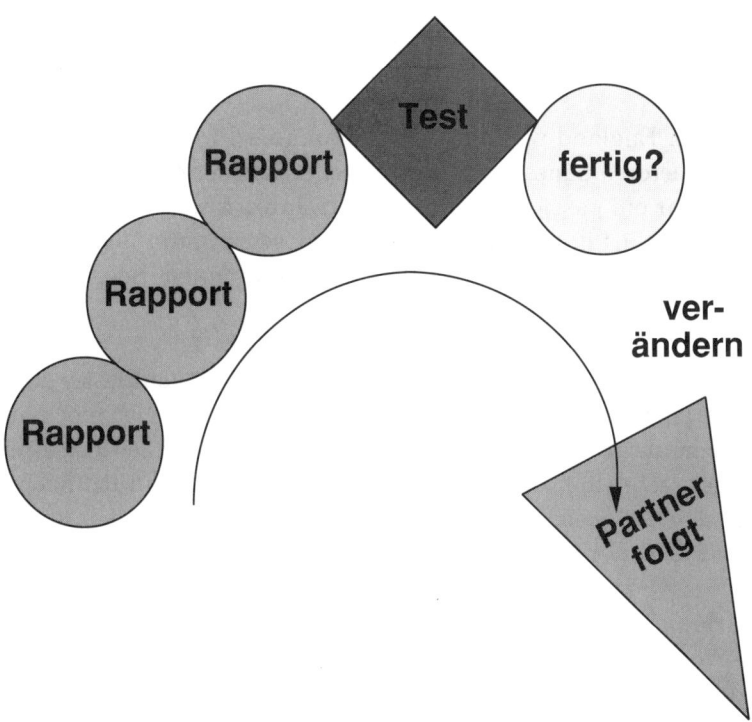

Den Partner auf die gleiche Wellenlänge zu bringen, funktioniert Gott-sei-Dank auch nicht auf Knopfdruck. Es setzt bei Ihnen voraus, daß

➤ Sie sich auf ihn konzentrieren und sich für ihn interessieren;
➤ Sie den Mitarbeiter beobachten
➤ und einen Teil seines äußeren, sichtbaren oder hörbaren Verhal-tens spiegeln (Körperhaltungen, -bewegungen; Stimme; Sprache; Atmung).
➤ Sie sich auch Zeit nehmen - Rapport funktioniert meist nicht schon 5 Sekunden, nachdem Sie angefangen haben zu spiegeln;
➤ Sie nach einiger Zeit (Geduld!) testen, ob Sie beide tatsächlich auf der gleichen Wellenlänge sind, indem Sie z.B. nun Ihre Haltung verändern und beobachten, ob der Mitarbeiter jetzt Ihnen mit Ih-rer Haltung, Ihren Bewegungen etc. folgt.

Jogging mit Jaques

Dies ist die Geschichte davon, wie ich mit der Hilfe von Jaques beim Joggen meine persönliche Leistung enorm steigern konnte. Doch er wußte nicht, was er mit mir tat. Er tat es, weil er Spaß hatte, mit mir zu joggen.

Es war 1989 in England während eines Seminars für die Firma National Semiconductor. Jaques, der französische Salesmanager, einer der Teilnehmer, war ein passionierter Jogger. 49 Jahre alt. Marathonläufer. Am ersten Seminartag abends waren wir zu sechst zum Joggen. Wir wollten durch den Cots Water Park rings um einen See. Es war ungefähr 3,4 Kilometer einmal herum um den See.

Schnell stellte sich heraus, daß Jaques und ich die beiden besser Trainierten und also Schnelleren waren. Er aber offensichtlich noch um einiges besser als ich. Also setzten wir uns von den anderen ab und liefen zügiger, schneller. Jaques legte so an Tempo zu, daß ich dachte, ich müßte gleich stehen bleiben und mich ausruhen. Doch ich konnte seltsamerweise weiter und das Tempo mithalten.

Und mir fielen mehrere Dinge auf:

➢ Jaques lief im genau gleichen Rhythmus und mit gleicher Schrittlänge wie ich.
➢ Er bewegte seine Arme genau gleich wie ich.
➢ Und er atmete in meinem Rhythmus.

Als ich das bemerkte und von mir aus ganz bewußt seine Bewegungen mitmachte und insbesondere begann, seine Atemtechnik nachzumachen, merkte ich, wie ich mich immer stärker fühlte. Und offensichtlich begann ich jetzt, Tempo zuzulegen. Und er ging mit. Und dann begann er damit, jeweils zweimal kurz hintereinander kräftig auszuatmen. Und ich machte mit. Ich dachte, das macht Sinn. Und siehe, ich konnte immer besser laufen. Zwischendurch schaute er immer zu mir rüber und bestärkte mich: «C'est trés vite. C'est bon!» Rapport beim Joggen.

Ich schaffte es viermal um den See. Jedesmal in weniger als 15 Minuten. Bis dahin brauchte ich normalerweise ca. 5 Minuten für einen Kilometer. Erfolgserlebnis!

Wenn ich dieser Tage beim Joggen besonders zügig laufen möchte, erinnere ich mich an diesen Abend und an die Maschine, die Jaques durch
seine Rapport-Technik in mir installiert hat.

Etwas ungewöhnliche Coaching-Tips

➤ Führen Sie Ihre Coaching-Gespräche nicht unbedingt in Ihrem
   Büro. Wenn es schon nicht anders geht, dann setzen Sie sich nicht
   vis-à-vis am Schreibtisch gegenüber. Ihr Schreibtisch signalisiert
   Macht. Benützen Sie Ihre Sitzecke. Und schalten Sie telefonische
   und andere Störungen aus.

➤ Benützen Sie das Büro des Mitarbeiters. Das ist sein/ihr Revier.
   Hier ist er/sie Platzhirsch. Überlegen Sie mal, wie Sie sich fühlen,
   wenn Sie zu Ihrem Chef bestellt werden?

➤ Haben Sie Konferenzräume? Es läßt sich dort drin meist recht un-
   gestört arbeiten.

➤ Für längere Gespräche sollten Sie in ein Restaurant zum Essen
   gehen oder auf einen Drink in ein Café.

➤ Ich mag längere Autofahrten sehr gerne. Sie sind alleine mit dem
   Mitarbeiter. Sie sind sowieso beisammen. Sie brauchen sich lange
   Zeit nicht anzusehen. Das ist bei eher persönlichen Gesprächen oft
   von Vorteil; wenn es persönlicher wird, werden die Gefühle für
   viele zu stark sichtbar im Gesicht. Dabei möchte man sich nicht
   sehen lassen: man schämt sich seiner Gefühle.

➤ Setzen Sie sich nicht direkt gegenüber Ihren Mitarbeiter. Diese
   Position - so hat man in Experimenten herausgefunden - erhöht
   die Wahrscheinlichkeit von Konflikten. Warum? Man erwartet,
   daß der andere einen anschaut. Wer schafft das aber schon? Beim
   Sprechen schaut man meistens neben den Zuhörer, während der
   einen anschaut. So geht das Wechselspiel hin und her. Unbewußt
   gibt man so das Signal ab - und der andere nimmt es so auf -, daß
   man sich nicht traut, den anderen anzuschauen. Das schafft auf
   der unbewußten Ebene Konfliktpotential.

➤ Setzen Sie sich im 90-Grad-Winkel zu Ihrem Mitarbeiter. Sie können dann beide ohne diese unbewußten Erwartungen sich
anschauen und wegschauen. Besser noch, wenn Sie schriftliche
Unterlagen benutzen oder Notizen machen, dann können Sie beide
darauf schauen.

➤ Achtung: Als Rechtshänder sollten Sie rechts vom Mitarbeiter
sitzen. Warum? Wenn Sie links sitzen verdecken Sie mit Ihrer
Hand beim Schreiben Ihre Notizen. Dem Unterbewußtsein des
anderen wird signalisiert: «Ich verstecke etwas vor Dir!»

➤ Viele kleinere Gespräche können bzw. sollten Sie im Stehen
führen. Hier gilt auch wieder, stellen Sie sich im Winkel zum
Mitarbeiter, nicht vis-à-vis. Vor allen Dingen wenn einer von
Ihnen beiden wesentlich kleiner/größer ist!

➤ Nutzen Sie Spaziergänge. Warum nicht mal in der Mittagspause
einen Spaziergang durch den Park machen und dabei reden. Auch
mal auf die Bank setzen.

➤ Erklären Sie mit dem Bleistift. Viele Dinge lassen sich besser grafisch als verbal erklären. Fordern Sie auch den Mitarbeiter auf,
sich visuell auszudrücken.

➤ Sorgen Sie dafür, daß Sie in Ihrem Büro (und auch die Mitarbeiter
in ihren Büros) Flipchartständer haben oder mindestens diese ab-
wischbaren weißen Tafeln. Viele Diskussionen lassen sich besser
führen, wenn man aufsteht und aufschreibt; warum nicht auch
beide gleichzeitig. Der Flipchart hat dabei den Vorteil, daß Sie
oder Ihr Mitarbeiter das beschriebene Blatt aufbewahren können.

➤ Vereinbaren Sie Termine für diese Gespräche, so wie Sie es mit
Kunden oder Ihrem Chef tun würden. Und sind Sie pünktlich. Am
besten noch ein bißchen früher. Es macht auch eine positive
Wirkung, wenn Sie einmal auf den Mitarbeiter warten, z.B. in
seinem Büro. Das ist eine gute Gelegenheit, sich einmal
umzuschauen (nicht zu durchsuchen), mit welchen Dingen er/sie
sich im Büro umgibt. Bürogestaltungen können Ihnen ein besseres
Gefühl für den anderen geben.

➤ Schicken Sie eventuell vor dem Gespräch ein kleines Memo, in dem Sie zusammenfassen, über was Sie diskutieren möchten (ich meine nicht eine Agenda) und fügen Sie ein paar Fragen und/oder Ideen an. Fordern Sie den Mitarbeiter auf, Ihnen auch ein paar Notizen zukommen zu lassen, damit Sie sich besser vorbereiten können.

➤ Nützen Sie die Korridorbegegnungen zum Kurz-Coaching. Viele Dinge lassen sich sozusagen im Vorübergehen in 3 Minuten diskutieren.

Ich möchte wetten, daß einigen von Ihnen bereits aufgegangen ist, daß fast alle dieser Tips auf die Verkaufssituation anzuwenden sind. Coaching und Verkaufen haben einiges gemeinsam, zumindest, daß Sie als Coach daran interessiert sind, daß Ihr Mitarbeiter in den Erwerb neuer Fähigkeiten einkauft und Sie als Berater/Coach akzeptiert.

**Wie Sie sitzen/
stehen sollten**

Die eine Frage mehr
Oder: Was Fragen bewirken können

Um Sie zu ermutigen, Fragen zu stellen, möchte ich Ihnen eine wahre Geschichte erzählen. Sie stammt aus der Coaching-Praxis eines meiner Kollegen. Wulf war mit einem Verkäufer der Firma B. unterwegs, als Coach. In Frankfurt kamen sie zu einem langjährigen Kunden der Firma B. Alles sollte eigentlich normal ablaufen. Doch dann dieses:

Kunde:

«Grüß Gott ... Wie geht's? Ja, was ich sagen wollte, den Auftrag habe ich schon an Ihren Mitbewerber vergeben.»

Verkäufer:

«Ja, schade. Da kann ich wohl nichts mehr machen. Dann darf ich mich wohl empfehlen und ich ....»

Der Verkäufer sprach' s und drehte sich bereits zur Tür um. Eine Sekunde Schweigen und dann geschah etwas Neues. Wulf stellte eine Frage.

Coach:

«Herr Kunde, was müßten wir jetzt tun, um den Auftrag doch noch zu bekommen?»

Und hier begann das Meeting von Neuem. Eine Stunde später hatte der Verkäufer mit Hilfe der einen Frage des Coach den Auftrag!

Was war geschehen? Im nachfolgenden Gespräch stellte sich heraus, daß der Kunde tatsächlich ein Konkurrenzangebot vorliegen hatte und bereit war, es zu akzeptieren. Es stellte sich auch heraus, daß der Verkäufer der Firma B. in seinen vorausgehenden Gesprächen wohl nie ganz erfragt hatte, welchen konkreten Bedarf der Kunde hat und unter welchen Konditionen er bereit ist, weiterhin bei B. zu kaufen. Der Mitbewerber bot einen niedrigeren Preis. Aber indem nun die Bedürfnisse und der Bedarf des Kunden klarer waren, konnte der Verkäufer der Firma B. ein Angebot machen, das den Kunden voll zufriedenstellte; nebenbei: der Preis blieb derselbe!

Warum Manager lieber sagen statt fragen

(H. Woodward und Steve Buchholz, Aftershock, New York 1987, S. 201)

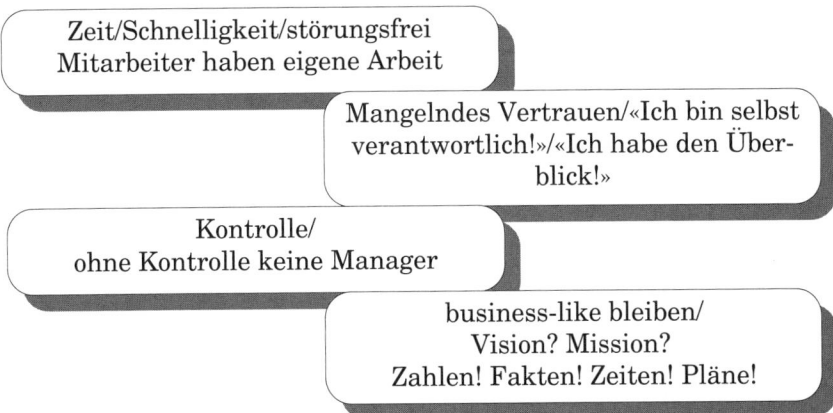

Zeit/Schnelligkeit/störungsfrei
Mitarbeiter haben eigene Arbeit

Mangelndes Vertrauen/«Ich bin selbst
verantwortlich!»/«Ich habe den Über-
blick!»

Kontrolle/
ohne Kontrolle keine Manager

business-like bleiben/
Vision? Mission?
Zahlen! Fakten! Zeiten! Pläne!

Im Herbst 1989 las ich in einer deutschen Zeitung, daß deutsche Ärzte ihren Patienten im Durchschnitt nur 18 Sekunden zuhören. Wie lange hören Sie zu? Ich kenne selbst eine Menge Leute, die sehr gut zuhören können, aber lausige Hinhörer sind. Ich meine, es kommt nicht nur darauf an, den Mitarbeiter ausreden zu lassen und während dieser Zeit selbst den Mund zu halten. Hin-hören und beobachten ist wichtig, auf den Mitarbeiter und sein Thema konzentriert sein, seine eigenen Gedanken erst einmal zurückstellen.

Warum fragen und hin-hören beim Coaching?

Es ist erstaunlich, wieviel die Mitarbeiter selbst wissen über ihre eigenen Leistungen, Stärken und Schwächen. Außerdem haben nicht Sie, sondern der Mitarbeiter selbst die Situation erlebt. Und wenn es um Veränderungsideen geht, dann können Sie sich auch auf die Ideen der Mitarbeiter verlassen.

Das gegenteilige Spiel ist langweilig und kontra-produktiv: Sie meinen bereits zu wissen und schlagen vor. Des Mitarbeiters Antwort: «Das geht so bei mir nicht.» Sie machen neue Vor-Schläge. Der Mitarbeiter sagt immer öfters, wenn nicht offen und ehrlich, sondern innerlich «Nein!». Sie haben verloren.

Sie könnten gemeinsam gewinnen mit Fragen, offenen Fragen. Es könnte sogar sein, daß Sie durch Ihre Fragen Antworten bekommen, die Ihnen helfen, etwas Neues zu lernen - durch Ihre Mitarbeiter.

Wie lange hören Sie Ihren Mitarbeitern zu ?

Wie Sie die Ressourcen Ihrer Mitarbeiter aktivieren können

Ich gehe davon aus, daß zumindest Ihre erfahreneren Mitarbeiter, aber auch bereits Ihre neuen Mitarbeiter ihre Rolle und ihre Aufgaben zumindest genauso gut kennen und können wie Sie, wenn nicht gar besser. Ich hoffe nicht, daß Sie zu den Führungskräften gehören, die nach Mitarbeitern suchen, die auf jeden Fall «schwächer» als Sie selbst sind. Ich weiß, daß immer noch viele Mitarbeiter durch Erziehung und Berufserfahrung so programmiert sind, daß sie ihre individuellen mentalen Ressourcen nicht voll nutzen, sondern erst einmal darauf warten, was der Chef dazu sagt.

Die neuen Professionals allerdings, die Goldkragen-Mitarbeiter, scheinen sich anders zu verhalten. Sie wissen und können es anders und besser und sagen das auch und wollen sich auch damit in ihrer Arbeitsgruppe bzw. im Unternehmen durchsetzen. Leider haben Organisationen und Gruppen in Organisationen die Eigenschaften, Individuen anzupassen; wer dazugehören will, wird sich langfristig den Gruppenwerten, -normen und -verhaltensweisen anpassen; oder aber er wird die Gruppe verlassen und sich eine andere suchen, die seinen Werten, Normen und Verhaltensweisen näher liegt.

Ich meine, das Geheimnis liegt in fünf ganz einfachen Begriffen, deren praktische Umsetzung im Alltagsstress leider zu oft vernachlässigt wird:

➢   die Mitarbeiter ernst nehmen
➢   sich Zeit für die Mitarbeiter nehmen
➢   (offene) Fragen stellen
➢   aktiv hinhören
➢   den Mitarbeitern vertrauen

Wenn Sie also Knopfdruck-Psychologie oder den Griff in die Trick-Kiste erwarten, dann liegen Sie verkehrt. Sicherlich gibt es eine Reihe Techniken, die Ihnen wie Tricks erscheinen mögen. Aber die funktionieren auch nur dann, wenn die Basis der Kommunikation in Ordnung ist.

Im folgenden werde ich Ihnen insbesondere eine effektive Fragetechnik (das Metamodell) vorstellen sowie einige Prozesse (Bedarfsanalyse- und Problemlösungsprozeß), die darauf abzielen, den Mitarbeiter durch Fragen zu aktivieren. Daran anschließend finden Sie einige fortgeschrittene Kommunikationstechniken, die um so bedeutender sind, je stärker Sie mit Ihrem Mitarbeiter nicht nur am Erlernen von Techniken arbeiten, sondern an der Veränderung von Verhalten.

Rat-Schläge sind auch Schläge
oder: Fragen statt Sagen

Oder: Im Wort «be-raten» ist eindeutig das Wort «raten» enthalten. Sie kennen das Spiel zwischen Mitarbeitern und Führungskräften.

Mitarbeiter:	«Ich habe das Problem, daß ......!»
Manager:	«Ach, ich weiß, was da hilft. Machen Sie doch mal ......!»
Mitarbeiter:	«Das habe ich schon probiert. Das funktioniert nicht!»
Manager:	«Dann kann es nur noch das ... sein.!»
Mitarbeiter:	«Nee, das ist es auch nicht!»
Manager:	«Ja, dann weiß ich auch nicht!»
Mitarbeiter:	«Dann müssen wir das wohl so lassen!»
Manager:	«Wissen Sie was, geben Sie mir das Ganze. Ich kümmere mich schon drum!»

Die Amerikaner haben den schönen Spruch: «You have got the monkey!» Das will sagen: «Sie haben den Affen!« In diesem Fall hat der Manager den Affen und möglicherweise einen langen Arbeitstag vor sich, um das Problem seines Mitarbeiters zu lösen. Der Mitarbeiter kommt morgen ausgeschlafen in's Büro. Sie werden das Problem gelöst haben und es stolz dem Mitarbeiter berichten. Wenn das «managen» sein soll!? Auf jeden Fall ist das der Weg, wie sich Mitarbeiter gegen Rat-Schläge wehren und die ganze Ver-Antwort-ung dem Manager aufhalsen.

Erinnern Sie sich an das Buch «Der Ein-Minuten-Manager»? Es gibt
inzwischen eine weitere Folge: «The Manager meets the Monkey!» Hier
können Sie noch etwas mehr darüber lesen, wie man Fragen benützen
kann, sich selbst nicht zu überlasten und den Mitarbeiter zu
entwickeln.

Drehen Sie den Spieß um und fragen Sie den Mitarbeiter. Lassen Sie
ihn/sie selbst nachdenken und selbst zu einer Lösung kommen:

Mitarbeiter:	«Ich habe das Problem, daß ......!»
Manager:	«Was genau ist passiert?»
Mitarbeiter:	«.........!»
Manager:	«Wie sollte das Ergebnis bzw. Ziel idealerweise aussehen? Und woran würden Sie erkennen, daß das Ganze richtig abläuft?«
Mitarbeiter:	«.........!»
Manager:	«Okay, worin besteht also das Problem genau? Was fehlt?»
Mitarbeiter:	«.........!»
Manager:	«Wir haben das Ding ja schon fast im Griff. Was stellen Sie sich vor, was Sie jetzt tun könnten, um das Problem zu lösen?»
Mitarbeiter:	«Man könnte A oder B oder C oder XY tun!»
Manager:	«Welche der Ideen hilft am besten, das gewünschte Ergebnis zu erreichen?»
Mitarbeiter:	«A und B, ich weiß nicht recht. C könnte funktionieren. XY könnte eine Alternative sein, wenn C nicht funktioniert.»
Manager:	«Also, was könnte Sie daran hindern, C zu tun?»
Mitarbeiter:	«Eigentlich nichts. Das müßte klappen!»
Manager:	«Okay, welche konkreten Schritte unternehmen Sie jetzt?»
Mitarbeiter:	«Erstens ..., zweitens ..., drittens ...!»
Manager:	«Gut, dann lassen Sie uns noch einmal eine Sekunde nachdenken: Haben wir an alles gedacht? Wie zufrieden sind Sie mit dem Ergebnis?»
Mitarbeiter:	«Tja, sieht gut aus. Danke, Das mach ich!»
Manager:	«Auf geht's!»

Präzise mit dem Metamodell

Können Sie englisch? Nur ein bißchen? Das macht nichts! Das reicht, um das folgende Wortspiel zu verstehen. Ich nehme an, sie kennen das Wort «assume». Das bedeutet so viel wie «an-nehmen» im Sinne von «unterstellen» oder «zu wissen glauben». Man kann das Wort assume auch mal so wie folgt schreiben:

       ass   u   me

Das spricht sich dann so: «To assume makes an ass (arse) out of you (u) and me.» Also: Etwa nur anzunehmen, daß man den anderen verstanden hat - ohne es genau zu wissen, ohne nachgefragt zu haben -macht allzuoft ein A.... aus Ihnen und aus mir. T'schuldigung.

Daher Präzisionstechnik mit präzisen Fragen.

«Wir müssen die Kosten senken!»
Welch langweiliges Beispiel. Ich schlage Ihnen folgendes vor:

«Frauen müssen immer besser sein»

➢   An welche Frauen denken Sie dabei besonders?
➢   Frauen? Verglichen mit wem oder was?
➢   Immer?
➢   Worin müssen sie besser sein?
➢   Was würde passieren, wenn sie es nicht wären?

Sie können also das Hauptwort hinterfragen, sie können Frauen vergleichen mit ..., sie können das Universalwort hinterfragen und das Tätigkeitswort, und sie können das Ganze in Frage stellen. Jede einzelne dieser präzisen Fragen gibt Ihnen präzisere Information, um genau zu wissen, worüber Sie und der andere denn tatsächlich reden. Fragen Sie nicht alle fünf Fragen auf einmal. Eine oder zwei reichen. Und denken Sie daran!

Vielleicht gibt es 1258 verschiedene Frauentypen. Wer weiß?!

Mit dem Metamodell herausfinden, was der Partner sagen will

Im Dialog mit anderen sprechen wir mit unseren Worten oft nur einen Teil dessen aus, was wir zu sagen hätten. Dafür gibt es viele mögliche Gründe: man glaubt, der andere weiß das genauso gut wie man selbst; oder man ist nicht präzise genug, weil man glaubt, keine Zeit zu haben; oder man hat diese Information nicht sofort abrufbar; oder man sieht seine inneren Bilder selbst genau genug und vergißt dabei, daß der andere präzisere Information bräuchte, um das Problem genauso gut zu verstehen; oder ... . Und als Zuhörer glauben wir andererseits oft, den anderen genau zu verstehen und merken gar nicht, daß wir die Aussagen des Partners aus unserer Sicht ergänzen, präzisieren oder umdrehen - mit dem Risiko, daß wir ihn total mißverstehen. In der belanglosen Alltagskommunikation sind diese Kommunikationsfehler sicherlich kein großes Problem. Jedoch im Geschäftsleben und gerade auch in Coaching-Gesprächen kann man sich nicht auf Annahmen verlassen, sondern man braucht präzise Information.

```
aus- bzw. weglassen (deletion)
Objekt fehlt
Subjekt unbenannt
Verb ist nicht aussagefähig
ein Verb wird in ein Ding verwandelt
```

```
verallgemeinern (generalisation)
Universalwörter
müssen, sollen
können, nicht können
verallgemeinern
```

```
verdrehen (distortion)
wer sagt?
Gedankenlesen
A und B gleichsetzen
A bewirkt B
```

Beispiele

	Metamodell-Fragen (Präzisionsfragen)
Aus- bzw. weglassen	
Objekt fehlt «Ich bin unsicher.»	«Was macht Sie unsicher?»
Subjekt unbenannt »Er ist unsicher.«	»Wen genau meinen Sie?»
Verb ist nicht aussagefähig «Hannah behindert mich.»	«Wie behindert sie Dich?»
ein Verb wird zum Ding «Die Kommunikation muß verbessert werden.»	«Wie anders sollten wir kommunizieren?
Verallgemeinern	
Universalwörter «Alle Serviceleute sind graue Mäuse.»	«Alle?»
(nicht)müssen, sollen, dürfen «Wir müssen XY-Kosten sparen.»	«Was würde passieren, wenn wir das nicht tun würden?»
(nicht) können «Das kann ich nicht machen.»	«Wer bzw. was hindert Sie daran?»
Verallgemeinerungen »Amerikaner sind naiv.»	«Welche Amerikaner besonders?»
Verdrehen	
Wer sagt? «Das ist eine gute Idee, aber ich glaube, es ist so besser.»	«Wer sagt das?» «Nach wem?»
Gedankenlesen «Ich weiß, der Kunde mag mich nicht.»	«Woher wissen Sie das?»
A und B gleichsetzen «Er hat kein Interesse. Er hat keine Frage gestellt.»	«Was hat das eine mit dem anderen zu tun?»
A bewirkt B «Sie verwirren mich.»	«Was bewirkt Verwirrung?»

Eingebildete, verallgemeinernde Blockaden mit verzerrter Information

- wie diese aufbrechen?
(vergl.: Alfred Bierach, Die letzten Geheimnisse der Starverkäufer, S. 137f.)

Blockaden-Beispiele:

➤   «Das geht bei uns nicht.»
➤   «Das ist in unserer Abteilung nicht üblich.»
➤   «Das ist zu modern.»
➤   «Das haben wir noch nie gemacht.»
➤   «Das gefällt dem Chef nicht.»
➤   «Da müßten wir alles umstellen.»
➤   «Da würden unsere Kollegen gegen protestieren.»
➤   «Was würde der Chef dazu sagen?»

Fragen-Beispiele:

➤   «Stellen Sie sich vor, daß das gehen würde: was dann?»
➤   «Stellen Sie sich einmal vor, das wäre bei Ihnen schon gang und gäbe?»
➤   «Was hindert Sie daran, es einmal anders zu machen?»
➤   «Was wäre die Folge, wenn die Kollegen dagegen protestieren würden?»
➤   «Was würde passieren, wenn Sie in unliebsames Gerede kämen?»
➤   «Sind Sie sicher, daß Sie wirklich in unliebsames Gerede kämen?»

Fragen im Problemlösungsprozeß statt sagen heißt lernen lassen

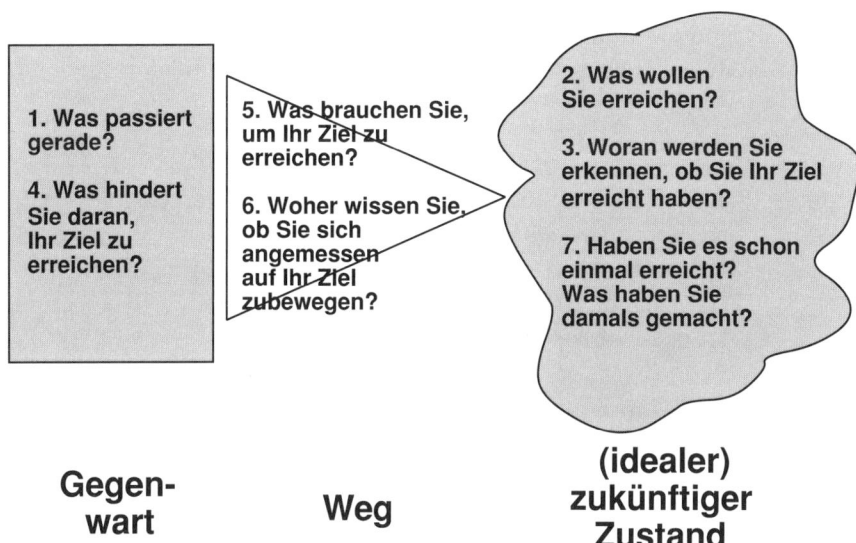

Inhaltsfreies Problemlösen

mit offenen Fragen

nutzt die Ressourcen

der Mitarbeiter

Ja-Technik schafft Rapport
Formulierungen, mit denen man Ja's bekommt

Allgemeinplätze in eine Frage verwandeln

Beispiel: «Jeder vernünftige Mensch möchte von seinem Unterneh-
              men die Chance zur Weiterbildung bekommen.»
              «Jeder Mitarbeiter erwartet auch eine gute Betreuung.»

Nicht wahr? oder?

Beispiel: «Jeder Mensch möchte für sein Geld den vollen Gegenwert
              erhalten, nicht wahr?
              «Jeder Mitarbeiter erwartet auch ein gutes Büro, oder?»
              «Habe ich da nicht recht?»
              «Ist es nicht so?»

Die Aussage des Mitarbeiters in Frageform wiederholen

Beispiel: Mitarbeiter: «Ich finde das praktisch.»
              Manager: «Eine praktische Lösung, nicht wahr?»
              Mitarbeiter: «Ja.»
              Mitarbeiter: «Ich habe an der Sorbonne studiert.»
              Manager (voller Respekt): «An der Sorbonne?»
              Mitarbeiter: «Ja.»

*Die höchstwahrscheinlichen Ansichten des Mitarbeiters in Frageform
oder in Aussageform mit gehobener Stimme gegen Ende*

Beispiel.   «Haben Sie nicht auch den Eindruck, daß ...»
              «Finden Sie nicht auch ...»
              «Ich meine es ist fair, wenn man sich das nicht bieten läßt?»
              «Kommt Ihnen dieses Argument nicht bekannt vor?»
              «Habe ich Sie richtig verstanden, daß Sie sagen wollen ...?»

Ganz allgemein von der Zukunft sprechen

Beispiel: «Ja, wenn man älter wird, legt man immer größeren Wert
              auf eine sichere Stelle.»
              «Noch zehn, fünfzehn Jahre, und Sie werden dann endlich
              mehr Zeit für Ihr Hobby haben.»

«Weichmacher»
(softening frames)

Es ist offensichtlich, daß man Gespräche nicht sachlich-pragmatisch-präzise im Stakato-Stil abfahren lassen sollte. So kann man keinen Rapport aufbauen. Wichtig und richtig sind Weichmacher in Problemlösungs-, Entscheidungs- oder Verkaufsgesprächen; wichtiger noch für Coaching-, Beratungs- und Therapiegespräche.

Beispiele:

> ➤   ich frage mich, ob ...
> ➤   ich weiß nicht, ob ...
> ➤   ich würde gerne wissen, ...
> ➤   aber auf der anderen Seite. ...

Zusätzlich anwenden:

> ➤   Verbindungswörter (linkages)
>   -   und, während, danach, bevor, weil, ...
> ➤   Zitate (mit denen man sozusagen durch einen Dritten eine
>   Aussage machen oder einen suggestiven Befehl geben kann)
>   -   Metaphern
>   -   Geschichten
>   -   Mythen
>   -   Märchen
> ➤   suggestive Befehle
>   -   ... möchte ich nun, daß Du innehälst und Dich an eine
>   Situation erinnerst
> ➤   Stimme
>   -   etwas senken
>   -   sanfter machen
>   -   langsamer sprechen
>   -   rhythmisch betonen
>   -   beim Ausatmen sprechen
>   -   Stimme am Ende der Sätze/Halbsätze nach
>   unten senken

Verbindungen (linkages) schaffen
zwischen Beschreibungen (descriptions)
und suggestiven Befehlen (imbeded commands)
oder
Mit dem Sprechen Rapport herstellen und lenken

In Ihren Coaching-Gesprächen kommt es neben Ihrer geschärften Wahrnehmung und neben dem Rapport auch darauf an, wie Sie Ihre Aussagen formulieren bzw. wie flüssig und elegant Sie Ihre Sätze aufbauen und aneinanderreihen.

Beispiel:

Da wir nun über XY im Detail diskutiert haben, *und da* wir auch das Thema ABC erledigt haben, *weil* Sie *genau wie* ich stark an einer Änderung interessiert sind, *um* das Beste daraus zu machen, *werden Sie ganz klar sehen, wie Sie erfolgreich sind, wenn Sie diese neue Technik anwenden!*

Kursiv erkennen Sie Verbindungswörter (linkage words). Der Satz beinhaltet vier Beschreibungen, die unbestreitbar, also zustimmungsfähig sind, und einen suggestiven Befehl («diese neue Technik anwenden»). Je eleganter und unbestreitbarer die Beschreibungen formuliert und verbunden sind, desto stärker wird die Ja-Kette, die Sie von Ihrem Partner bekommen. Je besser die Ja-Kette, desto erfolgreicher der suggestive Befehl.

Einige Beispiele für Verbindungswörter:

➤	während	➤	und
➤	als	➤	da
➤	genau wie	➤	weil
➤	um zu	➤	je… desto
➤	sogar wenn	➤	bevor
➤	nachdem		

Suggestive Sprachmuster

(vergl.: Alfred Bierach, NLP, Die letzten Geheimnisse der Starverkäufer, S. 145-152)

Gegenüberstellungen:

wann: wenn sich der Mitarbeiter zwischen mehreren Möglichkeiten nicht entscheiden kann

Beispiel: «Ich kenne Ihre Kunden zu wenig, um sagen zu können, ob sich Strategie A oder B am besten für uns eignet.»

Verbindungen herstellen:

wann: um zwei Gedanken in einen «logischen» Zusammenhang zu stellen

Beispiel: «Sie haben jetzt diesen externen Trainer beobachtet und wissen, daß wir uns auf ihn verlassen können.»

Zeitliche Verbindungswörter benutzen:

wann: um den Entschluß elegant voranzutreiben

Beispiel: «Vielleicht ergeht es Ihnen jetzt wie einigen der Kollegen: Während Sie diese neuen Werkzeuge betrachten, kommen Ihnen Gedanken, bei welchen Geräten Sie sie überall einsetzen können und (!) Sie erkennen die Zeitersparnis.»
            « ... und dadurch wird es Ihnen möglich ...»
            « ... und das bringt Sie dazu, daß ...»
            « ... und das bewirkt, daß ...»
            «Vielleicht schauen wir uns den Film nochmals an, und so wird es Ihnen möglich, besonders auf die leichte Handhabung des XYZ zu achten und schon während dessen die vielen Einsatzmöglichkeiten bei Ihren Kundenbesuchen zu erkennen.»

In Frageform

Beispiel: «Wie fühlt sich dieses Lenkrad an?»
            «Wieviel Zeit wollen Sie für die Ausbildung Ihrer Außendienstmitarbeiter einsetzen?»

Eingebaute Befehle

Beispiel: «Wenn Sie dann den Hebel drücken, müssen Sie merken,
              wie leicht das geht im Vergleich zur bisherigen Lösung.»
              «Wenn es Ihnen so ergeht wie mir, dann müssen Sie sich
              sagen, daß wir nahe einer optimalen Lösung sind.»

Als ob

Beispiel: «Tun wir mal so, als ob Sie das Seminar schon besucht
              hätten. Sie werden vielleicht im nächsten Team-Meeting ...
              Ihre Kollegen werden ... Und beim nächsten Kundenbesuch
              werden Sie ...»

Wenn ..., dann ...

Beispiel: «Wenn Ihnen dann der Kunde A den Auftrag erteilt, dann
              können wir schon jetzt einen Termin für die Party fixieren.»

Stellen Sie sich bitte einmal vor

Beispiel: Stellen Sie sich bitte vor, wir wir vor unserem Chef
              dastehen, wenn wir ...

Kürzestkommentare

Beispiel: «Zum Glück können Sie ja den Kollegen XY mitnehmen!»
              «Offenbar haben Sie sich mit dem Kunden intensiv be-
              schäftigt!»
              «Leider haben Sie daran nicht gedacht.»

Richtung Entscheidung

Beispiel: «Sie kennen sich gut auf dem Markt aus. Offenbar haben
              Sie sich schon einige Zeit nach einem mitarbeiterorientier-
              ten Unternehmen umgesehen, und heute konnte ich Ihnen
              noch die fehlenden Informationen geben, und auch das
              Gehalt entspricht Ihren Vorstellungen, so daß jetzt alle
              Fragen geklärt sein dürften.»

Einwände relativieren

Beispiel: Mitarbeiter: «Ich hätte das lieber in Rot!»
              Manager: «Ist es für Sie sehr wichtig, daß das XY rot ist?»

Wenn der Mitarbeiter sich noch nicht entschließen kann

Beispiel: «Ich verstehe, daß eine solche Entscheidung Zeit braucht.
              Kann ich Ihnen mit irgendeiner Information behilflich
              sein?»

Wie man/frau Fragen stellt

Fragen stellen darf nicht zum Aushorchen oder Verhör werden. Fragen
stellen sollte vielmehr wie ein langer Ballwechsel im Tennis sein. Also:

❶   Fragen stellen setzt voraus, daß Sie mit Ihrem Partner auf
      gleicher *Wellenlänge* sind (Rapport).

❷   Geben Sie zuerst den *Rahmen* bzw. Hintergrund für Ihre Frage,
      d.h. schildern Sie die Situation, auf die sich die Frage bezieht und
      dann stellen Sie die Frage (nicht umgekehrt).

❸   Stellen Sie jeweils *nur eine* Frage.

❹   Lassen Sie sich *Zeit* und geben Sie *Zeit* - zum Überlegen.

❺   Denken Sie daran: Fragen und Antworten könnte so schön wie ein
      Tanz sein: beide im gleichen Rhythmus.

❻   Und: gebrauchen Sie «*Weichmacher*».

      ➤   Ich frage mich, ob …
            Könnten Sie mir vielleicht sagen, ob …

      ➤   für Männer insbesondere:
            Senken Sie das Kinn ein wenig tiefer als normal, dann
            haben Sie eine tiefere, angenehmere Stimme.

➢   für Männer und Frauen:
    Bewegen Sie Ihren Körper beim Sprechen. Durch die Bewe-
    gungen verändert sich auch jedes Mal Ihre Stimme etwas.
    Sie hören sich dann interessanter an.

Und denken Sie daran: Was wollen Sie mit Ihren Fragen erreichen?

➢   gute, präzise Informationen sammeln
➢   den Partner verstehen und ihm helfen
➢   die Informationsverarbeitung des Partners unterstützen
➢   dem Partner helfen, aus seinem Bild herauszukommen und mehr
    und anderes zu sehen; d.h. um den Partner frei zu machen von sei-
    nen subjektiven Vorstellungen

Bitte nicht springen!

Stellen Sie sich vor: Auf dem Dach eines 15stöckigen Hochhauses steht
ein Lebensmüder. Sie haben ihn entdeckt und fassen sich ein Herz. Sie
gehen auf das Dach. Als Sie die Tür öffnen, schaut er erschreckt zu Ihnen und dreht sich schnell wieder um; er macht Anstalten zu springen.
Und Sie rufen laut: «Bitte nicht springen!» Je stärker der Mann unter
Stress steht, desto eher wird er auf Ihre Bitte hin springen. Makaber?!
Was passiert in diesem Beispiel? Sie geben den Befehl zu springen,
denn das Gehirn hört zunächst das Wort «springen». Die Verneinung ist
sekundär. Sie geben dem Lebensmüden keine alternative Verhaltensweise.

Machen Sie ein Experiment mit sich selbst - nein nicht vom Hochhaus
springen! Stellen Sie sich die Farbe «blau« nicht vor! Komisch, nicht
wahr? Sie müssen nämlich zuerst die Farbe «blau» sehen, bevor Sie sie
nicht mehr sehen. Ihr Gehirn kennt keine Verneinungen, keine «neins».
Es denkt positiv. Es hört also. «Stellen Sie sich die Farbe <blau> (nicht)
vor! Das «nicht» hört man erst beim zweiten Hinhören. «Bitte (nicht)
springen!» Der Lebensmüde hört zuerst das Kommando «springen» und
sieht sich bereits springen. Ähnlich ist es mit anderen Sätzen, wie z.B.:
➢   Auf dem Anrufbeantworter: «Bitte legen Sie nicht auf!»
➢   An der Telefonzelle: «Bitte zerstören Sie diese Telefonzelle nicht!»
➢   Sie zu Ihrem Mitarbeiter: «Sie brauchen nicht nervös zu sein!»

Es ist gehirngerechter, wenn Sie die positiven Botschaften aussprechen:

➢   «Bitte bleiben Sie dran!»
➢   «Benützen Sie die Telefonzelle pfleglich! Ihr Leben könnte
     dadurch gerettet werden!«
➢   «Bleiben Sie ganz ruhig!»

Das Problem scheint zu sein, daß wir immer genau wissen, was wir als positive Alternative meinen, sie aber nicht aussprechen, weil wir annehmen der andere weiß schon, was wir meinen.

➢   «Schreiben Sie nicht immer so lange Berichte!»

Was ist die Alternative dazu? Nie mehr Berichte schreiben? Nur eine Seite schreiben? Und der Rest als Anlage? Nur Stichworte schreiben? Grafiken benutzen? Merken Sie das Problem? Solange Sie nur klar machen, was Sie nicht wollen, ist es höchst unklar, ob der Mitarbeiter das versteht und macht, was Sie wollen. Wenn Sie also schon mit Ihren Sätzen etwas suggerieren, dann suggerieren Sie positive Botschaften. Das ist hilfreicher.

Wie Sie sich auf ein Coaching-Gespräch vorbereiten könnten/sollten

Vorbereitung ist der Schlüssel zum Coaching-Erfolg. Außerdem sollten Ihnen Ihre Mitarbeiter wertvoll genug sein, sie ernst zu nehmen und zu wissen, was Sie erreichen und tun wollen. Dazu kann es genügen, wenn Sie Ihre Mitarbeiter seit Jahren kennen und ein Gefühl für sie haben. Besser ist es allerdings doch, wenn Sie sich ab und zu hinsetzen würden und sich - wie ein Profi - auf Ihre Mitarbeiter vorbereiten würden. Hier einige Möglichkeiten:

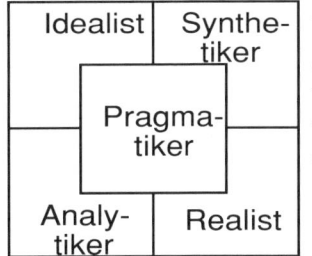

Welchen Lern- bzw. Problemlösungsstil hat der Mitarbeiter?
Wie sollte ich also das Gespräch aufbauen?
Welche Argumente sind richtig?
Wie kann ich ihn/sie zum Lernerfolg führen?

Welche Bedürfnisse hat der Mitarbeiter zur Zeit besonders?
Was ist wichtig für ihn/sie?
Nach welchen persönlichen Vorteilen sucht er/sie zur Zeit?
Wie kann er/sie seine/ihre Bedürfnisse im neuen Job, mit dem neuen Verhalten befriedigen?

Was ist der Reifegrad des Mitarbeiters im Job?
Wieweit füllt er die Rolle schon aus (Anfänger, Fortgeschrittener, Meister, Guru)?
Wie sollte ich ihn/sie also führen/coachen?
Was ist der situationsgerechte Coaching-Stil?

Reifegrad des Mitarbeiters

Was sind die vereinbarten Ziele für den Mitarbeiter?
Welche Anforderungen (Wissen, Können, Wollen) sind für den Mitarbeiter in dieser Rolle, bei diesen Zielen wichtig?
Wieweit erfüllt er / sie die Anforderungskriterien?
Wo ist Entwicklungsbedarf?
Welche Entwicklungsvorstellungen hat er / sie?

Ich bin sicher, daß Sie sich noch mehr Fragen ausdenken können. Ich empfehle Ihnen, diese Fragen und Antworten nicht zu dem Zweck vorzubereiten, daß Sie den Mitarbeiter mit einer Rede überfahren können. Sie sollte allerdings Ihr Vorgehen darauf aufbauen. Und ansonsten stellen Sie Fragen und hören Sie hin.

Das ausbalancierte Coaching-Gespräch

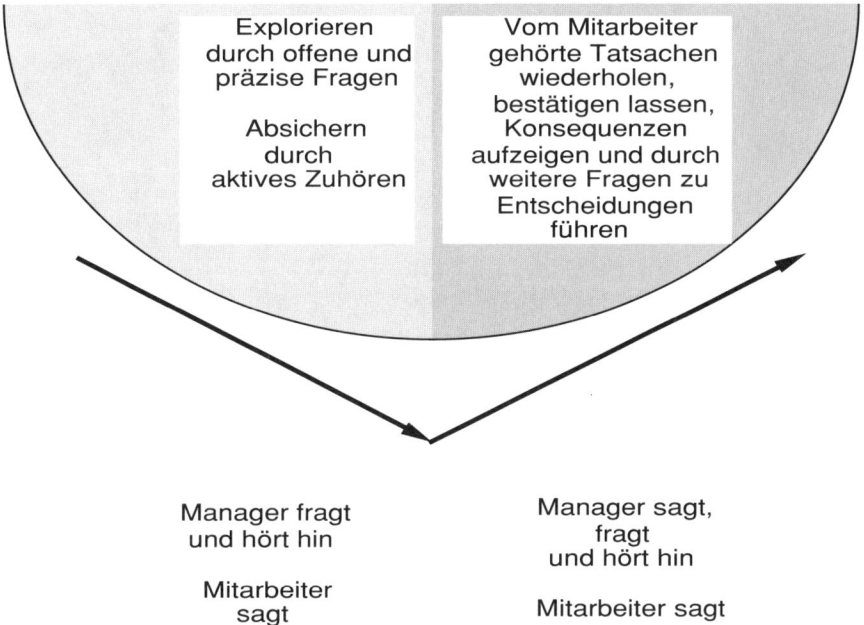

Explorieren
durch offene und
präzise Fragen

Absichern
durch
aktives Zuhören

Vom Mitarbeiter
gehörte Tatsachen
wiederholen,
bestätigen lassen,
Konsequenzen
aufzeigen und durch
weitere Fragen zu
Entscheidungen
führen

Manager fragt
und hört hin

Mitarbeiter
sagt

Manager sagt,
fragt
und hört hin

Mitarbeiter sagt

Verhaltens-
Veränderung

Verhaltensveränderung

Auch der traditionelle *Führungsregelkreis* ist, schaut man genau hin, eine Technik der *Verhaltensveränderung*: Planen, Organisieren, Delegieren, Motivieren, Kontrollieren, Feedback. Nehmen wir z.B. das Konzept der Motivation: Es ist die Aufgabe des Managers, die Interessen der Organisation und die Bedürfnisse des Mitarbeiters wenigstens teilweise in Übereinstimmung zu bringen. Werden die Bedürfnisse des Individuums mit Hilfe von Motivatoren und Hygienefaktoren erfüllt, dann erwartet man - ähnlich wie in der ökonomischen Theorie des Tausches -, daß der Mitarbeiter dafür (mehr und bessere) Leistung erbringt.

Tatsächlich, so ehrlich sollte man sein, muß man neben dem scheinbar rational-logischen und fast unpsychologischen Führungsregelkreis auch die Begriffe «*Manipulation*» und «*Verhaltensveränderung*» mitdenken und verstehen. Die Reaktionen von Seminarteilnehmern auf diese beiden Begriffe sind interessant: Oft ist eine rationale Diskussion gar nicht möglich. Eher emotional werden die Begriffe abgelehnt als etwas, was man als Führungskraft nicht tut. Manipulation ist schmutzig. Verhaltensveränderung fällt in die Zuständigkeit von Psychologen. Außerdem kann man Verhalten - wenn überhaupt - nur langfristig, mit psychoanalytischer und psychotherapeutischer Unterstützung verändern. Vielleicht ist gerade deswegen der Modebegriff «*Coaching*» der Ausweg für pragmatische Manager.

Mir scheint, daß die Begriffe der *Motivation* und der *Manipulation* in der Führungspraxis nicht voneinander zu trennen sind. Daher der Begriff: «*Motipulation*». Im Prinzip versuchen Manager alles das an ihren Mitarbeitern, Kollegen, Chefs, Kunden, etc., was ihnen geeignet erscheint, um Zustimmung und Taten zu bekommen. Dabei findet keine theoretische Beurteilung statt, ob das nun Motivation oder Manipulation oder Coaching ist. Ich schlage daher eine einfache Definition von Manipulation vor: Manipulation liegt dann vor, wenn meine Strategie und mein Handeln gegen die Interessen des anderen gerichtet ist und ihn unter Täuschung dazu bringt, etwas zu tun, was er ohne die Manipulation nicht getan hätte. Die entscheidenden Unterschiede zur Motivation sind also:

    1.   gegen die Interessen des anderen
    2.   Täuschung

Ich denke jedoch, daß es keine gewagte Behauptung ist, daß «im Krieg im Betriebe» mindestens genauso viele Manipulationsmanöver gefahren werden wie versucht wird, á la Lehrbuch zu motivieren. Unversehens wenden sich die Motivationstechniken in Manipulationstechniken. Offen gefragt: Was war das bei den Hawthorne-Experimenten, als man die Wände anmalte und alle möglichen anderen Versuche unternahm? Manipulation oder Motivation? Was ist das, wenn im Kaufhaus Soft-Musik in die Ohren und Herzen quillt, um den Geldbeutel zu öffnen? Was ist das, wenn der Verkäufer seinen Kunden zu einem herrlichen Essen in gemütlicher Atmosphäre einlädt?

Ein *moralisches Urteil* will ich mir nicht erlauben.

Tatsache jedoch ist, daß Motivation und Manipulation und Kontrolle und Feedback darauf abgestellt sind, das Verhalten des anderen zu verändern. Man möchte, daß er bestimmte Dinge in bestimmter Art und Weise tut.

Nun muß hier allerdings der *Begriff des Verhaltens* beleuchtet werden. Zunächst einmal ist Verhalten nicht mit Persönlichkeit gleichzusetzen. Verhaltensveränderung, das erschrickt viele Seminarteilnehmer, weil sie es automatisch mit Veränderung der Persönlichkeit voraussetzen. Verhalten ist jede sprachliche oder körperliche Äußerung, also jedes Tun und Sprechen eines Individuums. Eher mathematisch kann man Verhalten begreifen als die Funktion aus der Persönlichkeit mit ihren Eigenschaften, Einstellungen, Bedürfnissen, Interessen, Erfahrungen, etc. All dies ist uns Beobachtern nur über das Verhalten zugänglich.

Daß einer raucht, ist konkretes Verhalten. Wenn jemand beim Reden in regelmäßigen Abständen mit dem Zeigefinger der rechten Hand sein Brillengestell nach oben schiebt, dann ist das konkretes Verhalten. Wenn ein Kunde bei einem Gespräch ständig lächelt und zu allem Ja sagt, dann ist das konkretes Verhalten.

Es wäre aber eine *Schlußfolgerung* auf Eigenschaften, Einstellungen, Bedürfnisse, etc., wenn man sagen würde: Der Raucher ist ein schwacher Mensch; derjenige, der sich die Brille immer wieder nach oben schiebt, ist nervös; der lächelnde Kunde vermeidet harte Diskussionen, weil er Angst hat. Dies sind subjektive Schlußfolgerungen, die richtig oder falsch sein können. Tatsache ist, daß wir nicht in das

Gehirn des anderen schauen können, sondern immer nur auf die Interpretation seiner Worte und seiner Körpersprache angewiesen sind.

Wenn ich also von Verhaltensveränderung rede, dann beziehe ich mich auf *konkretes, beobachtbares Verhalten*. Ich gehe davon aus, daß sowohl bei der Mitarbeiterführung als auch im Verkauf und in der Beratung, sowohl im Training als auch bei Organisationsveränderungen Verhaltensveränderung - mehr oder weniger geplant und mehr oder weniger gut - stattfindet.

Ich behaupte, daß

> **Mitarbeiter führen**
> **verkaufen (Kunden führen)**
> **beraten**
> **trainieren (Teilnehmer führen)**
> **Organisationen verändern**
> **Verhalten verändern**
> **Coaching**

im Grunde ähnliche/gleiche Prozesse und Techniken einsetzen können müssen. Ich möchte das lediglich an drei Beispielen verdeutlichen:

➢ Beim Verkauf von eher komplexen Systemen ist es inzwischen üblich, daß der Hersteller/Lieferant/Verkäufer die Mitarbeiter des Kunden trainiert, die Installation durchführt, Einweisungen vor Ort gibt, in der ersten Phase der Nutzung zur Verfügung steht, und auch im weiteren Verlauf durch allerlei Services Unterstützung bietet. Das ist für mich «Coaching».

➢ Fortschrittliche High Tech-Unternehmen bieten ihren Kunden an, ihnen bei den durch die Einführung des neuen Informationssystems notwendigen Organisationsveränderungen behilflich zu sein. Berater/Verkäufer werden so zu Change Agents - nur beim Kunden.

➢ Trainer führen in mehrtägigen Seminaren ihre Teilnehmer zu bestimmten Lernergebnissen. Je besser der Trainer und das Training, desto mehr beeinflussen sie die Motivation und Leistung der Individuen. Führungskräfte überlassen einen Teil ihrer

Führungsfunktion den Trainern. Gut, wenn Seminar- und Trainerziele in die gleiche Richtung gehen wie die Ziele und Interessen des Unternehmens. Oft haben Führungskräfte die Bedeutung des Trainings noch gar nicht erkannt! Training ist für viele nur Motivationsveranstaltung. Tatsächlich führen Trainer die Mitarbeiter viel nachhaltiger.

Zumindest setzen alle diese Tätigkeiten die Kenntnis von Verhaltensveränderungstechniken voraus.

Verhaltens - Credo

> Alle Menschen entscheiden sich - bewußt oder unbewußt - jederzeit für die beste, ihnen bekannte und verfügbare Verhaltensweise. Tatsache ist aber auch, daß viele Menschen nur wenig Verhaltensalternativen kennen und daher immer wieder in den alten (erfolglosen) Gleisen fahren.

> Die Auswahl einer bestimmten Verhaltensweise hängt davon ab, welche Alternativen das Individuum aufgrund seiner Sichtweise und Erfahrungen sieht.

> Je mehr verschiedene Verhaltensalternativen einem Individuum zur Verfügung stehen, desto flexibler und situationsgerechter kann es agieren und reagieren.

> Begrenzungen in der Alternativzahl ergeben sich daraus, wie das Individuum seine Erlebnisumwelt erkennt und sieht und welche Schlußfolgerungen es daraus zieht.

> Hinter jedem Verhalten, auch hinter dem von Beobachtern als negativ beurteiltem Verhalten, stecken positive Absichten des handelnden Individuums. Kein Verhalten ist also schlecht an sich. Man sollte unterscheiden zwischen mehreren Ebenen:

>> Bedürfnisse, Interessen, Absichten - sie stecken hinter dem beobachtbaren Verhalten; als Beobachter können wir sie nicht kennen, wir können nur vermuten/interpretieren.
>> das beobachtbare Verhalten

> ➤ unsere eigenen Beobachtungen des Verhaltens der anderen Person - sie sind geprägt durch unsere eigenen Werte, Normen, Einstellungen, Bedürfnisse, Interessen, Absichten und durch unsere Fähigkeit, unsere Informationskanäle effizient einzusetzen
> ➤ die Auswirkungen des Verhaltens auf uns, seien sie negativ oder positiv für uns

➤ Individuen haben selbst alle Ressourcen, um ihr eigenes Verhalten zu verändern.

➤ Alles, was ein Berater für das Individuum tun kann, ist, ihn durch Fragen und Prozeßinterventionen durch den Veränderungsprozeß zu helfen. Gegebenenfalls kann der Berater auch Verhaltensalternativen zur Verfügung stellen.

Es gibt kein schlechtes Verhalten an sich - es wird «schlecht» in seinen Auswirkungen

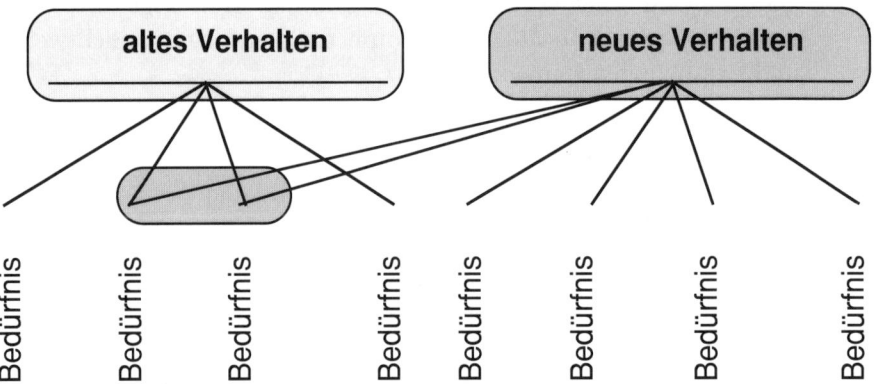

Provozierend oder/und spaßeshalber wage ich eine Behauptung: Wenn ich Sie umbringe, dann ist das leider schlecht für Sie; es ist aber gut für mich, denn ich habe meine Gründe bzw. damit befriedige ich meine Bedürfnisse.

Weniger provozierend: Jedes Verhalten wird durch Bedürfnisse getrieben; oder anders herum: wir tun Dinge in bestimmter Art und Weise, weil wir gelernt haben, daß dieses Verhaltensprogramm unsere

Bedürfnisse befriedigt. Was die Bedürfnisse im einzelnen für jeden
einzelnen sind, das ist eine individuelle Angelegenheit. Gott-sei-Dank
sind Menschen so verschieden.
Andererseits erleichtert das Ihre Arbeit als Coach auch nicht gerade.

Wenn Sie z.B. mit dem Rauchen aufhören wollen, dann sollten Sie
herausfinden, welche Bedürfnisse Sie (bisher) mit dem Rauchen
befriedigen: orale Bedürfnisse? Das Bedürfnis, so zu sein, wie die
anderen? Welche anderen Bedürfnisse? Der nächste Schritt ist dann,
daß Sie ein Verhalten finden und trainieren, das diese Bedürfnisse weiterhin befriedigt. Denn die Bedürfnisse sind nicht schlecht.

Ähnlich also: wenn Sie das Verhalten eines Mitarbeiters verändern
wollen (das beginnt in meiner pragmatischen Version bereits dann,
wenn Sie z.B. wollen, daß Ihr Mitarbeiter von nun an formelle,
regelmäßige Berichte statt bisher formlose, unregelmäßige Berichte
abliefert), sollten Sie herausfinden, wie der Mitarbeiter die berechtigten
Bedürfnisse mit dem neuen Verhalten befriedigen kann.

Ein Rezept, wie man die Bedürfnisse der Mitarbeiter erkennt? Lernen
Sie Ihre Mitarbeiter kennen; beobachten Sie; fragen Sie. Knopfdruck-
Psychologie gibt es leider/Gott-sei-Dank nicht.

Prinzipien der Verhaltensveränderung

➢   Jedes Verhalten befriedigt Bedürfnisse

➢   Jedes Verhalten hat also positive Beweggründe

➢   Neues, alternatives Verhalten wird nur akzeptiert und erfolgreich
    angewendet, wenn die Bedürfnisse befriedigt werden

➢   Unser Verhalten wird bestimmt durch die mentalen Bilder, die wir
    in unserem Gehirn von uns, unserem Selbstverständnis, unserem
    Verhalten, etc. haben

➢   Daher muß man sich selbst sehen, wie man das neue Verhalten
    ausübt - die Anwendung der Visualisierungstechnik ist mentales
    Training bzw Probehandeln

➤ Wichtig ist, daß man nicht nur sich selbst mit dem neuen
    Verhalten sieht, sondern man muß sich erfolgreich sehen und sich
    wohl dabei fühlen.
    In Experimenten mit Hochspringern hat man entdeckt, daß eine
    Gruppe von Sportlern, die 3 Wochen lang die Hochsprungtechnik
    nur mental geübt hat, mindestens genauso gute Fortschritte
    gemacht hat, wie die andere Gruppe, die nicht mental geübt hat,
    sondern jeden einzelnen Sprung tatsächlich ausgeführt hat.

➤ D.h. also, daß unsere Bilder und Filme uns programmieren

➤ Ähnlich wie bei autosuggestiven Formeln und mit positiven
    Affirmationen, sollte man den positiven Film wiederholen - regel-
    mäßig.

Feedbackprozeß als Verhaltensveränderungsprozeß

⇨ Geben Sie möglichst sofort nach dem beobachteten negativen oder
    auch positiven Verhalten Ihr persönliches Feedback

⇨ Berichten Sie konkrete Beobachtungen, keine Schlußfolgerungen

⇨ Reden Sie in Ich-Form , nicht in «wir» oder «man»

⇨ Bringen Sie Ihre Gefühle über das beobachtete, negative oder
    auch positive Verhalten ein

⇨ Berücksichtigen Sie, daß Sie falsch beobachtet haben könnten
    oder daß Sie sogar der Anlaß des negativen Verhaltens des
    anderen sein könnten (Subjektivität)

⇨ Machen Sie den Mitarbeiter auf die Konsequenzen des beobachte-
    ten, negativen/positiven Verhaltens aufmerksam

⇨ Erfragen Sie die Eigenbeobachtung und Beweggründe (warum?)
    des Mitarbeiters

⇨ Fragen Sie den Mitarbeiter nach alternativen Verhaltensmöglich-
    keiten (was glaubt er, anders tun zu können)

⇨ Schlagen Sie eventuell selbst Alternativen vor

⇨ Bedenken Sie, daß die neue Verhaltensweise die Interessen/Beweggründe des Mitarbeiters befriedigen muß

⇨ Versuchen Sie, eine konstruktive Problemlösung zu erreichen

⇨ Helfen Sie dem Mitarbeiter, das neue Verhalten ganz deutlich zu sehen und sich dabei wohl zu fühlen (visualisieren)

⇨ Verstärken Sie die Entscheidung für das alternative Verhalten durch Lob und Zustimmung

⇨ Implementierungsplan für das neue Verhalten entwerfen

⇨ Stellen Sie den Erfolg des neuen Verhaltens sicher

⇨ Üben Sie mit dem Mitarbeiter, etwa im Rollenspiel

⇨ Planen Sie Selbst- und/oder Fremdbelohnung

⇨ Beobachten Sie den Mitarbeiter, wann und wie er das neue Verhalten (erfolgreich) anwendet

⇨ Geben Sie Feedback und verstärken Sie durch Lob das neue Verhalten

Voraussetzungen für konstruktives Feedback

⇨ Ein partnerschaftliches Vertrauensverhältnis, kein traditionelles Über- und Untergeordneten-Verhältnis

⇨ Den Mitarbeiter als Person ernst nehmen

⇨ Ernsthaft daran interessiert sein, dem Mitarbeiter zu helfen

⇨ Rapport herstellen, also sich und den Mitarbeiter auf die gleiche Wellenlänge bringen

➪   Den Feedbackprozeß als konstruktiven Problemlösungsprozeß
     sehen, in dem es nicht um die Be- oder Verurteilung einer Person
     geht, sondern um die gemeinsame Lösung eines Problems

➪   Feedback ist auch ein wesentlicher Teil des Entwicklungs- und
     Coachingprozesses

➪   Man sollte sich eher als Fragender, denn als Sagender verstehen -
     der Mitarbeiter hat mit Sicherheit viele der Beobachtungen, die
     man ihm geben könnte, selber gemacht und er kann mit hoher
     Wahrscheinlichkeit viele der anstehenden Fragen selber beant-
     worten; ebenso wird er selbst Alternativen wissen oder entwickeln
     können

➪   Man sollte konkrete Verhaltensbeobachtungen anführen, nicht
     Schlußfolgerungen auf vermutete Eigenschaften oder Absichten

➪   Man sollte auch bereit sein, vom anderen Feedback zu bekommen
     und ernsthaft lernen wollen - d.h. Feedback sollte ein gegenseiti-
     ger Austauschprozeß sein.

Einige spezielle Verhaltensveränderungstechniken

Positive (und negative) Verstärkung

> Man hat Affen trainiert, Baumwolle zu pflücken. Die Tiere der
> ersten Gruppe wurden jedesmal belohnt, wenn sie nur irgendet-
> was richtig machten. Die Tiere der zweiten Gruppe wurden jedes-
> mal bestraft, wenn sie etwas falsch machten. Die dritte Gruppe
> diente als Kontrollgruppe und wurde weder bestraft noch belohnt.
> Ergebnis: die Tiere der ersten Gruppe, also mit positiver
> Verstärkung, lernten am schnellsten.

> Im Buch «Der Ein-Minuten-Manager» steht der schöne Satz:
> «Catch your people doing something right» oder auf deutsch «Erwi-
> sche Deine Mitarbeiter dabei, wenn sie etwas richtig machen».

Reframing - etwas in einen anderen Zusammenhang / Rahmen stellen und damit die Bedeutung verändern

Eine Hausfrau und Mutter hatte den «Putzfimmel». Sie hielt ihre Wohnung klinisch sauber. Ihre besondere Herausforderung war der langhaarige Flauschteppich im Wohnzimmer. Sobald jemand über den Teppich gegangen war, mußte sie den Staubsauger herausholen und den Teppich reinigen und saugen, so daß dieser wieder flauschig aussah. Ihre ganze Familie, besonders ihr Ehemann, litt an dieser Manie.

Schließlich hatte sie sich auf Drängen ihrer Familie in die Sprechstunde eines Therapeuten begeben. Dieser hörte sich ihre Geschichte an. Nach kurzer Zeit und einigen vertiefenden Fragen schlug er ihr vor, sie solle sich von jetzt ab vorstellen, daß die Fußstapfen, die sie auf dem Teppich sieht, die Anwesenheit ihrer geliebten Kinder und ihres geliebten Mannes bedeuten. Auch wenn diese außer Haus sind, habe sie einen Beweis ihrer Liebe.

Diese Hausfrau war in 20 Minuten von ihrer «Manie» befreit.

Sich in eine neue, andere Situation begeben

Menschen haben die Tendenz, sich den Erwartungen und dem Verhalten der anderen in einer Gruppe anzupassen. Wenn man also z.B. den Job wechselt, in eine neue Firma und also in eine neue Arbeitsgruppe eintritt, dann wird man über kurz oder lang einen Teil der Einstellungen und Verhaltensweisen der Gruppe übernehmen, um in der Gruppe akzeptiert zu werden und zu überleben.

Den anderen ein bestimmtes eigenes Verhalten ankündigen und damit den Erwartungsdruck der anderen erhöhen

Als ich vor langer Zeit in eine neue Firma wechselte, kündigte ich meinem Chef und möglichst vielen Managern an, daß ich als Moderator ihre Businessmeetings leiten könnte. Ich behauptete, daß ich darin bereits einige Erfahrung hätte. Tatsächlich hatte ich das noch nie gemacht. In der Tat hatte ich eine ziemliche Angst davor. Doch durch meine Ankündigungen stiegen die Erwartungen der Manager. Man glaubte und vertraute mir. Schließlich bat mich jemand, sein Businessmeeting zu beobachten und das nächste dann als Moderator zu leiten, um zu zeigen, wie man effektive Meetings hält. Ich konnte nicht mehr zurück. Ich mußte es machen. Es hat geklappt. Nach einigen Malen hatte ich den Ruf, ein Meeting-Experte zu sein.

Paradoxe Intervention

Diese Technik beruht auf dem Prinzip, das man in der Kindererziehung oft beobachten kann. Sagt man dem Kind, daß es A tun soll, dann wird es mit hoher Wahrscheinlichkeit genau das Gegenteil tun. Verbietet man für heute Abend das Fernsehen, dann wird es solange drängeln, bis man es dann schließlich doch erlaubt. Bietet man an, daß es heute Abend fernsehen darf, dann ist das lange nicht mehr so interessant.
Diese Technik ist gefährlich. Man muß schon genau wissen, was das Gegenteil ist von dem, was man will. Aber komischerweise verhalten sich viele Erwachsene so wie die Kinder.

Die sich selbst erfüllende Prophezeihung

Wenn ich glaube, daß etwas eintreten wird, dann wird es mit hoher Wahrscheinlichkeit auch eintreten, weil ich unbewußt alles tue, was dazu beiträgt und weil ich aus all den Informationen nur die herausfiltere und verstärke, die im Zusammenhang mit meiner Annahme stehen. Wenn ich also meine, daß ich eine Präsentation in den Sand setzen werde, dann werde ich das auch mit großer Wahrscheinlichkeit schaffen. Wenn ich ein festes Bild von einem neuen, idealen Verhalten habe, dann werde ich unbewußt alles tun, um mich darin zu üben und perfekt zu werden.

Verankerung

Ein Knoten in einem Taschentuch ist eine Erinnerung daran, daß man etwas Bestimmtes tun wollte. Ein Knoten ist ein Anker. Der Anker hält das Schiff im Meeresgrund fest, sodaß es nicht wegdriftet. Wenn ich mir also ein neues Verhalten vorgenommen habe, dann werde ich dafür sorgen, daß ich Symbole (ein Bild, ein Spruch, ein Gegenstand) habe, die ich in meinen mentalen Bildern mit dem geplanten, neuen Verhalten verbinde. Das Symbol wird mich also jedesmal an das Verhalten erinnern und mir helfen, es anzuwenden.

Wie man Mitarbeiter dazu bewegt, einen Entwicklungsbedarf zu akzeptieren und sich zu engagieren

Sie kennen die Situation: Aus Ihren Beobachtungen hat sich für Sie eindeutig ergeben, daß Ihr Mitarbeiter z.B. bei Kundengesprächen unbedingt eine effektivere Kommunikationstechnik einsetzen sollte. Machen wir das Beispiel noch konkreter: Der Mitarbeiter bringt in seinen Angeboten eine Reihe von Detailfehlern. Die Kunden rufen zurück, um zu reklamieren, daß Sie das so nicht gemeint hätten. Und Sie haben bei einem gemeinsamen Kundenbesuch nun beobachtet, daß sich Ihr Mitarbeiter keine Notizen macht. Bei drei Kundengesprächen pro Tag! Die Angebote schreibt er dann immer an seinem wöchentlichen Bürotag - aus dem Kopf. Haben Sie auch solche freischaffenden Künstler?

Sie hatten sich nun also vorgenommen, Ihren Mitarbeiter davon zu überzeugen, daß er sich Notizen machen soll. Und Ihr Gespräch mit ihm war für Sie eine reine Frustration. Sie haben ihm Ihre Beobachtungen mitgeteilt und dann gesagt, daß diese Fehler in den Angeboten darauf zurückzuführen sind, daß er sich keine Notizen macht, daß er in der Zwischenzeit immer einiges vergißt. Ihr Mitarbeiter hat sogar die Fehler zum Teil eingestanden, doch gleichzeitig hat er andere Schuldige gefunden: Die Sekretärin, die seine Schrift nicht lesen konnte, die eigenmächtig nicht nur stilistische, sondern weitere Änderungen im Entwurf vorgenommen hat. Schließlich habe er ein ausgezeichnetes Gedächtnis. Wenn nur nicht immer diese Störungen im Büro wären. Er braucht unbedingt ein Einzelbüro; das Großraum-Büro macht ihn noch kaputt.

Das war's! Wie wollen Sie da noch weiterarbeiten?

Eine alternative Vorgehensweise ist der Bedarfsanalyse-Prozeß. Diese Technik wurde ursprünglich für den System-Verkauf entwickelt. Hier gibt es viele Situationen, in denen der Kunde seinen Bedarf nicht erkennt und akzeptiert, daß er z.B. ein Informationssystem braucht. Man sieht gewisse Schwierigkeiten, aber das ist kein Problem der Informationsprozesse, sondern der Motivation der Mitarbeiter. Das bekommt man auch ohne ein neues System in den Griff.

Die Wirkung des Bedarfsanalyse-Prozesses beruht auf dem Einsatz offener und präziser Fragen. Wie Sie am nachfolgenden Beispiel erkennen, verläuft er über mehrere Stufen:

❶ *Situationsfragen*

Durch offene Fragen wird der Mitarbeiter aufgefordert über die Situation zu erzählen, z.B. über die Verkaufssituation bei seinen großen Kunden in seinem Gebiet. Wenn Sie gut hinhören und die Antworten mit Interesse aufnehmen, können Sie viel über die Arbeitsweise Ihres Mitarbeiters erfahren. Auf jeden Fall erhalten Sie Informationen, die Ihnen als Hintergrund bzw. als Bezugspunkt für die weitere Analyse dienen. Beziehen Sie sich im weiteren also immer wieder darauf zurück: «Wie Sie/wir am Anfang bereits diskutiert haben, ...!»

❷ *Explorationsfragen*

Vor diesem Situations-Hintergrund ergeben sich für Sie eventuell zwei oder drei Bereiche, die Sie gerne (Sie haben ein Ziel im Auge: er soll Notizen machen!) durch präzise Fragen weiter explorieren wollen. Zum einen, weil Sie selbst mehr erfahren wollen. Zum anderen, weil Sie den Mitarbeiter jetzt schrittweise dazu führen, seine eigenen Unzufriedenheiten mit seinem Vorgehen zu entdecken. Sie erhalten dann als Output schon Antworten wie: «Ja, das ist nicht ganz in Ordnung! Aber das geht schon so, ich tue mein Bestes!» Das macht eine Anerkenntnis sichtbar, bedeutet aber noch keine Veränderungsbereitschaft. Sie müssen also noch tiefer einsteigen, um persönliche Veränderungsbereitschaft zu erwecken.

❸ *Auswirkungsfragen*

Das tun Sie nun mit Fragen nach der Auswirkung seines Vorgehens. Zwei Beispiele:
«Sie wissen, Ihre Kunden rufen bei uns an, um Kleinigkeiten an Ihren Angeboten zu verändern. Es kommt immer wieder zu Unstimmigkeiten. Wenn so etwas passiert ist, wie wirkt sich das auf Ihre Kunden aus? Wie wirkt sich das beim nächsten Gespräch mit diesem Kunden aus?»

Oder:

«Wie Sie wissen, werden wir bei unseren Kunden immer häufiger
nicht nur mit einer Person, sondern mit mehreren sprechen müssen. Sie werden immer mehr in Meetings mit 2, 3 oder mehr
Personen zu tun haben. Sie wissen auch, daß wir verstärkt und
häufiger unsere Kunden besuchen müssen. Unser Mitbewerb
schläft nicht. Wie wirkt sich in einer solchen Situation dann aus,
wenn Sie überladen mit wichtigen Informationen sich keine
Notizen machen und dann wichtige Dinge vergessen?»

Mit dieser Art zu fragen tun Sie psychologisch gesehen etwas «Ge-
meines»: Sie schaffen Betroffenheit, indem Sie das Problem sicht-
und fühlbar vergrößern. Diese «Gemeinheit» ist jedoch gerechtfer-
tigt, da Sie im Sinne Ihres Mitarbeiters handeln. Je besser Sie im
ersten Schritt den Hintergrund ausgeleuchtet und je genauer Sie
im zweiten Schritt einige Problembereiche exploriert haben, desto
eher werden Sie nun im dritten Schritt Betroffenheit erzielen.

(Es versteht sich von selbst, daß Sie sich im Gespräch Notizen
machen und die Notizen im Gespräch benutzen. Oder etwa nicht?
Wenn nein: «Wenn Sie so viele Informationen von Ihrem Mitarbeiter erhalten, wie wirkt es sich dann aus, wenn er feststellt, daß
Sie im Verlaufe des Gespräches nicht auf seine Informationen
eingehen (können), da sie sie bereits vergessen haben?»)

❹   *Bedarfszusammenfassung*

Die Antworten Ihres Mitarbeiters auf Ihre Auswirkungsfragen
sollten Sie sorgfältig aufnehmen. Hören Sie aktiv zu: «Also, wenn
ich Sie jetzt richtig verstehe, dann meinen Sie, daß ...! Habe ich
Sie da richtig verstanden?» Wenn Sie ein guter Zu- bzw. Hinhörer
sind, dann sollten Sie jetzt eigentlich auf der Ja-Straße sein. Sie
machen also Ihre Bedarfzusammenfassung in der Form des
aktiven Zuhörens. Bildlich gesprochen: Diese Ja-Antworten fallen
in Ihre Output-Box.

Denken Sie daran: Es ist für Ihren Mitarbeiter gar nicht so
einfach (genauso für Sie, wenn Sie an seiner Stelle wären), seine
Meinung zu ändern und Ihnen gegenüber nun offen «einzugeste-
hen»: «Ja, ich sollte das anders machen!» Je mehr und besser Sie

zuvor gefragt haben und nicht mit Rat-Schlägen «um sich gehau-
en» haben, desto eher kann der Mitarbeiter sein Gesicht bewahren.

❺ *Vorteile aufzeigen*

Im letzten Schritt nun sollten Sie - wie ein guter Verkäufer es
auch tut - die Entscheidung Ihres Mitarbeiters, etwas zu
verändern, durch Hervorheben der Vorteile der neuen Technik,
des neuen Verhaltens verstärken. Noch besser, wenn Sie durch
Fragen ihn selbst dazu anregen, sich vorzustellen, wie erfolgreich
er sein wird, wenn er sich gute Notizen macht. Fragen Sie ihn! Er
kennt seine Erfolgsträume besser. Sie sorgen für den Prozeß, daß
er mental das neue Verhalten mit seinen Gesprächen verknüpfen
kann und sich erfolgreich sehen, hören und fühlen kann - bevor er
zum nächsten Kundengespräch fährt. Der Mitarbeiter soll sich mit
seiner Entscheidung wohlfühlen.

(❻ Training, Vorbereitung, Briefing, Rehearsing)

Wenn Sie nun also so gemeinsam ein oder zwei Dinge definiert
haben, die Ihr Mitarbeiter mit Ihrer Hilfe verändern wird, dann
können Sie mit dem nächsten Coaching-Schritt beginnen.

➤   Ihr Mitarbeiter (im o.a. Beispiel) braucht eventuell ein Trai-
    ning im Notizen machen; ich favorisiere die Mindmap. Sie
    oder ein Kollege oder (wenn es sein muß) ein Trainer lehren
    ihn diese Technik und lassen ihn üben. Er sollte sich mit der
    Technik wohl fühlen, bevor er sie zum ersten Mal beim Kun-
    den einsetzt.
➤   Oder Sie üben jetzt im Rollenspiel offene Fragen ein.
➤   Oder Sie lassen Ihren Mitarbeiter nun eine Produktdemo im
    Trockenlauf durchführen.
➤   Oder …

Anders ausgedrückt: Hier beginnt der Prozeß des Vor-bereit-ens
bzw. Briefings.

Bedarfsanalyse
oder: Wie man Mitarbeiter zu einem expliziten Veränderungsbedarf führen kann

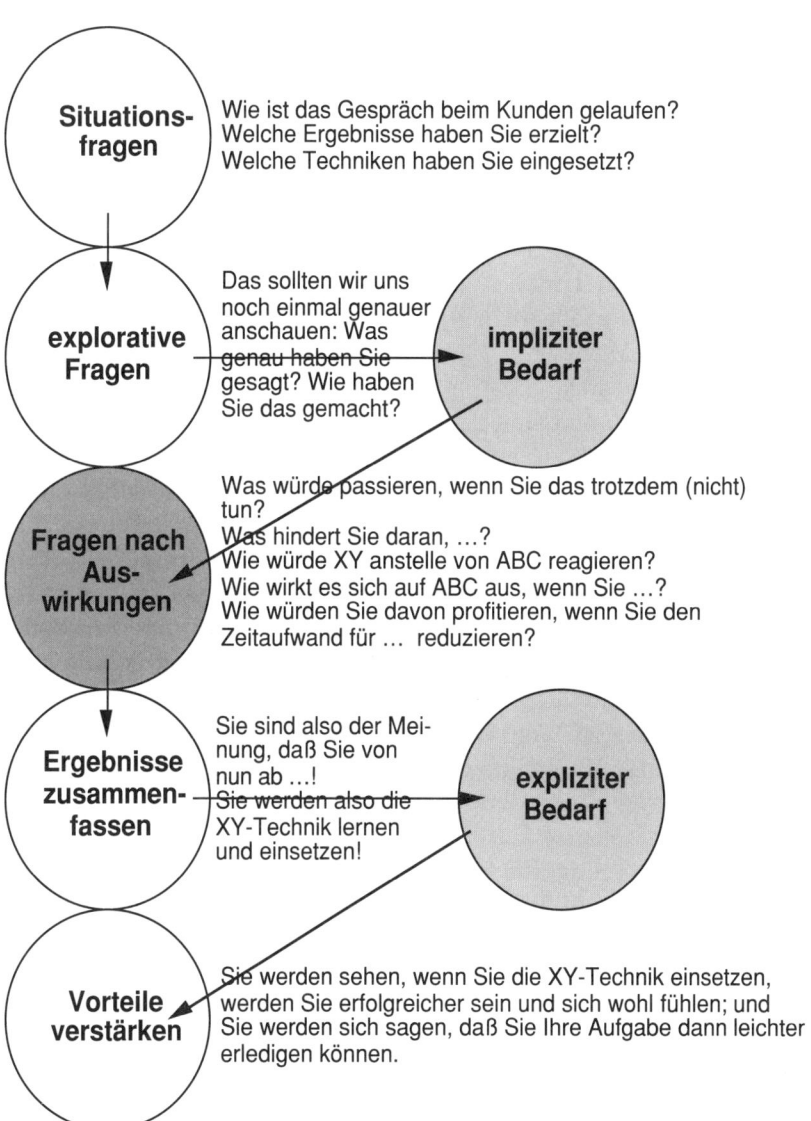

Situations-
fragen

Wie ist das Gespräch beim Kunden gelaufen?
Welche Ergebnisse haben Sie erzielt?
Welche Techniken haben Sie eingesetzt?

explorative
Fragen

Das sollten wir uns
noch einmal genauer
anschauen: Was
genau haben Sie
gesagt? Wie haben
Sie das gemacht?

impliziter
Bedarf

Fragen nach
Aus-
wirkungen

Was würde passieren, wenn Sie das trotzdem (nicht)
tun?
Was hindert Sie daran, …?
Wie würde XY anstelle von ABC reagieren?
Wie wirkt es sich auf ABC aus, wenn Sie …?
Wie würden Sie davon profitieren, wenn Sie den
Zeitaufwand für … reduzieren?

Ergebnisse
zusammen-
fassen

Sie sind also der Mei-
nung, daß Sie von
nun ab …!
Sie werden also die
XY-Technik lernen
und einsetzen!

expliziter
Bedarf

Vorteile
verstärken

Sie werden sehen, wenn Sie die XY-Technik einsetzen,
werden Sie erfolgreicher sein und sich wohl fühlen; und
Sie werden sich sagen, daß Sie Ihre Aufgabe dann leichter
erledigen können.

Reframing - Szenario-Technik - Laterales Denken

Sind Sie in der Seminar- und Psycho-Literatur belesen oder machen Sie diese drei Begriffe konfus? Keine Bange, am Ende dieser Seite werden Sie wissen, daß Sie diese Techniken schon anwenden, ohne zu wissen, daß Sie es tun und ohne zu wissen, wie man sie benennt (wie bei fast allen Psycho-Techniken).

Stellen Sie sich vor, einer Ihrer Mitarbeiter hat bei einem mittelständischen Unternehmen einen größeren Auftrag gegen den Mitbewerb verloren. Sie ärgern sich, Sie planen, ihn beim nächsten Ge- 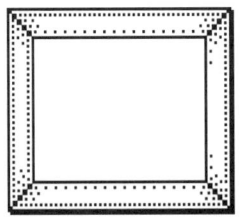  spräch deswegen «rund zu machen». Doch noch vor dem Gespräch erfahren Sie, daß dieses Unternehmen gestern Konkurs angemeldet hat. Nicht wahr, nun sieht die Situation anders aus. Der Hintergrund für Ihre Beurteilung des Mitarbeiters, der Rahmen (= frame) hat sich verändert. Oder ein anderes Beispiel: Einer Ihrer Mitarbeiter kommt in letzter Zeit häufig zu spät. Sie sind verärgert. Als Sie ihn zur Rede stellen, erzählt er Ihnen, daß seine Frau und Tochter krank ist und daß er seinen kleinen Sohn morgens immer noch in die Schule bringen muß. Da stellt sich wiederum eine Veränderung Ihrer Sichtweise ein. Der Prozeß, der hier abläuft, heißt «Reframing», in einen neuen Rahmen stellen.

Ahnen Sie schon, wie Sie diese Technik im Coaching einsetzen können? Nehmen wir an, Sie sind Trainingsmanager. Sie möchten einen Ihrer Senior-Trainer davon überzeugen, daß er ein neues Sekretärinnen-Training aufbaut. Dazu muß man wissen, daß es sehr wahrscheinlich nur wenige Senior-Trainer gibt, die sich noch auf diese niedrige Trainer-Image-Stufe herablassen. Wie wäre es, wenn Sie Ihre Argumente in einen neuen Rahmen stellen würden: Sekretärinnen werden zu Informationsassistentinnen der Manager; sie managen das Informationssystem. D.h. das Training ist in der Tat ein Training in Informationsmanagement. Wenn das kein Senior-Trainer-Image mit sich bringt.

Die Szenario-Technik ist in der Tat nichts besonders Neues - verglichen mit dem Reframing. Im Grunde ist es die gute alte Technik des «nehmen wir mal an, als ob!». D.h. Sie nehmen einen Einwand Ihres Mitarbeiters (sie bestätigen zuerst einmal den Empfang durch aktives Hinhören) und sagen etwa: «Nehmen wir mal an, daß Sie Recht haben. Was würde das dann für uns bedeuten!» Oder anders herum: «Ich gehe vorläufig davon aus, daß Sie Recht haben. Aber lassen Sie uns doch einmal annehmen, ich hätte Recht. Wie würde sich dann die Situation/das Problem auf ... auswirken?» Sie sehen, neben dem Reframing ist die Szenario-Technik gut geeignet für die Phase «Frage nach Auswirkungen» in der Bedarfsanalyse.

Und schließlich auch noch die Verbindung zum lateralen Denken. Laterales Denken ist eine Kreativitätstechnik, die von de Bono (nicht erfunden, sondern) so bezeichnet worden ist - natürlich haben Menschen schon seit Zeiten diese Technik benutzt (vielleicht unter anderem Namen oder gar ohne Namen!). Laterales Denken heißt frei übersetzt «in die Breite gehen». Das Beispiel der Henne Berta macht das deutlich.

Hennen (auch Hähne) schaffen es nicht, den Umweg um den Zaum herum zu gehen. Sobald sie/Sie das Futter/das Ziel aus den Augen verlieren, fangen sie an zu picken; sobald sie/Sie es sehen, rennen Sie schnurstracks drauflos. Menschen sollten einen Umweg machen können. Was heißt das:

➤   sich auf einen anderen Standpunkt
     stellen
➤   etwas aus den Augen des Mitarbeiters betrachten, oder aus den
     Augen eines Meteorologen, eines Pfarrers, einer Verkäuferin,
     eines Anarchisten, etc. (was Sie wollen)
➤   die Fragestellung umkehren (möglichst vielfältig)

Das alles kann Ihnen und Ihrem Mitarbeiter helfen, dem Problem neue Seiten abzugewinnen oder gar aus dem Problem eine Herausforderung zu machen. Auf jeden Fall werden Sie aber neue, zusätzliche Lösungsmöglichkeiten erkennen.

Nicht zufällig habe ich die Beschreibung dieser Techniken im Kapitel über Verhaltensveränderungen aufgenommen: Wenn sich die Meinung (Einstellung) zu einem Problem, zu einer Situation verändert, dann kann sich auch das Verhalten verändern; das Individuum sieht dadurch neue Möglichkeiten, sein Portfolio an Verhaltensprogrammen wird erweitert, d.h. es hat von dann an mehr Auswahlmöglichkeiten und kann sich flexibel entscheiden.

Wenn Sie über Reframing mehr lesen wollen, dann kann ich Ihnen empfehlen: G. Bierbaum, K. Marwitz, H. May, Happy Selling. der geniale Verkäufer, Junfermann Verlag, Paderborn 1990, ISBN 3-87387-021-5. Zum lateralen Denken fragen Sie in einer guten Buchhandlung nach de Bono; ich möchte nicht alle ca. 10 Bücher von de Bono aufführen.

Ich bin nervös

Es begab sich auf einem großen Verkaufsmeeting. Ungefähr 250 Menschen waren am zweiten Tag in der großen Kongreßhalle versammelt. Die Grundsatzrede des Topmanagers war schon beendet. Und nach der zweiten Rede - der Marketingmanager über die Zukunftsaussichten -, gab es eine halbe Stunde Pause.

Während dieser Pause kam der nächste Redner zu mir, der Controller. Er war sichtlich nervös. Seine Hände zitterten. Er war bleich. Er erzählte mir, daß es seine erste Rede vor einem solch großen Publikum ist: «Ich bin nervös! Ich bin sicher, daß ich stottern werde, nicht mehr weiter weiß. Ich werde mich blamieren! Du bist doch Trainer. Du kennst Dich doch aus. Was kann ich denn jetzt noch machen? Wie kann ich meine Nervosität am besten verstecken?»

Ich ließ ihn noch ein bißchen reden. Stellte einige Fragen. Dachte, er würde sich allein dadurch beruhigen. Das klappte nicht.

Da empfahl ich ihm folgendes: «Wenn Du da rauf gehst, an das Rednerpult, dann sag doch einfach als erstes, daß Du nervös bist, daß Du eventuell Fehler machst und daß man Dir verzeihen möge.» Er war zwar erstaunt über diesen Rat, ließ sich aber auf eine kleine erklärende Diskussion dazu ein. Ich erklärte ihm, daß er zuviel Energie verwenden würde, wenn er seine Nervosität verstecken wollte. Diese Energie braucht man zum Denken. Je mehr man verstecken will, desto weniger Energie zum Denken. Also macht man gerade deswegen Fehler. Wenn man es laufen läßt, ist einfach mehr Energie zum freien Denken da. Also weniger, keine Fehler.

Er glaubte mir und versprach, daß er als erstes sagen würde: «Liebe Kollegen, meine Damen und Herren, dies ist meine erste Rede ... ich bin nervös ... ich bitte, mich zu entschuldigen!» Versprach es und ging zum Rednerpult.

Was glauben Sie? Wie hat er seine Rede begonnen? Ganz normal, ohne diese Entschuldigungsworte. Das brauchte er nicht mehr. Er hatte akzeptiert und gelernt, daß man nervös sein darf, daß man nicht verstecken muß. Das hat ihn frei gemacht. Und er hat eine gute Rede gehalten. Und da war der Beifall!

Ankern
(Bewußtseinszustände programmieren und abrufen)

Die meisten unter Ihnen haben sicherlich schon die folgende Erfahrung gemacht: Sie haben z.B. ein Meeting mit einem Ihrer Kunden. Solange Sie über das sogenannte soziale BlaBla parlieren oder über allgemeine Erfahrungen, Rückblicke, oder über Hobbies oder Gemeinsamkeiten etc., solange ist die Kommunikationsatmosphäre okay; Sie sind auf der gleichen Wellenlänge, Sie haben Rapport. Beide fühlen Sie sich gut dabei. Das könnte eine sehr positive und starke Ressource sein für spätere, schwierigere Phasen der Beziehung. Doch dann während das Meeting auf Richtung Problemdiskussion, Verhandlung und Entscheidung steuert, wird die Atmosphäre gespannt und schwierig. Und in solchen Situationen wünschen Sie sich dann, daß Sie und Ihr Partner diese Verhandlung in der gleichen Atmosphäre wie zuvor durchführen könnten. Sie könnten, wenn Sie wieder Zugang zu diesem Bewußtseinszustand hätten, wenn Sie also wieder dieses Gefühl der Entspanntheit abrufen könnten, bei sich und bei Ihrem Partner.

Dazu helfen Anker.
Eine grundlegende Annahme über Anker ist, daß alle Erfahrungen, die Menschen machen, im Gehirn durch Bilder, Töne, Gefühle (getrennt oder kombiniert) repräsentiert sind - als eine Gestalt. Und immer, wenn

ein Teil dieser Gestalt (aus VAK) ausgelöst wird, werden auch weitere
Teile dieser Gestalt wieder auf- bzw. wachgerufen, kommen also in's
Bewußtsein zurück.

Der Knoten im Taschentuch ist z.B. Teil der folgenden Gestalt: Sie
sitzen beim Frühstück, lesen die Zeitung, etc. und dabei fällt Ihnen ein,
daß Sie nachher im Büro Ihren Kollegen Albert anrufen müssen. Sie
fühlen sich gerade zu faul, sich eine Notiz im Time-Manager zu machen; der liegt im Wohnzimmer. Sie müßten aufstehen. Also denken Sie
ganz fest an Ihr Büro und an den Kollegen Albert und daran, daß Sie
ihn anrufen werden. Und während Sie sich dieses Bild machen, machen
Sie sich einen Knoten in das Taschentuch. Dieser Knoten erinnert Sie
dann nachher auch tatsächlich daran. Der Knoten ist Ihr Anker.

Oder: Da riechen Sie wieder diesen Duft aus Mutter's Küche. Und Sie
sehen in sich die Bilder der Kindheit hochkommen, hören sich und Ihre
Eltern und Geschwister und fühlen sich wieder in die familiäre
Geborgenheit zurückversetzt. Der Duft als Anker.

Man könnte diesen Vorgang auch als Konditionierung beschreiben. Sie
erinnern sich noch an den Hund von Dr. Pawlow? Der immer speichelte,
wenn er die Glocke des Experimentators hörte. Denn Pawlow hatte die
Glocke mit dem Fressen verbunden. Normalerweise speicheln Hunde,
wenn Sie Fressen sehen. Fressen sehen und Glocke hören waren im
Gehirn fest verbunden worden. Der Hund war konditioniert; so daß die
Glocke jederzeit den Speichelfluß auslösen konnte.

Neun wichtige Punkte über ankern und Anker:

❶   Man braucht Anker nicht über einen längeren Zeitraum hin
     immer wieder programmieren (konditionieren). Anker «sitzen»
     schon nach einem Mal bzw. nach ein paar Mal. Menschen lernen
     schnell, vor allem dann, wenn der Bewußtseinszustand intensiv
     und der Anker «rechtzeitig» gesetzt wird (siehe Nummer 5)

❷   Anker brauchen nicht mit Belohnungen und Verstärkungen
     vertieft werden. Klar ist aber auch, daß Wiederholung und
     Konditionierung den Anker weiter vertiefen.

❸   Interne mentale Erfahrungen und Vorgänge im Individuum sind
    auch «Antworten» auf Stimuli; nicht nur verbale Antworten. D.h.
    also, daß interne Dialoge, Bilder, Gefühle (also kognitives Verhal-
    ten) gleichzusetzen sind mit äußerem Verhalten wie etwa dem
    Speichelfluß des Pawlow'schen Hundes.

❹   Je stärker eine Person eine Situation bzw. einen Bewußtseinszu-
    stand zu dem Zeitpunkt erlebt hat, in dem der Anker gesetzt
    wurde, desto stärker wird auch die (nonverbale) «Antwort» der
    Person sein, wenn der Anker wieder ausgelöst (gefeuert) wird.

❺   Wenn man einen Anker setzt, dann kommt es auf das Timing, also
    den richtigen Zeitpunkt an, um den Bewußtseinszustand des
    Partners zu ankern, den man will. Der richtige Zeitpunkt ist,
    wenn der gewünschte Bewußtseinszustand (noch) intensiver wird,
    also ansteigt, also vor dem eigentlichen Höhepunkt. Der Anker
    wirkt dann sogar während des Anker-Vorganges als Verstärker
    des Bewußtseinszustandes.

❻   Je einzigartiger ein Anker ist, desto erfolgreicher wird er dann
    sein, wenn er wieder gefeuert wird. Denn dann ist er nicht mit
    weiteren Assoziationen überladen und man stellt eher sicher, daß
    genau der Zustand wieder wachgerufen wird, der geankert wurde.

❼   Je genauer der Anker wieder ausgelöst wird (also gleiches Signal),
    desto genauer wird der geankerte Zustand wieder aufgerufen.

❽   Anker können in allen Repräsentationssystemen gesetzt werden:
    extern, intern; visuell, Geräusche, Ein-Drücke, Gefühle, Gerüche.

❾   Anker können sowohl offen sicht- und hörbar für den Partner als
    auch versteckt gesetzt werden. Im Alltag ist es tatsächlich so, daß
    viele «Dinge» für uns unbewußt zum Anker werden: Wörter,
    Bilder, Gerüche, Geräusche. Wir re-agieren dann beim Wiederan-
    treffen dieser Anker mit bestimmten Bewußtseinszuständen, ohne
    zu wissen daß das so passiert und warum das so passiert.

Wenn Sie also lernen zu ankern, dann können Sie auch dabei lernen,
wie Sie auf etwas «abfahren».

Ankern - aber wie ?

Besonders geeignet im Gespräch
oder in der Beratung sind *kinästhe-*
tische Anker:
Mit dem Finger oder der Hand
berühren und leicht drücken oder
langsam und leicht drückend
ziehen:

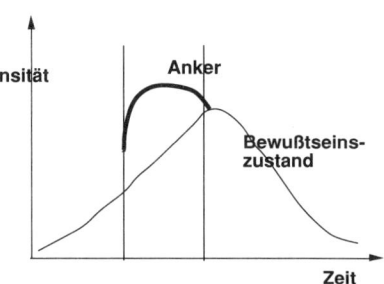

- das Knie
- die Schulter
- den Unterarm
- die Hand

Oder auch *auditorische Anker*:
Indem man zum Beispiel ein Stichwort, sobald es fällt, durch Wieder-
holung und/oder durch Lachen und/oder durch eine Geschichte etc.
verstärkt und dabei beim Partner ein Gefühl auslöst.

Oder auch *visuelle Anker*:
Ein Bild, eine einfache, einsichtige Zeichnung, ein Modell, etc.

Ein Beispiel:
Der Autoverkäufer führt den Kunden zum brandneuen 750er, zeigt ihm
die Form und den wunderschönen Glanz des Lackes. Und er sagt dem
Kunden: «Ihr 750er ist wie ein Spiegel für Sie. Sehen Sie, jeden Morgen, wenn Sie zu Ihrem Wagen in die Garage kommen, um zum Büro zu
fahren, sehen Sie sich in Ihrem Wagen. Und Sie fühlen sich wohl dabei.
Und Sie genießen das Gefühl, sich solch ein schönes Auto leisten zu
können, da Sie erfolgreich sind. Sehen Sie das? Fühlen Sie das? Okay!»

John F. Kennedy und Moshe Dayan
Diese Geschichte ist ein Anker.

Es ist schon wieder einige Jahre her. Israel und Ägypten, also Moshe
Dayan (der Mann mit der schwarzen Augenklappe), verhandelten
miteinander. Kissinger, Kennedy's Emissär (war Kissinger zu der Zeit
Sicherheitsbeauftragter oder schon Außenminister?) reiste zwischen Tel
Aviv und Kairo hin und her, um zu vermitteln.

Es begab sich zu jener Zeit. Stellen Sie sich nun die folgende Situation im Weissen Haus vor. Spät abends. John F. und Jackie wollen sich zu Bett begeben. John F. ist schon fertig im Bad. Er legt sich auf's Bett. Entspannt sich, Arme hinter dem Kopf verschränkt, träumt, freut sich auf Jackie.
Da kommt Jackie aus dem Badezimmer. Schwarzer BH oben, schwarzer Slip unten. Und John F.?! Aus dem stößt es heraus: «Mensch, ich habe vergessen, Moshe anzurufen!»

Was will uns diese Geschichte sagen?

Die schwarze Reizwäsche wirkte hier als Anker, als Schlüsselwort/-reiz für das Gehirn. Der Schlüssel hat eine bestimmte Information im Gehirn geöffnet und abgerufen. Unmittelbar. Schwarz gleich Augenklappe gleich Moshe gleich anrufen gleich Thema XY.

Ein Knoten im Taschentuch ist auch ein Anker. Oder der Stift in der Hand des Redners ist der Anker dafür, daß er ruhig und entspannt, sicher und gelöst, kraftvoll und überzeugend ist. Oder ein Stichwort als Notiz. Oder Ihre Lieblingsmelodie, die Sie an einen wunderschönen, verliebten Abend erinnert. Die Maus ist ein Anker für manche Menschen, auf einen Stuhl zu flüchten und um Hilfe zu schreien.

Man braucht Anker, um sich zu erinnern, um Verhaltensprogramme «automatisch» ablaufen zu lassen. Welche Anker (sehen, hören, fühlen) sollten Sie sich für wichtige Informationen oder Verhaltensweisen setzen?

«Klippe»

Damit Sie ganz sicher wissen, was Anker sind und wie sie funktionieren möchte ich Ihnen zwei Geschichten in einer erzählen.

Neulich, in einem Seminar für den BMW-Außendienst versuchte ich zu erklären, was visuelle Anker sind. Dazu hatte ich bereits eine theoretische Erklärung gegeben und die Geschichte von John F. Kennedy und Moshe Dayan erzählt (s.o.). Da meldete sich einer der Teilnehmer mit strahlendem und schmunzelnden Gesicht: «Dazu fällt mir ein Erlebnis ein, das ich neulich hatte.»Und er legte los. Es war auf einer Händlertagung in seinem Distrikt. Die Diskussion verlief engagiert und an manchen Stellen wurde es ziemlich hitzig und heiß. Neben ihm saß ein Händler, der besonders gut aufbrausen konnte und es auch des öfteren tat.

In dieser Situation erinnerte sich der Teilnehmer an ein privates Gespräch, das er vorher mit diesem Händler hatte. Der Händler hatte ihm von seinem Sommerurlaub erzählt. Der war phantastisch. Er war mit seiner Frau in der Bretagne. Dort entdeckten sie einen wunderschönen Platz auf den Klippen. Man konnte herunterschauen. Das Meer schlug gegen die Felsen. Sie hatten einen unbeschreiblichen Sonnenuntergang gesehen. So etwas gibt es nur einmal. Als der Händler dies erzählt hatte, strahlte er, freute sich in der Erinnerung.

Nun zurück zur Händlertagung. Der Seminarteilnehmer erzählt weiter: «Gerade als mein Nachbar, dieser aufbrausende Händler, loslegen wollte, habe ich ihm leise, nur für ihn hörbar, gesagt: «Klippe!». Die Reaktion war super. Er brach seinen Ansturm ab und lächelte und strahlte über das ganze Gesicht. Der konnte gar nicht mehr scharf diskutieren.»

Wie Sie sehen, das ist ein hervorragender Anker. Ich bin sicher, Sie können sich jetzt auch an solche Erlebnisse erinnern. Warum versuchen Sie nicht von jetzt ab bewußt, Anker für sich und andere zu setzen?!

Mentales Training

Mentales Training
(visualisieren bzw. imagineering)

Man hat in etwa gleichgute Hochspringer zwei Wochen lang in der Verbesserung der Hochsprungtechnik trainiert. Eine Gruppe machte unter der Anleitung und mit dem korrektiven Feedback eines Trainers das herkömmliche Training: Sie sprangen tatsächlich. Die zweite Gruppe machte während dieser Zeit rein mentales Training. In ihren mentalen Filmen stellten sie sich den Ablauf im Detail vor und veränderten die Bewegungen in Richtung des idealen Ablaufes. Das Ergebnis ist für Kenner nicht mehr weiter erstaunlich: Die Sportler, die nur mental geübt hatten, konnten ihre Hochsprungtechnik mindestens genauso gut verbessern als die, die nur körperlich trainiert haben.
Nun gut, Sie werden sagen, zum Hochsprung braucht es schon beides: den geistigen Film und die körperliche Übung. Richtig. Es braucht aber beides!

Trotz meiner inzwischen mehr als 15jährigen Seminar- und Beratungspraxis (wenn Sie so wollen: die «körperliche Übung») mache ich mir immer vor jedem Seminar und vor jedem Seminarteil einen mentalen Film. Wenn Seminarteilnehmer «zu früh» kommen, sind sie oft überrascht, verwundert, gar erschrocken, wenn Sie mich auf dem Boden liegen sehen; denn sie wissen ja nicht, was ich da unten mache. Warum tue ich das? Ich programmiere mich. Für das Gehirn ist das Wirklichkeit, was in ihm als Bilder, Töne, Gefühle vorhanden ist. Bevor das Seminar beginnt, habe ich es mental bereits schon einige Male gemacht. Das sind mentale Trockenläufe. Wenn ich dann das Seminar in der sogenannten Realität durchführe, spule ich keineswegs ein Schema F ab; im Gegenteil: da ich bereits alles geistig getan habe, kann ich jetzt auf jeden Seitenweg der Teilnehmer einsteigen, ich kann improvisieren (Unterlagen brauche ich schon lange nicht mehr!) und komme trotzdem immer wieder auf meinen roten Faden zurück. Die Ziele, die Botschaften, die Schlüssel-Konzepte, der rote Faden etc. sind programmiert.
Sehen Sie schon, in welcher Weise mentale Programmierung für Sie als Coach Ihrer Mitarbeiter interessant sein könnte?

Warum (positive) mentale Filme wichtig sind

Manchmal habe ich es über, immer wieder «beweisen» zu müssen/wollen, daß mentale Filme erfolgreich sind bzw. machen. Tatsache

ist doch, daß Sie - wenn Sie sich einmal beobachten und ehrlich zu sich
selbst sind - tagtäglich Filme in Ihrem Gehirn abspulen lassen,
meistens ohne es zu wissen oder ohne es als Filme zu bezeichnen: Ihre
Phantasien, Ihre Tagträume, Ihre Nachtträume, oder auch nur Ihre
Vorstellung von dem Gespräch, das Sie heute Nachmittag mit Ihrem
Chef haben werden. Sie malen sich aus, wie er/sie auf Ihre Argumente
reagieren wird.

Dummerweise scheinen die meisten unter uns durch Erziehung und Berufserfahrung negativ programmiert zu sein. In den Köpfen sind zu
viele negative Filme, negative Vorausahnungen, Mißerfolgserwar-
tungen, schlechte Gefühle. Diese negativen Filme machen nervös.
Nervosität raubt dem Gehirn Energie, die es zum Denken braucht;
stattdessen verschwenden wir die Energie auf die Kontrolle der Nervosität, denn es darf ja niemand merken, daß wir nervös sind. So
funktioniert die «Sich-selbst-erfüllende-Prophezeihung»: Das, von dem
man denkt, daß es wahr ist, wird durch das, was wir tun, wahr.

Was hindert Sie daran, Ihre Filme bewußt zu sehen, nicht nur zu
erleben, sondern bewußt und positiv zu gestalten. Sie benutzen dann
pro-aktiv die Macht Ihrer Filme.

Solche Filme sollten Sie auch machen, wenn Sie vorhaben, einen Mitarbeiter zu coachen. Visualisieren Sie, wie Sie ihn/sie erfolgreich coachen
und wie er/sie Fortschritte macht. Sehen Sie, wie er/sie schon alles
kann und tut, was er/sie erst noch lernen soll/will. Visualisieren Sie also
den Zielzustand, sehen Sie wie der Mitarbeiter erfolgreich ist und
fühlen Sie sich wohl dabei.

Sie sollten auch Ihren Mitarbeiter auffordern, sich vor seinem geistigen
Auge vorzustellen, wie es sein wird, wenn er die neue Technik
anwendet. Sie aktivieren damit seine eigenen Ressourcen und geben
ihm die Chance zu einem mentalen Trockenlauf.

Ich finde, Sie sollten Ihrem Mitarbeiter sogar explizit diese Technik
empfehlen.

Probieren Sie es aus. Wenn Sie das nächste Mal zu einem Mitarbeiter
sagen: «Stellen Sie sich vor, wie ...!», dann beobachten Sie einmal die
Augen des Mitarbeiters. Ich wette, Sie sehen Augenbewegungen. Viele

Menschen gehen dann automatisch mit den Augen nach oben (sie sehen ein Bild, entweder erinnern Sie sich an eines oder Sie konstruieren sich ein neues). Die nächste Augenbewegung könnte dann wahrscheinlich nach links unten gehen (von Ihnen aus: rechts unten); das ist der interne Dialog: man redet mit sich selbst, checkt ab, ob das Sinn macht, wägt ab, setzt Prioritäten. Wenn Sie dann als nächstes erkennen, daß die Augen des Mitarbeiters nach rechts unten gehen (von Ihnen aus: links unten), dann können Sie sicher sein, daß er jetzt gerade seine Gefühle prüft: Ist das okay für mich? Fühlt sich das gut an?

Diese Augenbewegungen passieren recht schnell. Und es könnte sein, daß Sie zwei oder gar drei, vier solche Sequenzen beobachten können, bevor Ihr Mitarbeiter sich mündlich äußert. Schauen Sie also genau hin und sehen Sie, wie der Mitarbeiter seine Gehirnareale aktiviert, wie er also in seinem Gehirn Informationen verarbeitet.

Um ganz klar zu sein: Sie können nicht beobachten, was Ihr Mitarbeiter sich gerade vorstellt, Sie können nur beobachten, wie er gerade Informationen verarbeitet, welche Informationskanäle er benutzt.

Ich habe Ihnen in diesem Buch einiges Übungsmaterial zusammengestellt:

➢   «Übungs-Filme»
➢   Muster der Augenbewegungen
➢   Fragen zur Beobachtung der Augenbewegungen
➢   Hinweise, wie Sie anderen helfen können, Filme zu sehen

Diese Techniken unterstützen Sie dabei, wenn Sie «inhaltsfrei» coachen wollen. Sie brauchen nicht immer zu wissen, was Ihre Mitarbeiter denken. Verhaltensveränderung ist eine Privatsache. Warum müssen Sie lang und breit diskutieren, was der Mitarbeiter bei einem Mißerfolg empfand oder welche Erwartungen, welche Wünsche er hat? Sie sind kein Beichtvater.

Wenn Sie den ganzen theoretischen und Erfahrungshintergrund zu dieser Technik kennen lernen wollen, dann schauen Sie nach Büchern zum Thema NLP = Neuro Linguistisches Programmieren. Sie sollten nach Autoren suchen wie: Richard Bandler, John Grinder, Robert Dilts, Thies Stahl, Genie Laborde, etc.

Visualisierung - Mentale Filme - Imagineering

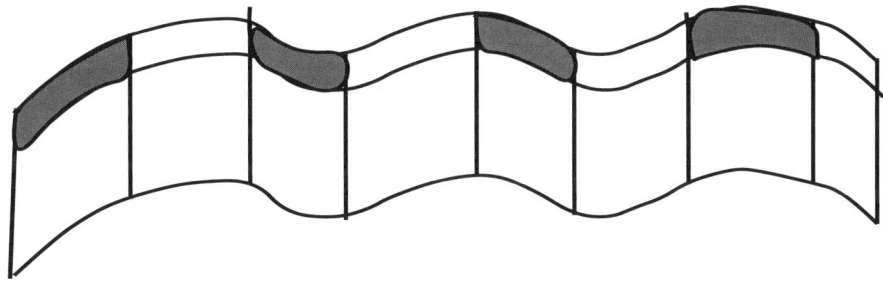

**Die meisten von Ihnen sind es gewohnt, sich negative Filme zu
machen; oder doch nicht ?**

Machen Sie sich positive Filme!

Positive Filme dominieren negative Filme

Filme treiben Ihr Verhalten

Was Ihr Gehirn gesehen, gehört, gefühlt hat,
ist für es bereits real

Was hindert Sie daran, diese Technik
Ihren Mitarbeitern beizubringen?

«Roter Ballon»   -   «Zirkuszelt»   -   «Bordstein ...»

Mentale Filme

Träumen Sie? Sagen Sie bloß nicht «nein». Ohne zu träumen wären Sie schon längst tot. Sie können sich jedoch meistens nicht daran erinnern. Das Erinnern können Sie jedoch trainieren. Genauso auch können Sie lernen, zu programmieren, was Sie träumen wollen. Aber das kommt später. Fangen wir klein an.

Sie brauchen Ihren nächtlichen Traumschlaf. Offensichtlich bearbeitet oder über-arbeitet Ihr Gehirn eine Menge von Informationen. Es gibt da verschiedene Lehrmeinungen. Ich bevorzuge die Ansicht, daß das Gehirn die Informationen einsortiert, d.h. mit Bekanntem verknüpft.

Beobachter können sehen, wenn Sie träumen: Ihre Augen bewegen sich lebhaft. Daher nennt man die Traumphasen auch REM-Phasen. REM steht für «rolling eyes movements». Wenn man Versuchskandidaten längere Zeit am REM-Schlaf hindert, bekommen sie ernsthafte Störungen: Gereiztheit, Stress, etc. Für die Sadisten unter Ihnen: So kann man auch Menschen ermorden. Bei Tieren hat man das schon gemacht. Auch Tiere träumen.

Aber zurück zum Träumen selbst. Die meisten von Ihnen werden Träume wohl als Filme erinnern.

Wer von Ihnen verfällt öfters in's Tagträumen? Haben Sie sich oder jemand anderen schon einmal dabei beobachtet? Sie stellen Ihre Augen auf Unendlich und sie sehen Bilder, Filme.

Also nacht- und tag-träumen tun alle von Ihnen. Auch, wenn Sie das selbst nicht wissen. Aber noch eine kleine Hilfe vorweg. Haben Sie das schon einmal beobachtet? Sie stellen jemanden eine Frage und bevor der die Antwort hat, sagt er: «Laß mich mal sehen!» Und dabei schaut er nach oben und nach links. Was glauben Sie, was der tut? Der sieht, der sucht ein Bild in seinem Gehirn. Oder, kennen Sie das: Der Lehrer stellt den Kindern eine Frage. Anne schaut nach oben an die Decke. Der Lehrer, unwissend wie er ist, macht sich über Anne lustig: «Die Antwort findest Du nicht an der Decke geschrieben!» So ein …!

Also, kurz und gut. Sie alle können in Ihren Gehirnen Bilder sehen, Filme machen.

1. Übung:

Machen Sie doch einmal die folgende kleine Übung. Erinnern Sie sich
an eine *Situation, in der Sie kreativ und erfolgreich waren.* Am besten,
Sie schließen die Augen; dann werden Sie von den Nachbarn nicht
gestört und Sie können sich besser konzentrieren.

Nun, mich interessiert nun nicht, was Sie sehen, hören oder fühlen,
sondern - viel wichtiger - wie Sie diese Situation erinnern. Nach dem
Inhalt Ihrer Erinnerung zu fragen, würde heißen, daß ich in Ihre Intim-
sphäre eindringe. Indem ich aber danach frage, wie Sie die Situation
erinnern, kann ich Ihnen helfen,

a)   etwas Schönes vielleicht noch schöner zu sehen;
b)   dies zu einer Kreativitätstechnik für Sie zu machen.

Ich stelle Ihnen einige Fragen:

➢   Sehen Sie ein Stand-Bild oder einen Film?
➢   Schwarz-weiß oder farbig?
➢   Dunkel oder hell?
➢   Wo ist das Bild? Vor, hinter, über, neben Ihnen?
➢   Wie groß ist das Bild?
➢   Welche Form hat es?
➢   Hören Sie Stimmen, Geräusche?
➢   Lautstärke?
➢   Rhythmus?
➢   Tonlage?
➢   Wo sind die Stimmen? In Ihnen oder außerhalb von Ihnen?
➢   Was fühlen Sie dabei?
➢   Wo ist das Gefühl?
➢   Intensität?
➢   Rhythmus?
➢   Wo sind Sie? Im Bild als ganze Person (dissoziiertes Sehen)?
       Sehen Sie die Szene aus Ihren Augen so wie Sie jetzt in die Runde
       schauen können (assoziiertes Sehen)

Merken Sie etwas? Ihre Erinnerung läßt sich in vielen verschiedenen
Spezifikationen des Sehens, des Hörens und des Fühlens beschreiben.
Das nennt man Submodalitäten.

2. Übung

Verändern Sie nun diese Submodalitäten der Erinnerung. Spielen Sie herum, z.B. mit der Farbe, der Größe, mit dem Ort. Nur Mut. Merken Sie die Veränderungen? Und spüren Sie auch, wie sich Ihre Gefühle verändern, wenn Sie etwas an den anderen Submodalitäten verändern.

Gut, jetzt haben Sie erlebt, daß Sie ganz bewußt und willentlich Ihre Erinnerungen verändern können. Verschönern, hoffe ich; denn verschlechtern würde ja auch heißen, daß Sie sich schlechter fühlen. Das wollen Sie hoffentlich nicht. Ich schlage Ihnen deshalb nun eine Übung zum gezielten Verbessern, Verschönern dieser Erinnerung vor.

3. Übung

Schließen Sie wieder die Augen. Und während Sie die Augen schließen, rufen Sie diese Erinnerung zurück, in der Sie besonders kreativ und erfolgreich waren. Und nun

➤ machen Sie das Bild größer
➤ wenn es ein Stand-Bild ist, machen Sie einen Film daraus
➤ machen Sie es farbiger; die Farben, die Sie besonders gern mögen
➤ verändern Sie Ihre eigene Handlung und die Aktionen der Filmpartner so, daß Sie sich noch besser fühlen - seien Sie Ihr eigener Regisseur
➤ sehen Sie es aus Ihren eigenen Augen; Sie sind also nicht selbst im Bild; verändern Sie die Stimmen und Geräusche so, daß es angenehm für Sie ist
➤ wenn Sie Stimmen hören, hören Sie genau hin, was gesagt wird und verändern Sie den Dialog
➤ wenn Sie wollen, bauen Sie Ihre Lieblingsmelodie ein

Und bei all diesen positiven Veränderungen merken Sie, wie sich Ihr Gefühl verschönert. Ja, so ist es prima. Stellen Sie sich vor, Sie können sogar Ihre negativen Erinnerungen nehmen und sie verändern und zwar so, daß Sie schön und gut für Sie sind. Waren Sie schon einmal in der Situation, daß Sie sich zum Beispiel in einem Meeting mit einem Kunden schlecht gefühlt haben? Es ist halt nicht gelaufen. Mißerfolg. Das versaut die Stimmung - manchmal nachhaltig. Sie haben es in Ihrer eigenen Hand, das zu ändern. Nach solch einem Meeting setzen

Sie sich still und entspannt hin und verändern Sie diese Erinnerung.
Machen Sie sich einen besseren Film.

Sich selbst programmieren

Noch besser ist es allerdings, einen Weg zu finden, die Erfolgswahrscheinlichkeit von Anfang an zu erhöhen. Allzu viele von Ihnen, das behaupte ich mal ganz frech, sind negativ gepolt. Da sind soviele negative
Filme in den Gehirnen. Sie gehen zu einem Meeting und da sind eine
Menge Vorstellungen in Ihrem Kopf, die Ihnen zeigen und sagen, daß es
schief gehen wird; und Sie fühlen sich schlecht dabei. Und Sie können
sicher sein, daß dieses negative Programm dafür sorgt, daß es schief
läuft. Ihr Programm da oben im Gehirn treibt Sie.

Besser wäre es doch, wenn Sie sich vorher hinsetzen und dafür sorgen,
daß Sie sich voll von Optimismus und Energie fühlen. Sie haben dazu
zwei Möglichkeiten:

➤   Entweder stellen Sie sich die Situation, die auf Sie zukommt, vor.
     Sie sehen, wie Sie z.B. in das Büro des Kunden gehen, ihn begrüs-
     sen, wie Sie mit ihm reden, Ihren Vorschlag machen, seine Fragen
     beantworten, etc. ... und Sie fühlen sich gut dabei.

➤   Oder und (d.h. nicht als exklusive Alternative, sondern als zusätz-
     liche Übung) Sie erinnern sich z.B: an die kreative und erfolgrei-
     che Situation, mit der Sie zuvor geübt haben. Das füllt Sie mit
     Kraft und Energie.

Noch besser aber wäre es, wenn Sie quasi automatisch an diese kreative
und erfolgreiche Situation herankämen, um das gute Gefühl, die
Energie, die Kreativität, kurz: diese Resourcen, jederzeit abrufen zu
können. Dazu schlage ich Ihnen die folgende Übung vor.

4. Übung

Nehmen Sie noch einmal diese kreative und erfolgreiche Situation.
Oder, wenn Sie wollen, dann nehmen Sie noch eine bessere Situation.
Bevor Sie nun weitermachen, zuerst die Instruktionen:

➤   sehen Sie, was Sie in dieser Situation gesehen haben;
➤   hören Sie, was Sie gehört haben;
➤   fühlen Sie, was Sie gefühlt haben.

Und wenn Sie Ihre Erinnerung an diese Situation gegenwärtig haben,
dann bauen Sie Ihren Film aus, so, daß es noch schöner, kreativer und
erfolgreicher wird. Und während Sie sich immer besser fühlen, während
dieses Gefühl ansteigt - nicht, wenn es schon auf dem Höhepunkt ist,
sondern vorher, beim Anstieg - pressen Sie mit dem Mittelfinger der
rechten Hand in die Fingerwurzel zwischen den Ringfinger und den
Mittelfinger der linken Hand. Sie halten die linke Hand mit dem
Handrücken nach oben. Und halten Sie den Druck an; zählen Sie bis 10
dabei.

So, nun sind Sie soweit. Machen Sie diese Übung für sich.
Nun, wie war das? Okay? Jetzt sind Sie bereits voll auf dem Weg, Ihr
Gehirn sinnvoll und konstruktiv-positiv für Ihre Kreativität und Ihren
Erfolg einzusetzen.

Machen wir den Test. Jetzt, sofort. Pressen Sie genau wie vorhin auf die
Fingerwurzel zwischen Ringfinger und Mittelfinger der linken Hand!
Jetzt! Was passiert? Bei wem kam automatisch diese kreative,
erfolgreiche Situation zurück? Wenn Sie wollen, können Sie diese
Situation jetzt jederzeit abrufen, wenn Sie sie als Ressource brauchen,
wenn Sie kreativ sein wollen.

Die Erklärung dazu: Was Sie gerade gemacht haben, nennt man
Ankern. Sie können es auch *Programmieren* nennen. Ich wette, Sie
haben in Ihrem Leben schon so viele Anker abbekommen, durch Sie
selbst und durch andere. Sie wissen nur nichts davon. Sie ertappen sich
nur ab und zu dabei, wie Sie automatisch an etwas erinnert werden
oder gar automatisch bestimmte Dinge tun; das merken Sie dann meist,
wenn Sie es schon getan haben. Hier sind Anker bzw. Programme am
Werk. Beginnen Sie sich bewußt und zielgerichtet zu programmieren.
Das halte ich für viel nützlicher und interessanter und vor allen
Dingen: selbst bestimmt.

So, wenn Sie nun in eine Situation kommen, in der Sie kreativ sein
wollen oder/und sollen, dann pressen Sie Ihren Ankerpunkt und rufen
damit Ihre kreativen Ressourcen ab.

Der rote Ballon

Dies ist eine wunderschöne Visualisierungsübung. Man kann das Visualisieren üben und man kann einen angenehmen Entspannungseffekt erreichen. Wenn Sie die Übung mit einer Gruppe machen, geben Sie die Spielregel: «Bitte Augen schließen» und «keiner redet bis der letzte in der Gruppe fertig ist». Das kann eine Minute dauern, das kann aber auch mehr als fünf Minuten dauern.

Die Geschichte setzt voraus, daß Sie ein Problem haben. Jeder hat Probleme, oder?!

1. Szene:
Sehen Sie sich, wie Sie mit einem Stift Ihr Problem auf ein Stück Papier aufschreiben. Wenn es ein großes Problem ist, nehmen Sie ein großes Blatt und einen dicken Stift.

2. Szene:
Nun sehen Sie sich, wie Sie das Papier in einen Abfallkorb oder - im Falle eines großen Problems - in einen Container werfen. Schließen Sie den Korb/Container mit einem Deckel zu.

3. Szene:
Ganz oben links sehen Sie nun einen Freiballon heranschweben. Erst ganz klein. Er kommt näher, wird dabei größer, sichtbarer. Sehen Sie die strahlend roten Farben. Jetzt steht er groß und rot über dem Korb.

4. Szene:
Vom roten Ballon kommt ein Haken. Der Haken greift den Papierkorb/Container. Ganz fest.

5. Szene:
Nun lassen Sie den roten Ballon mit dem Problem im Korb/Container wegfliegen. Erst ist er noch groß sichtbar, dann immer kleiner, dann nur noch ein kleiner roter Punkt, dann weg.

Wenn Sie die Geschichte vollständig gesehen haben, öffnen Sie die Augen wieder. Fühlen Sie in sich hinein. Wie fühlen Sie sich? Was spüren Sie im Körper? Strecken Sie sich. Atmen Sie tief. Reiben Sie sich die Augen.

Sie werden sich nun leichter, angenehmer, wärmer, entspannter fühlen.
Sie lächeln. Eine schöne Demonstration dafür, wie unsere mentalen
Bilder und Filme unser Wohlbefinden beeinflussen. Und wichtig,
natürlich: Man kann mit dieser Übung nicht das Problem lösen. Aber
das Wohlbefinden kann man verbessern.

Eine persönliche Erfahrung: In einem meiner Ballonflüge habe ich einmal versucht, ein ziemlich dickes Problem wegzuwerfen. Ich schaffte es
in den Container. Es sprang wieder heraus. Wieder rein. Raus. Rein.
Raus. Ich habe dann aufgegeben. Mein Unterbewußtsein wollte dieses
Problem nicht loswerden.

Ärger unter der Zirkuskuppel

Erinnern Sie sich an einen heftigen Streit mit einer anderen Person?
Prima. Dann können Sie ja die folgende Visualisierungsübung versuchen. Wieder: Wenn Sie das in einer Gruppe machen: Augen zu und
keiner redet, bis der letzte fertig ist.

❶   So, nun erinnern Sie sich bitte an diesen Streit. Sie sollten sich
     und den anderen/die andere klar sehen und streiten hören.

❷   Bitte stellen Sie sich und den anderen/die andere vor, wie Sie den-
     selben Streit in einer Zirkusmanege haben. Sie wissen schon,
     diese runde Manege; Sand und Sägespäne; die hölzerne
     Umrandung.

❸   Und wichtig: Sehen und hören Sie gleichzeitig, wie die Zirkuska-
     pelle über dem Elefantentor spielt. Diese typische Zirkusmusik:
     etwas laut, viel Bläser, viel Trommel, viel Rhythmus.

Gelingt es Ihnen? Können Sie sich noch richtig streiten? Oder wirkt es
nicht ganz einfach lächerlich? Den meisten Menschen macht es enorme
Schwierigkeiten, sich noch richtig zu streiten - unter diesen Bedingungen. Das positive Ereignis Zirkus, die positiven Erinnerungen an eine
Zirkusvorstellung etc. überdecken die negative Szene. Ihr Gehirn kann
dann das Negative nicht mehr sehen und hören. Das Positive verdrängt
das Negative.

Wiederum: Sie können damit das Problem nicht ändern. Aber Ihr Gefühl, Ihre Stimmung. Das ist ganz besonders wichtig, wenn Sie gerade einen Streit hatten - und dann eventuell noch etwas Wichtiges anschließend tun müssen, z.B. einfach Autofahren. Sie sollten sich erst wieder in eine positive Stimmungslage versetzen.

SWISH-Technik

Swish! An was erinnert Sie das? Auswischen, wegwischen, drüberwischen. Genau das ist es. Ich stelle Ihnen hier eine Visualisierungstechnik vor, die geeignet ist, negative Bilder bzw. Filme durch positive zu ersetzen bzw. zu überlagern. Die Technik hilft, Bilder und Filme zu programmieren, um Verhalten zu verändern bzw. neues Verhalten zu lernen und zu proben.

Nehmen Sie sich zur Übung z.B. das Rauchen oder ein anderes Verhalten, das sie stoppen und durch ein neues Verhalten ersetzen wollen.

Anmerkung: Kein Verhalten ist schlecht an sich. Die Auswirkungen können allenfalls als «schlecht» für mich bzw. für die anderen angesehen werden. Jedes Verhalten befriedigt Bedürfnisse. Also muß man ein neues Verhalten finden, das die Bedürfnisse befriedigt.

❶   Fragen Sie sich, welches Bedürfnis durch Ihr ungewünschtes Verhalten befriedigt wird. Nehmen wir an, das wäre das Bedürfnis nach Gesellschaft und in der Gesellschaft der anderen mitzurauchen, gleich zu sein, gesellig zu sein.

❷   Schließen Sie die Augen und sehen Sie eine weiße Kinoleinwand.

❸   Projizieren Sie zunächst Ihr nicht gewünschtes (negatives) Verhalten in schwarz-weiß auf die Leinwand. Ein Standbild. Beispiel «Rauchen». Sehen Sie sich im Bild aus Ihren eigenen Augen heraus. (Sie sehen sich also nicht mit dem ganzen Körper, sondern Sie sehen Ihre Nasenspitze, Ihre Hände, Ihren Bauch, Ihre Beine etc., aber nicht Ihr Gesicht.) Malen Sie dieses schwarzweiß Bild richtig negativ. Sehen Sie wie Ihre Hände zur Zigarette grei-fen. Sie zittern. Das Gelb vom Nikotin sieht unappetitlich aus. Sie sehen Menschen um sich herum. Diese Menschen schauen Sie mißbilligend an. Skeptische Gesichter. «Ob der/die das noch lange durchhält» und «Der ruiniert sich selbst» steht in ihren Gesichtern. Malen Sie das Bild vollständig und möglichst negativ aus.

❹   Nun löschen Sie das schwarz-weiß Bild. Leinwand wieder weiß.

❺   Bauen Sie nun ein positives Bild auf. In Farbe. Sehen Sie wie Ihre Hände ruhig sind. Sauber. Gepflegt. Die Menschen um Sie herum schauen Sie offen, entspannt und interessiert zugewandt an. Sie stehen im Mittelpunkt. Man schätzt Sie. Machen Sie dieses Bild so farbig, prächtig, positiv wie möglich.

❻   Machen Sie nun die Leinwand wieder frei, weiß.

❼   Nun kommt der Swish. Bauen Sie zuerst das negative schwarz-weiß Bild wieder auf. Dann setzen Sie unten links in die Ecke, recht klein das farbige positive Bild. Wenn Sie das haben, dann lassen Sie das farbige Bild in einem Swish von links unten nach rechts oben das negative schwarz-weiß Bild überdecken. Recht schnell. Swish. Wenn Sie das haben, machen Sie die Leinwand wieder weiß. Und noch einmal. Negatives Bild. Kleines positives Bild. Swish. Weiß

Machen Sie diese Übung 4- 6 mal.
Wenn Sie diese Übung ernsthaft und richtig durchziehen, dann wird es Ihnen spätestens nach dem sechsten Swish schwerfallen, das negative schwarz-weiß Bild wiederzusehen. Das ist das Ziel. Sie haben jetzt ein positives Bild von Ihrem neuen Verhalten. Das Bild macht Ihre Verhalten.

Ihr mentaler Konferenzraum

Gehen Sie ruhig davon aus, daß Sie Antworten auf die meisten Fragen und Ideen zu den meisten Problemdefinitionen in Ihrem Informationsspeicher bzw. geistigem Krabbelsack haben. Je intensiver Sie sich natürlich mit der Frage und dem Problem beschäftigt haben via Informationssammlung, fragen, hinhören, etc., desto mehr Material ist in Ihrem Speicher. Und je mehr Erfahrungen Sie bereits mit ähnlichen Fragen und Problemen haben, desto schneller kommt eine Antwort, eine Idee.

Doch aufgepaßt. Erfahrungen sind gleichzeitig auch Programme, Denkmuster; Erfahrungen können zu Blockaden werden. Die bisherige Erfahrung paßt vielleicht nicht auf die neue Situation.

Ein Mittel, sich von eingefahrenen Programmen zu befreien und die Informationen im Informationsspeicher frei und neu zu Ideen zu kombinieren, ist Ihr mentaler Konferenzraum:

➤ Schließen Sie die Augen und atmen Sie tief und langsam und rhythmisch durch. Und während Sie so atmen, entspannen Sie sich, immer tiefer, Schritt für Schritt.

➤ Und während Sie sich angenehm wohl fühlen, lassen Sie vor Ihrem geistigen Auge das Bild eines Konferenzraumes entstehen. Gestalten Sie ihn so aus, daß er Ihren Vorstellungen entspricht.

➤ Nun setzen Sie sich so, daß Sie im weiteren Verlauf die Konferenz leiten können. Sie werden eine Expertendiskussion leiten.
Wichtig: Sehen Sie aus Ihren eigenen Augen, d.h. Sie sehen sich nicht als Person, sondern Sie sehen so, wie Sie jetzt in den Raum hineinschauen: Ihre Nasenspitze, Ihre Hände, ...; Sie sehen sich also nicht als ganze Person.

➤ Und wenn Sie also Platz genommen haben und gemütlich sitzen, lassen Sie nun nacheinander durch die Tür einige Experten hereinkommen. Versuchen Sie es vielleicht mit fünf Experten. Wen können Sie da als Experten nehmen? Einfach: alle Ihnen bekannten Menschen, die Sie für Experten halten: Michelangelo, Ihre Freundin, Ihren Lehrer, Mark Twain, Frau Höhler, Mickey Mouse; wen Sie wollen.

➤ Wenn alle sitzen, beginnen Sie mit der Konferenz. Begrüßen Sie, eröffnen Sie, bedanken Sie sich für das Erscheinen, erklären Sie die Fragestellung und bitten Sie um Inputs.

➤ Dann lassen Sie jeden Experten aus seiner Sicht sprechen. Und Sie hören dabei aufmerksam hin.

➤ Wenn alle ihre Ideen abgegeben haben, können Sie diskutieren lassen oder Sie beenden die Konferenz. Egal wie, nützen Sie die Zeit mit Ihren Experten. Spielen Sie, experimentieren Sie.

➤ Bedanken Sie sich und lassen Sie Ihre Experten wieder den Raum verlassen, einer nach dem anderen.

➤ Bleiben Sie noch einen Moment alleine sitzen und denken Sie über die Inputs nach. Sehen Sie sich, wie Sie sich Notizen machen.

➤ Dann lassen Sie den Konferenzraum wieder vor Ihrem geistigen Auge verschwinden; und während der Konferenzraum unsichtbar wird, atmen Sie tief durch und Sie atmen bewußt und Sie öffnen langsam Ihre Augen. Räkeln Sie sich ruhig ein bißchen, auch ein bißchen Strecken tut gut.

➤ So, und nun notieren Sie sich die Ideen. Picken Sie sich die besten Ideen aus Ihrer Expertenrunde zusammen.

Lernen Sie, sich an Ihre Träume zu erinnern
oder: Wie Sie Ihr Traumgedächtnis stärken können

(Gayle Delaney, Lebe Deine Träume. Anleitung zum aktiven Träumen,
mvg - Moderne Verlagsgesellschaft, Landsberg am Lech, 1988, S.282 ff.)

❶ Vergewissern Sie sich vor dem Einschlafen, daß Sie Papier und Schreibzeug griffbereit neben dem Bett liegen haben.

❷ Gehen Sie mit klarem Kopf schlafen.

❸ Gewöhnen Sie sich an, zurückzudenken, sobald Sie erwachen.

❹ Gönnen Sie sich nach dem Erwachen ein paar ruhige Minuten, in denen Sie sich an Ihre Träume erinnern und sie aufschreiben.

❺ Begnügen Sie sich auch mit Traum-Fragmenten. Das Fragment könnte Ihnen helfen, sich an das Ganze wieder erinnern.

❻ Schreiben Sie Ihre Träume sobald wie möglich nach dem Erwachen auf.

❼ Bringen Sie sich bei, nach jedem Traum aufzuwachen. Suggerieren Sie sich diesen Wunsch mehrere Abende hintereinander vor dem Einschlafen.

❽   Befassen Sie sich intensiv mit einem Thema Ihrer Wahl, um sich
     für eine Traumlösung zu programmieren.

❾   Sprechen Sie über Ihre Träume mit Ihrem Partner oder mit
     Freunden.

❿   Pflegen Sie das Tagträumen.

Pflegen Sie Ihre Intuition

(Milton Fisher, Intuition. Das Geheimnis, in jeder Situation das Richtige zu
tun, mvg Moderne Verlagsgesellschaft, Landsberg am Lech, 1989)

«Intuition heißt, etwas zu wissen, ohne zu wissen, warum und woher.
Es ist ein Wissen. das man nicht vernunftmäßig begründen kann, ein
plötzliches Bewußtwerden oder Gefühl, das scheinbar aus dem Nichts
kommt.» «Stellen Sie sich das intuitive System als eine Art Netzwerk
vor, das nichtverbale und daher «unbewußte» Eindrücke einfängt.» «In
den meisten Fällen macht sich unsere Intuition zunächst einmal durch
ein leichtes Gefühl des Unbehagens bemerkbar. Irgend etwas stimmt
nicht.» «Gefühle und Stimmungen sind die Sprache unserer Intuition.»

Also hören Sie auf Ihre Gefühle und Stimmungen. Milton Fisher
empfiehlt, sich in solchen Situationen die Schlüsselfrage zu stellen:
«Warum? Warum empfinde ich so?» Sie werden Antworten bekommen
und damit Ideen für Lösungen.

Wie Sie Ihre Intuition trainieren können

❶   Stellen Sie Ihre Beurteilung zurück. Erst spinnen und sammeln,
     dann sortieren, dann beurteilen.

❷   Stellen Sie sich bei Ihren Ideen die Fragen:

     ➢   Was würde passieren wenn?
     ➢   Was hindert mich daran?
     ➢   Was brauche ich, um zu ...?

❸   Erzwingen Sie Entscheidungen. Zwingen Sie sich, Entscheidungen
     in nur 10 Sekunden zu treffen, um Ihr Bewußtsein auszuschalten
     und die Intuition zum Eingreifen zu veranlassen:

     ➤   Wenn Sie sich in einem Restaurant für ein Menu
          entscheiden.
     ➤   Beim Einkaufen im Supermarkt; bei jedem einzelnen
          Artikel.
     ➤   Wenn Sie sich eine Krawatte, einen Schal, ein Paar Schuhe
          o.ä. kaufen.
     ➤   Wenn Sie Ihren Reisekoffer packen; für jedes einzelne
          Stück, das Sie mitnehmen wollen
     ➤   Beim Schachspielen oder Kartenspielen.
     ➤   Wenn Ihr Haus brennen würde, was würden Sie
          mitnehmen?

❹   Schalten Sie jeweils einen Ihrer fünf Sinne ab:

     ➤   Fernsehen mit abgeschaltetem Ton.
     ➤   Licht aus beim Duschen.
     ➤   Lassen Sie sich mit verbundenen Augen füttern.
     ➤   Frühstücken Sie mit zugestopften Nasenlöchern.
     ➤   Die «Kurze-Blick-Übung». Schauen Sie ein Bild 1 Sekunde
          an. Augen zu. Woran erinnern Sie sich? Und dann verglei-
          chen Sie Ihre Erinnerung mit dem Bild.

Bordstein - Konferenz

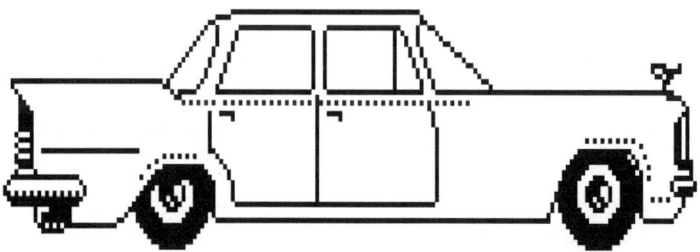

Achten Sie nicht auf den Autotyp. Ein bißchen alt. Richten Sie jedoch
einmal Ihre Aufmerksamkeit darauf, wie Sie und Ihre Mitarbeiter bei
Kundenbesuchen vorfahren. Wie geht das bei Ihnen?

Sie kommen etwas spät aus dem Büro weg. Telefonate! Sehr viel Verkehr unterwegs. Fünf Minuten zu spät kommen Sie vor dem Bürohaus des Kunden an. Zündschlüssel raus. Aus dem Auto. Im Eilschritt an der Rezeption vorbei, Grüß Gott zur Sekretärin. Kunde gesichtet. Entschuldigungsgestammel: «Sie wissen, der Verkehr!»
Für Leib, Seele und Geist wäre es besser, wenn Sie etwas früher abfahren (ich nehme immer geschätzte Fahrtzeit plus mindestens 25%). Und wenn Sie dann ohne Hatz angekommen sind (Nebenbei bemerkt: es macht gar keinen Sinn für Sie, wenn Sie sich im Stau ärgern - Sie können daran doch nichts ändern und Spurwechsel ist nur idiotischer Stress-Selbstmordversuch. Entspannen Sie sich und hören Sie Musik oder bereiten Sie Ihren Kundenbesuch vor):

Schalten Sie den Motor ab, lehnen sich für zwei Minuten zurück (Sie können ja einen Häuserblock vor dem Büro des Kunden anhalten), schließen Sie die Augen und stellen Sie sich vor, wie Sie entspannt, wohlgelaunt, Ihrer Gesprächsziele bewußt und (abschluß-) sicher in das Büro gehen, den Kunden begrüßen, das Gespräch führen, wie Sie argumentieren, wie Sie erfolgreich Einwänden begegnen, wie Sie den Kunden überzeugen, wie Sie Ihre Ziele erreichen, wie Sie sich wohl dabei fühlen, etc. Sie können sich auf diese Art sehr erfolgreich programmieren.

Ich schlage Ihnen vor, dasselbe nach dem Gespräch zu machen. Bevor Sie losfahren. Blicken Sie zurück - nicht im Zorn. Auch und gerade wenn Sie nicht erfolgreich waren, sollten Sie das Gespräch als mentalen Film noch einmal sehen. Aber machen Sie sich zusätzlich eine zweite Version, eine erfolgreiche Version davon; Ihr Gehirn sollte lernen, was und wie man beim nächsten Mal anders machen kann. Und außerdem fühlen Sie sich dann wohler und Sie vermindern die Verkehrsgefahr für sich und Ihre Verkehrs-Gefährten.

Und jetzt das Ganze noch einmal so beschrieben, daß Sie es als Coaching-Technik erkennen, aber kurz:

➢   Bringen Sie diese Technik Ihren Mitarbeitern bei. Nur Mut; das ist ganz einfach.
➢   Machen Sie gemeinsame Kundenbesuche mit Ihrem Mitarbeiter. Sie können dabei genauso vorgehen wie oben beschrieben. Der einzige Unterschied: Sie reden miteinander.

Übrigens, ich habe sehr gute Erfahrungen mit Mitarbeitergesprächen beim Autofahren. Man ist sowieso beisammen. Man hat Zeit. Und man muß sich nicht dauernd anschauen. Vielleicht erinnern sich einige meiner früheren und jetzigen Mitarbeiter daran.

Energie und positives/negatives Denken

Mit diesem Experiment können Sie herausfinden, daß positives Denken im Körper Energie freimacht und daß negatives Denken Energie raubt.

Malen Sie auf zwei verschiedenen Flipcharts diesen Griesgrämigen und den Lachenden. Die Blätter müssen noch verdeckt sein. Suchen Sie sich einen Freiwilligen.

Erklären Sie nicht den Sinn der Übung, sondern lediglich, was Sie tun werden: «Ich werde Ihnen nacheinander zwei Bilder zeigen. Sie schauen konzentriert auf das Bild. Beim Anschauen heben Sie Ihren rechten Arm vor sich in die Waagerechte. Ich werde meinen rechten Arm auf Ihre linke Schulter legen und mit meiner linken Hand werde ich Ihren rechten Arm herunterdrücken. Sie drücken dagegen, nach oben!»

Sie und Ihre Versuchspersonen werden feststellen, daß es einfach ist, den Arm herunterzudrücken, wenn der Freiwillige das negative Bild sieht; es ist aber schwerer, wenn er das positive Bild sieht.

Es besteht also ein Zusammenhang zwischen Denken und Energie im Körper. Sehen Sie nun, wie wichtig es ist, daß Sie während und besonders am Ende Ihrer Coaching-Aktivitäten positive Bilder bei Ihren Mitarbeitern erzeugen. «Be positive,» ist gar nicht so amerikanisch naiv (verglichen mit uns ernsten, gewichtigen, negativen Europäern und - besonders - Deutschen!).

Briefen
Beobachten
Debriefen

Briefen - Beobachten - Debriefen

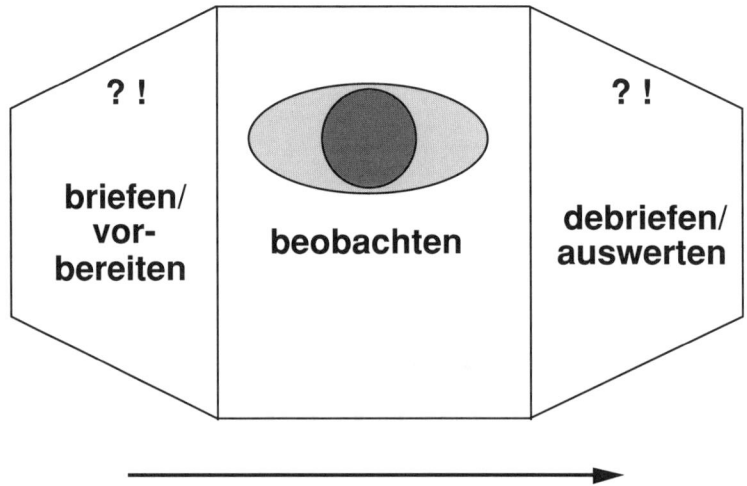

Der Kernprozeß und die Kerntechniken des Coaching lassen sich mit dieser Grafik beschreiben. Wie der Meister, der seinem Schüler die Anwendung eines Werkzeuges zeigt:

➤ Rahmen/Bezug herstellen, Sinnzusammenhang aufzeigen, zeigen, erklären, vormachen, fragen und antworten
➤ selber machen lassen und dabei beobachten
➤ Feedback geben, auswerten, fragen und antworten, Hinweise, Tips

Oder mögen Sie die andere Analogie: die des Regisseurs oder die des Fußballtrainers? Welche Analogie auch immer Sie bevorzugen, Sie sehen, daß man auch in anderen Berufen Coaching-Prozesse und Techniken einsetzen können muß.

Im folgenden finden Sie eine recht große Sammlung von konkreten Coaching-Techniken, wie sie in den drei Stufen eingesetzt werden können. Probieren Sie aus; die Praxis, das Üben kann ich Ihnen nicht abnehmen. Bücher sind keine Seminare.

Briefing (vorbereiten)

Immer wenn Ihr Mitarbeiter etwas das erste Mal machen soll, sollten Sie als Führungskraft es als Ihre Aufgabe sehen, ihm zu helfen, sich so vorzubereiten, daß dieses erste Mal ein Erfolg wird. Wie Sie sicherlich aus Ihrer eigenen Erfahrung wissen, fällt es sehr schwer etwas ein zweites Mal auszuprobieren, wenn man beim ersten Mal damit gründlich auf die Nase gefallen ist. Vorbereitung ist wichtig.

Diskutieren

Das Mindeste, was Sie für und mit Ihrem Mitarbeiter tun sollten ist, daß Sie sich z.B. eine Stunde Zeit nehmen und z.B. das Meeting, das er leiten soll, vorher durchsprechen: Ziele, Vorgehen, Teilnehmer, Inhalte, mögliche Probleme, etc. Sie können Ihren Mitarbeiter durch Fragen und durch Ihre eigene Erfahrung auf Dinge aufmerksam machen, über die er noch nicht nachgedacht hat oder die er noch nicht kennt. Sie können seine Fragen beantworten. Sie können ihm Namen von anderen Mitarbeitern geben, die ihm weiterhelfen können, etc.

Rehearsing (proben)

Wenn ein Mitarbeiter z.B. eine wichtige Präsentation bei einem Kunden halten muß, lassen Sie ihn die Präsentation zuerst vor Ihnen halten. Das ist wie eine Generalprobe im Theater. Gestalten Sie die Umfeldbedingungen soweit wie möglich so wie bei der richtigen Präsentation. Unterbrechen Sie die Präsentation, um Korrekturen im Inhalt, an der Struktur, an der Aussprache etc. vorzuschlagen. Führen Sie Regie.

Bordsteinkonferenz

Nehmen Sie an, Sie besuchen gemeinsam mit Ihrem Mitarbeiter einen Kunden. Probieren Sie einmal folgendes: Bevor Sie aus dem Auto aussteigen und in das Bürohaus gehen, bleiben Sie eine Minute sitzen und diskutieren Sie noch einmal kurz über das kommende Gespräch. Mit wem reden Sie? Was ist das Ziel? Worauf kommt es an? Wie werden Sie …? etc…. ? Machen Sie sich einen positiven Film. Fordern Sie Ihren Mitarbeiter auch dazu auf. Dasselbe können Sie natürlich tun, bevor Sie mit Ihrem Mitarbeiter zusammen den Konferenzraum betreten, in dem das Management-Meeting tagt, an dem Sie beide gleich teilnehmen werden.

Beobachten

In einigen auf die Mitarbeiterentwicklung bedachten Unternehmen ist es schon einige Zeit üblich, daß der Manager mit seinem Verkäufer zum Kunden geht und zwar mit dem Ziel, den Mitarbeiter zu beobachten. Das erleichtert die gezielte Entwicklungs- bzw. Coaching-Arbeit mit dem Mitarbeiter.

Natürlich gilt es dabei einige Dinge zu beachten:

Planen Sie mit Ihrem Mitarbeiter Situationen, in denen Sie ihn beobachten können, während er die vereinbarten Fähigkeiten und Fertigkeiten anwendet/übt. Sie sind dann jeweils der Dritte in der Runde - als Beobachter: Ein paar Beispiele:

- ❑ Präsentation in einem Management-Meeting
- ❑ Budgetverhandlung
- ❑ Interview eines potentiellen neuen Mitarbeiters
- ❑ Kundengespräch

Sagen Sie nicht, daß das nicht geht. Das ist alles schon vielfach in der Praxis erprobt - auch: der Manager als Beobachter in Kundengesprächen. Sie sollten natürlich nicht nur mit Ihrem Mitarbeiter eine saubere Vereinbarung über Ihre Beobachterrolle treffen, sondern auch den Kunden informieren und ihn um Einverständnis bitten. Auf die Vorbereitung kommt es also an - und auf Ihren persönlichen Mut, Ihren Mitarbeiter so effizient wie möglich zu coachen.

Wie sollten Sie beobachten?
➤ Vereinbaren Sie mit Ihrem Mitarbeiter genau die maximal 3 Dinge, die Sie beobachten werden.

➤ Sie brauchen nicht wie eine graue Maus oder wie ein Privatdetektiv still und unauffällig dabeisitzen.

➤ Sie können teilnehmender Beobachter sein, das heißt durchaus aktiv sein. Stellen Sie aber sicher, daß Ihr Mitarbeiter z.B. das Kundengespräch aktiv selber führt. Sie sind nur der zweite Mann bzw. die zweite Frau. Mischen Sie sich also nicht ein und versuchen Sie nicht zu helfen - nur wenn es wirklich schiefgeht.

➤ Sie sollten sich auf jeden Fall Notizen machen. Keine Angst, Sie
   brauchen kein Gesprächsprotokoll anfertigen. Notieren Sie Ihre
   wichtigsten Beobachtungen in Stichpunkten. Die Mindmap hat
   sich als sehr hilfreich erwiesen. Wenn Sie vorher mit Ihrem Mitarbeiter sauber definiert haben, was Sie beobachten werden, haben
   Sie Ihr Gehirn (Augen und Ohren) darauf programmiert und Sie
   werden sich auch nachher daran erinnern.

Debriefing

Nach einer Situation, in der Ihr Mitarbeiter neues Wissen, Können,
Wollen ausprobiert hat, müssen Sie sich Zeit nehmen, um Ihre Beobachtungen zu diskutieren, um Feedback zu geben (Vergleiche die Feed-
backspielregeln!). Hier haben Sie die Chance, auf bereits Positives und
auf Fehler hinzuweisen. Diskutieren Sie, was man anders/besser
machen könnte. Ihr Mitarbeiter lernt dabei nicht nur neues Wissen,
Können, Wollen. Er lernt auch, wie man aus Erfahrungen lernt.
Dasselbe trifft natürlich auch zu, wenn Sie den Mitarbeiter in dieser
Situation nicht beobachtet haben, wenn er z.B. den Kundenbesuch
alleine bewältigt hat. Nehmen Sie sich Zeit. Fragen Sie ihn, wie es
gelaufen ist. Was war in Ordnung? Was könnte man anders machen?
Fragen Sie! Besprechen Sie die Dinge, die Sie vor der Situation als zu
übende und zu beobachtende vereinbart haben.
Wenn Sie mit dem Mitarbeiter gemeinsam z.B. beim Kunden waren,
dann machen Sie wieder eine Bordsteinkonferenz. Sie tauschen Ihre
Beobachtungen aus, diskutieren, wie es das nächste Mal sein sollte, etc.
Bitten Sie den Mitarbeiter wiederum, die Visualisierungstechnik einzusetzen:

➤ Zuerst einen Film, wie es tatsächlich abgelaufen ist.
➤ Dann auf jeden Fall noch einen Film, wie es das nächste Mal an-
   ders/ besser ablaufen kann. Damit helfen Sie ihm, sich wieder
   positiv zu programmieren.

Beenden Sie das Debriefing nicht, bevor Sie gemeinsam die neuen
Schritte geplant haben. Damit sich das Verhalten tatsächlich
nachhaltig und auf Dauer ändert, braucht der Mitarbeiter ein gutes
Gefühl und die Zuversicht, daß er beim nächsten Mal noch besser sein
wird.

Vom/zum Beobachten

Alles das, was ich hier auflistet, setzt voraus, daß man gut beobachtet - die nonverbalen Signale; nicht, um das Körpersprachenwörterbuch aufzuschlagen und um nach Interpretationen zu suchen, sondern um Veränderungen zu erkennen:

⇨   auf gleiche Wellenlänge gehen
⇨   gute Informationen sammeln
⇨   jemandem helfen, sich zu entspannen
⇨   jemandem helfen, sich an eine Situation zu erinnern
⇨   jemandem helfen, sich etwas Neues vorzustellen
⇨   Strategien erkennen
⇨   jemandem helfen, sich zu entscheiden
⇨   jemandem helfen, Verhalten zu verändern
⇨   etc.

Einige Hinweise:

➤   Entspannen Sie sich selbst, so daß Sie in sich ruhen, und schalten Sie Ihre Wahrnehmungskanäle auf Empfang

➤   Schauen Sie Ihren Partner nicht direkt und aus kurzem Abstand an, schon gar nicht schauen Sie wie fixiert nur auf seine Augen oder Lippen

➤   Atmen Sie im selben Rhythmus wie Ihr Partner

➤   Wählen Sie einen Punkt oberhalb und knapp hinter dem Kopf des Partners; dort richten Sie Ihren Blick hin - das ermöglicht eher das periphere Sehen, das Sie brauchen, um möglichst viele Details zu sehen

➤   Stellen Sie sich nicht Ihrem Partner gegenüber hin, sondern schräg seitlich, sodaß Sie sich nicht immer gegenseitig anstarren müssen

➤   Hüten Sie sich vor inhaltlichen Interpretationen von Gesten usw.; projizieren Sie nicht Ihre Gedanken und Stimmungen in den anderen

➤   Kalibrieren Sie:

    ➤   beobachten Sie zuerst den normalen, d.h. den Ausgangszu-
            stand, Ihres Partners

    ➤   dann können Sie das mit einem durch die Kommunikation
            veränderten Zustand vergleichen

(z.B.: Erinnerung an eine glückliche Situation versus Erinnerung
an eine frustrierende Situation - Sie sehen riesige Unterschiede!)

Einige typische Beobachtungsfehler

Relativitätstheorie

Nehmen Sie an, man könnte das Verhalten «unordentlich - ordent-
lich» auf einer Linie abbilden. Sie positionieren drei Personen: A,
B und C. Was glauben Sie, wie A und C den B beurteilen? A wird
sagen: «B ist ein Chaot!», während C sagt: «B ist ein Pedant!» Wer
hat Recht? Das Prinzip dahinter: Wir beurteilen andere Personen
im Vergleich zu uns selbst.

Halo-Effekt

«Halo», das ist der Hof rings um den Vollmond. Der Fehler liegt
darin, daß man von der Beobachtung einer Eigenschaft auf weitere, (noch) nicht beobachtete Eigenschaften schließt. Beispiel: Der
junge Mann ist groß und blond und trägt eine Nickelbrille. Das
haben Sie beobachtet. Sie schlußfolgern aber u.U. automatisch:
der ist intelligent und sympatisch und sportlich und ....

Sich-selbst-erfüllende Prophezeihung

Wenn Sie einen Mitarbeiter für ungeeignet halten, dann wird er
über kurz oder lang auch ungeeignet sein bzw. bleiben. Warum?
Ihr Verhalten richtet sich nach diesem Mitarbeiterbild aus. Sie
geben ihm keine Chance, Sie lassen ihn links liegen; Sie coachen
ihn nicht, Sie sehen bewußt nur alle die Verhaltensweisen, die Ihr
Urteil bestätigen. Der Rest wird ausgeblendet. Und siehe da: Der
Mitarbeiter bleibt ungeeignet. Und das wird wiederum Ihr Vor-
Urteil bestätigen.

Projektion

Es beklagt sich ein Manager über die Unordnung auf dem Schreibtisch seines Mitarbeiters. Sie können mit einiger Wahrscheinlichkeit davon ausgehen, daß dieser Manager selbst Probleme mit der
Ordnung hat. Er würde auch gerne einen künstlerischen Schreibtisch haben (sein Büro zuhause sieht vielleicht so schön unordentlich aus). Aber im Büro kann er sich das nicht leisten. Er muß den
Schreibtisch sauber halten, da er ihn ja herzeigen können muß.
Ein leerer Schreibtisch bedeutet Status. Wenn Sie also einem
Mitarbeiter persönliches Feedback geben, dann sollten Sie sich
dieses Feedback merken. Vielleicht hat es etwas mit Ihnen selbst
zu tun.

Was heißt das für Sie?

➤   Sie sollten sich selbst ein Stück weit einschätzen können. Lernen
    Sie sich selbst kennen.

➤   Es gibt keine Objektivität. Beurteilungen sind relativ. Der Streit
    zwischen A und C ist sinnlos.

➤   Bleiben Sie nicht auf der Ebene der Einstellungen, der Eigen-
    schaften oder der oberflächlichen Beurteilung stehen. Bauen Sie
    auf konkretem, beobachtbaren Verhalten auf.

Bitte be-ob-achten beim Beob-achten!

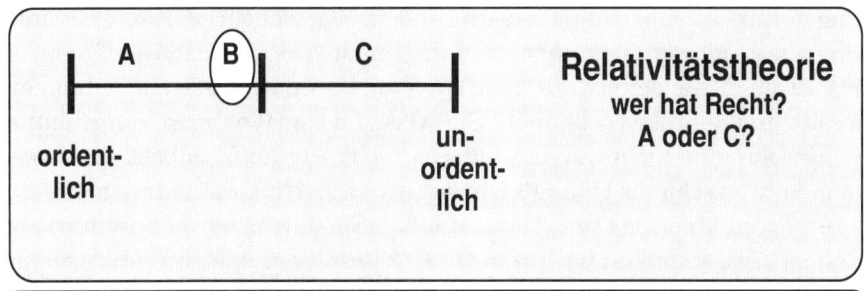

Relativitätstheorie
wer hat Recht?
A oder C?

A   B   C

ordent-
lich

un-
ordent-
lich

Halo-Effekt
Sie schließen
von einer Beobachtung
auf weitere, nicht beobachtete Merkmale

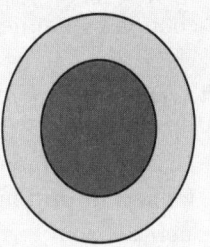

sich selbst erfüllende Prophezeihung
was Sie für wahr halten, wird durch Ihr Verhalten wahr

Projektion
merken Sie sich das Feedback,
das Sie Ihren Mitarbeitern geben;
es könnte etwas über Sie selbst aussagen

Etwas ungewöhnliche Beobachtungsübungen

Ungewöhnlich sind diese Übungen vielleicht für Sie, weil Sie sonst immer nur auf das Sprechen und auf große, deutliche Körpersignale schauen. Ungewöhnlich auch, weil ich Ihnen vorschlage, diese Übungen mit Ihren Mitarbeitern zu machen - auch wenn diese die Übungen bereits aus Seminaren kennen. Sie wissen doch: Was man kennt, kann man noch lange nicht. Lassen Sie sich nicht auf das Feedback ein: «Das kennen wir schon!» Übung! Übung! Übung. Und das können Sie in Ihren Team-Meetings tun. Denn, denken Sie daran: soviel Seminartage können Sie gar nicht aus Ihrem Budget bezahlen, daß Ihre Mitarbeiter tatsächlich genügend üben können, was sie schon wissen. Sowieso: welche dumme Arroganz, wenn Teilnehmer dem Trainer sagen, daß sie das schon alles kennen, was er versucht hat, ihnen beizubringen!

Doch hier nun die Übungen:

❶   Bitten Sie einen Freiwilligen/eine Freiwillige, sich vor die Gruppe zu setzen und in beliebiger Reihenfolge drei verschiedene Situationen zu erinnern: eine positive, eine negative, eine neutrale. Der Freiwillige soll nicht reden. Er sieht, hört und fühlt die Erinnerung in seinem Gehirn. Also, niemand weiß, an was er/sie sich erinnert. Wenn eine Erinnerung fertig ist, wenn er/sie zur nächsten Erinnerung übergeht, dann soll er/sie kurz den Finger heben, damit alle wissen, daß jetzt die nächste Erinnerung kommt.
Die Beobachter sollen herausfinden, in welcher Reihenfolge die Versuchsperson die Situationen erinnert.
Sie und Ihre Mitarbeiter können dabei lernen, auf viele kleine Veränderungen im Gesicht und am Rest des Körpers zu achten, und vor allem, wie - verglichen mit einem Ausgangszustand - sich die Körpersignale verändern.

Worauf könnten Sie achten:
➢   Gesichtsfarbe   ➢   Armhaltung
➢   Muskelbewegungen im Gesicht   ➢   Fingerbewegungen
     (lächeln-düster dreinschauen)   ➢   Körperhaltung
➢   Lippengröße (voll-schmal)   ➢   und noch viel mehr
➢   Lippenfarbe (rot-weiß)
➢   Atmung (oben oder in der Brust oder im Bauch)
     (Rhythmus)

❷   Machen Sie ein Rollenspiel besonderer Art. Z.B.: ein Verkäufer
     und ein Kunde. Nur der Verkäufer darf reden, also seine Vorschlä-
     ge machen, seine Fragen stellen. Der Kunde darf nicht reden,
     sondern nur mit Körpersignalen antworten. Sie können auch
     verschärfte Bedingungen einführen: Der Kunde darf seine Körper-
     position und seine Arme nicht verändern (natürlich bleibt er auch
     still). Derjenige, der den Kunden spielt, soll sich aber voll auf die
     Situation und auf die Vorschläge und Fragen konzentrieren, das
     Spiel also im Gehirn mitmachen. Sie und Ihre Mitarbeiter können
     so lernen, auf viele kleine Veränderungen zu achten, die Zustim-
     mung oder Ablehnung ausdrücken können.

Wozu ist das wichtig: Mit den Worten sind viele Menschen oft unehr-
lich. Sie sagen: «Ja, ganz gut!», doch der Körper sagt etwas anderes.
Das nennt man konfliktäre Botschaften. Man merkt etwas, läßt sich
auch dadurch verunsichern, weiß aber nicht so recht, was falsch ist.
Also, beim Coaching (oder Ihre Mitarbeiter beim Kunden): Beobachten
Sie Ihren Partner und finden Sie heraus, wie er ausschaut, was seine
Körpersignale sind, wenn er glücklich, zufrieden ist und wann er etwas
mag. Finden Sie auch heraus, wie er sich körpersprachlich verhält,
wenn er unzufrieden ist. Wenn Sie dann im Gespräch diese Signale wie-
dersehen, dann können Sie sich schneller darauf einstellen und eventuell Fehler vermeiden. Das ist deswegen so wichtig und powerfull, weil
der Körper meistens schon redet, bevor der Mund anfängt zu sprechen.

❸   Für Ihren Spaß noch eine Übung. Ein Freiwilliger setzt sich vor
     die Gruppe. Alle schauen ihn genau an, alle Details der Kleidung
     und der Haltung (Scanning nennt man das). Nun schließen alle
     Beobachter die Augen. Nicht mogeln. Währenddessen helfen Sie
     dem Versuchskaninchen, 3 bis 5 Details zu verändern, wie z.B. die
     Armbanduhr vom linken auf das rechte Handgelenk; ein Knopf
     zusätzlich offen; linker Fuß von hinten nach vorne; etc. (seien Sie
     kreativ!). Wenn die Veränderungen fertig sind, machen alle wieder
     die Augen auf und sollen herausfinden, was sich verändert hat.
     Und üben Sie. Machen Sie die Übung häufiger.

Denken Sie daran, 90% aller Informationen, die Ihr Kommunikations-
partner sendet, sind nicht-sprachlich. Da ist viel zu sehen, zu hören und
zu fühlen. Und denken Sie auch daran, was Sie nicht bewußt sehen,
geht trotzdem in Ihr Gehirn, nur unterbewußt; und es hat trotzdem
Wirkung auf Sie. Nur oft wissen Sie nicht, was da wirkt.

Der «Preis»
Ein Leistungssteigerungsprogramm
(entlehnt aus dem Ein-Minuten-Manager)

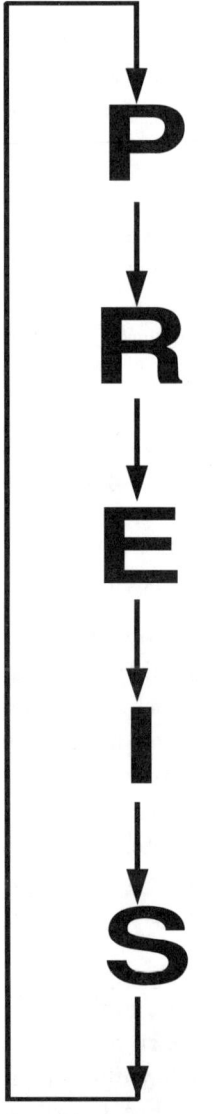

Präzise definieren, um welches Verhalten
bzw. um welche Leistung es geht

Rückblickend den gegenwärtigen Leistungsstand messen und sichtbar machen

Einvernehmlich mit dem Mitarbeiter
die neuen Leistungsziele und Strategien
definieren.

Intensiv die Leistungsentwicklung des
Mitarbeiters beobachten und je nach
Reifegrad unterstützen

Sichtbar die Leistungssteigerung verdeutlichen und anerkennen; die weiteren
Ziele und Strategien definieren

Das Rollenspiel als Coaching-Technik

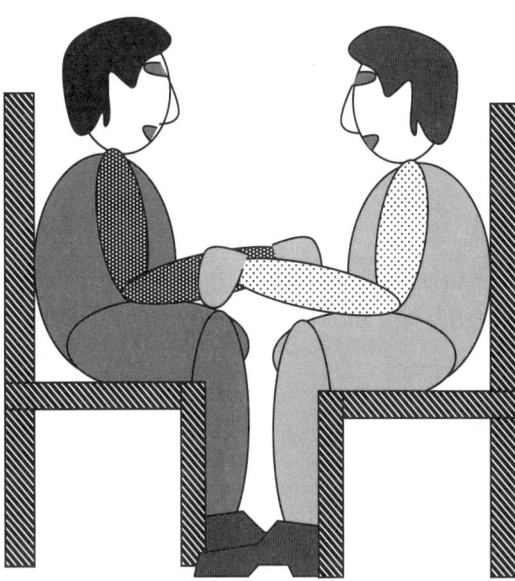

Rollenspiel! Das hört sich nach Seminar-Technik an. Tatsächlich ist es bereits in der Praxis von vielen erfolgreichen Verkaufsmanagern und Verkäufern eine der besten Coaching-Techniken. Das Rollenspiel ist Training, Übung. Sie als Führungskraft sind dabei der Partner für Ihren Mitarbeiter. Sie spielen für ihn z.B. einen Kunden, an dem er die neue Technik oder bestimmte Argumente ausprobieren kann.

Ihr Mitarbeiter soll z.B. lernen, Fragen zu stellen und Einwände konstruktiv zu behandeln. Simulieren Sie eine Kundensituation. Nehmen Sie dabei einen Kunden-Fall, den Sie beide kennen.

Sie können das Rollenspiel in zehn Schritten durchführen:

❶ Klären Sie den Inhalt des Kunden-Falles ab.

❷ Erklären Sie den Ablauf des Rollenspieles.

❸ Übernehmen Sie die Rolle des Kunden. Bringen Sie Ihre Einwände und lassen Sie Ihren Mitarbeiter darauf reagieren.

❹ Diskutieren Sie Ihre und die Beobachtungen Ihres Mitarbeiters.

❺ Tauschen Sie die Rollen. Der Mitarbeiter spielt den Kunden. Sie spielen seine Rolle als Verkäufer. In dieser Rolle können Sie ihm vorführen, wie man es anders/richtig macht.

❻ Diskutieren Sie wiederum Ihre und die Beobachtungen Ihres Mitarbeiters.

❼   Lassen Sie Ihren Mitarbeiter wieder seine Rolle als Verkäufer
      übernehmen. Sie sind wieder der Kunde. Nun wird das Ganze
      noch einmal durchgespielt.

❽   Tauschen Sie wiederum Ihre Beobachtungen aus.

❾   Verstärken Sie, was er bereits besser gemacht hat. Weisen Sie auf
      Details hin, die wichtig sind. Diskutieren Sie weitere Alternativen.

❿   Vereinbaren Sie die weitere Vorgehensweise.

Rollenspiel - Variationen

Vorbereitung

Sie spielen den Kunden für den Mitarbeiter.
An Ihnen kann er seine Strategie, seine Argumente ausprobieren.

Auswertungsdiskussion

Sie wechseln die Rollen. Sie machen dem
Mitarbeiter vor, wie man mit dem Kunden
reden könnte. Der Mitarbeiter fühlt, hört und
sieht, wie der Kunde reagieren könnte.

Auswertungsdiskussion

Der Mitarbeiter spielt sich wieder selbst. Sie
sind in der Rolle des Kunden. Er probiert nun
seine Erkenntnisse aus den ersten beiden
Schritten (erfolgreich) aus.

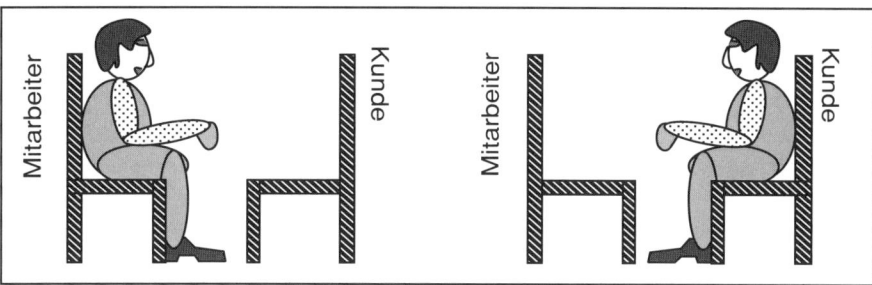

In dieser Variation sind Sie lediglich der Beobachter. Der Mitarbeiter stellt sich vor, daß auf dem leeren Stuhl ihm gegenüber der Kunde sitzt. Die Übung geht so: Der Mitarbeiter fragt den Kunden. Dann setzt er sich auf den Kundenstuhl und antwortet nun als Kunde auf seine zuvor gestellte Frage. Sie als Beobachter können jederzeit eingreifen und diskutieren, wie man alternativ vorgehen könnte. Wichtig aber auch hier wieder: der Mitarbeiter sollte in seiner eigenen Rolle das Rollenspiel beenden.

Weitere
Coaching - Techniken

Der Manager und der Affe

oder

«Who's got the monkey?»

«Wenn ich das schon sehe; da tue ich das lieber selbst gleich!»

«Warte, ich mach das schon für Dich!»

«Also, den Kunden rufe ich gleich mal an!»

«Der schafft das doch nie!»

«Da hätten Sie mich mal sehen sollen!»

«Alles muß man selber nacharbeiten!»

Delegation als Coaching-Technik

Mit Management by Delegation können Sie mindestens zwei Ziele auf einmal erreichen:

❑   Sie können sich selbst entlasten und Zeit schaffen für Ihre eigentlichen Managementaufgaben (A-Prioritäten).

❑   Sie eröffnen Ihren Mitarbeitern Chancen, sich selbst zu entwickeln.

Um den Mitarbeiter*entwicklungsaspekt* auf jeden Fall zu betonen - und nicht nur ungeliebte Aufgaben loszuwerden -, sollten Sie sich vorher die folgenden *Fragen stellen*:

➢	Inhalt bzw. Aufgabe	- was soll getan werden?
➢	Anforderungen	- welches Wissen, Können, Wollen verlangt die Aufgabe? (erstellen Sie ein Anforderungsprofil)
➢	Lernchancen	- was kann man bei dieser Aufgabe besonders lernen?
➢	Person	- welcher Mitarbeiter sollte diese Aufgabe übernehmen?
➢	Profil des Mitarbeiters	- was ist der Ist-Zustand des Wissens, Könnens, Wollens bei diesem Mitarbeiter?
➢	Lernziele	- was soll der Mitarbeiter - zusätzlich, neu, anders wissen, können, wollen?
➢	Umfang/Details	- wie soll der Mitarbeiter die Aufgabe erledigen?
➢	Termine	- bis wann soll er es tun?

Führen Sie eine *Delegations-Kontroll-Liste*, um die delegierten Aufgaben zu überwachen. Planen Sie auch Zeit ein, mit Ihren Mitarbeitern über den Verlauf und Fortschritt zu sprechen. Tragen Sie die Coaching-Gespräche in Ihr Zeitplansystem ein. Coaching ist Teil Ihrer Managementaufgabe und gehört also auch in Ihre *Zeitplanung*.

Delegation - 6 - W - Formel

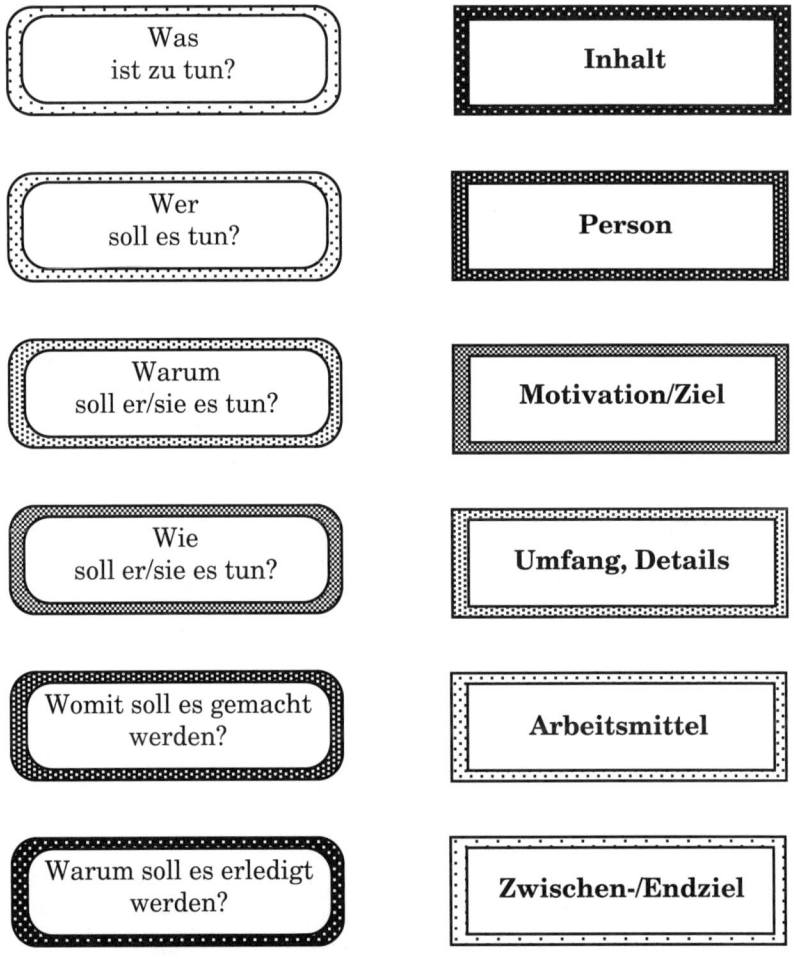

«Gehen Sie zum Einkaufen»
und weitere ungewöhnliche Tips für Verkaufsleiter

Gehen Sie zum Einkaufen und beobachten Sie sich selbst so genau wie möglich. Versuchen Sie es im Lebensmittelgeschäft, im Supermarkt, beim Anzugkaufen, beim Autokauf. Finden Sie heraus, wie Sie einkaufen. Wenn Sie das herausfinden, dann finden Sie auch heraus, wie Sie möchten, daß man an Sie verkauft. Dadurch erkennen Sie Ihren bevorzugten Verkaufsstil. Dadurch erkennen Sie hoffentlich auch, verglichen mit welchem Selbst-Bild Sie Ihre Verkäufer beurteilen. Oder anders ausgedrückt: Lernen Sie sich selbst besser kennen, um zu wissen, wie Sie andere beurteilen. Denn Ihr Selbstbild ist Ihre Coaching-Ausgangsbasis. Ihr Feedback an Ihre Mitarbeiter wird durch Ihr Selbstbild bestimmt.

Und hier kommt *eine ganze Reihe eher ungewöhnlicher Coaching-Tips:*

➢ Schicken Sie auch Ihre Mitarbeiter zum Einkaufen. Oder fragen Sie sie, wie sie gerne einkaufen möchten, wie man ihnen etwas verkaufen sollte. Ihre Mitarbeiter lernen so besser kennen, wie sie selbst mit ihren Kunden kommunizieren.

➢ Lassen Sie ab und zu einen Ihrer Verkäufer die Einkäufe für Ihr Unternehmen machen - am besten mit einem Profi-Einkäufer gemeinsam. Beobachten Sie Ihre Mitarbeiter dabei. Diskutieren Sie darüber.

➢ Beobachten Sie Ihre Mitarbeiter in Verkaufsgesprächen. Studieren Sie ihre Strategien. Oder fragen Sie bis ins Detail ihre Mitarbeiter darüber aus, wie sie erfolgreich verkaufen.

➢ Beobachten Sie Ihre Kunden in Verkaufsgesprächen, nicht nur Ihren Mitarbeiter und sich selbst. Sie sehen erstens, wie er Entscheidungen trifft und einkauft; sie sehen aber vor allen Dingen auch seine Reaktionen auf Ihre «Bemühungen». Das erlaubt Rückschlüsse auf die Stärken und Schwächen Ihres Mitarbeiters.

➢ Bitten Sie einen Kunden zu Ihrem Verkäufermeeting zu kommen und darüber zu berichten, wie er Ihr Unternehmen sieht;

vielleicht schaffen Sie es auch, daß er darüber berichtet, welche
Kriterien für ihn bei seinen Kaufentscheidungen wichtig sind.

➤ Stellen Sie einen Mitarbeiter eines Ihrer Kunden ein und machen
Sie diesen zum Coach/Trainer Ihrer Verkäufer.

➤ Stellen Sie jeweils für 6 Monate oder ein ganzes Jahr einen
Verkäufer frei, der das Training zusammen mit einem (externen)
Trainer oder (warum nicht auch) alleine durchführt. Selbstverständlich sorgen Sie auch für eine Train-the-Trainer-Aus-
bildung dieser Mitarbeiter.

Coaching-Tips

Aus der Beratungs- und Seminarpraxis haben sich bei mir eine Menge
Tips angesammelt, welche Aktivitäten Sie als Führungskraft für das
Coaching Ihrer Mitarbeiter unternehmen können. Ich danke all den
Menschen, bei denen ich diese Tips abgeschaut habe. Eine andere
Vorbemerkung scheint mir auch noch wichtig (und die gilt für das
ganze, vorliegende Buch): Mir kommt es nicht darauf an, theoretisch
rein nur Coaching-Aktivitäten aufzuzeigen. Ich denke praxisorientiert;
d.h. daß ich auch alles das erwähne und diskutiere, das rings um das
Coaching herum getan werden kann, um Mitarbeiter zu entwickeln.

Sie werden sehen, ...

➤ daß ich sicherlich nicht alle Berufszweige abdecken kann; ich be-
schränke mich auf
  ➤   potentielle Führungskräfte,
  ➤   Führungskräfte,
  ➤   Verkäufer im Außendienst,
  ➤   Trainer,
  ➤   Service-Ingenieure.

➤ daß Sie jede der Listen noch beträchtlich ergänzen können, weil
ich Ihre speziellen Erfahrungen noch nicht kennengelernt habe.

Sicherlich können Sie diese Coaching-Situationen und -Aktivitäten effektiver einsetzen, wenn Sie auf den einzelnen Mitarbeiter bezogen und

mit dem Mitarbeiter gemeinsam eine Bedarfsanalyse angestellt haben. Noch zielsicherer können Sie arbeiten, wenn Sie ein Anforderungsprofil für den Mitarbeiter haben und genau festgestellt haben, welches spezifische Wissen, Können oder Wollen entwickelt werden sollte. Wenn Sie das wissen, dann können Sie auf die Liste der Coaching-Situationen und -Aktivitäten zurückgreifen und entscheiden, was am besten geeignet ist, um dieses bestimmte Verhalten zu trainieren.

Wie Sie z.B. Ihre potentiellen Führungskräfte coachen können

➤   Lassen Sie sie bei Einstellungsgesprächen mitmachen.
➤   Ihr Mitarbeiter könnte z.B. auch die Budgetverhandlungen vorbereiten und dann beim Meeting mit dabei sein.

➤   Lassen Sie ihn wichtige Meetings vorbereiten.
➤   Übergeben Sie ihm/ihr die Moderation Ihrer Staffmeetings.
➤   Lassen Sie ihn die Protokolle von Meetings erstellen.

➤   Machen Sie den Mitarbeiter zum Teamleiter einer kleinen Gruppe von 3 bis 5 Mitarbeitern.
➤   Übergeben Sie ihm die Urlaubsvertretung (evtl. mit Unterstützung eines erfahrenen Manager-Kollegen).
➤   Bitten Sie ihn, Pate/Coach/Berater eines neuen Mitarbeiters zu sein.
➤   Lassen Sie ihn an Ihrer Stelle am Meeting Ihres Chefs teilnehmen.

➤   Lassen Sie den Entwicklungs- und Trainingsplan für die Abteilung erstellen.
➤   Er könnte auch die Bedarfsanalyse-Interviews für den Trainingsplan durchführen.
➤   Schicken Sie ihn zu (vorbereitenden) Führungsseminaren und lassen Sie ihn für die Teammitglieder eine zusammenfassende Präsentation geben.
➤   Bitten Sie ihn, vor Seminaren die Trainer auf abteilungsspezifische Themen hin vorzubereiten (briefen).
➤   Lassen Sie ihn als Co-Trainer bei Seminaren mitmachen.
➤   Lassen Sie ihn Fachseminare durchführen.

➤ Machen Sie ihn zum Mitglied oder Leiter einer abteilungsüber-
   greifenden Task Force, die z.B. eine Organisationsveränderung
   vorbereitet und durchführt.

➤ Lassen Sie ihn ein Projekt machen, z.B. die Optimierung der Ko-
   operations- und der Informationsbeziehungen zwischen mehreren
   Abteilungen.

➤ Laden Sie ihn in das Management-Board ein, um eine
   Präsentation über ein Projekt, eine besondere Leistung, einen
   Vorschlag o.ä. zu geben.

Wie Sie z.B. Ihre Führungskräfte coachen können

Grundsätzlich können Sie für Ihre Führungskräfte all die Coaching-Ge-
legenheiten nutzen wie ich Sie für potentielle Führungskräfte gesammelt habe. Darüberhinaus könnten aber auch noch folgende Ideen interessant und praktikabel für Sie sein:

➤ Beziehen Sie alle Führungskräfte in die strategische Zukunftspla-
   nung mit ein.

➤ Vor Mitarbeitergesprächsrunden (Zielvereinbarungen, Entwick-
   lungsplanung, Beurteilung, Gehaltsfindung) stimmen Sie sich mit
   Ihren Führungskräften über den Rahmen, die Ziele und die
   Schwerpunkte ab.

➤ Ermöglichen und ermutigen Sie Job-Rotation in Ihrem Bereich.

➤ Machen Sie einen Ihrer Mitarbeiter zum Personalentwicklungs-
   bzw. Trainingsbeauftragten, der den Arbeitskontakt zur
   Personal- und Trainingsabteilung hält.

➤ Lassen Sie Ihre Führungskräfte Meetings auch ohne Sie machen
   und lassen Sie sich nachher einen zusammenfassenden Bericht
   geben.

➤ Machen Sie das Thema Organisations- und Personalentwicklung
   zum Standardthema Ihres Staffmeetings.

➤ Führen Sie einmal im Jahr ein Bereichsmeeting mit allen Führungskräften und mit allen Mitarbeitern (auch Sekretärinnen)
   zum Thema «Zukunft» durch. Ihre Führungskräfte können dabei
   als Moderatoren in den Arbeitsgruppen fungieren.

➤ Nehmen Sie als Gast in den Staffmeetings teil und präsentieren
   bzw. diskutieren Sie die Mission, Ziele, Strategien etc. des

Unternehmens und was das für die Mitarbeiter der betreffenden Abteilung bedeutet.

➢ Führen Sie mit Einverständnis der Führungskraft Großvaterge-spräche bzw. Skip-Level-Gespräche (Sie sprechen mit den Mitarbeitern der Führungskraft). Die Themen und Fragen sollten Sie mit Ihrem Mitarbeiter vorher abstimmen.

➢ Sorgen Sie dafür, daß Ihre Führungskräfte zu Programm-Mana-gern für Organisationsveränderungsprogramme werden.
➢ Initiieren Sie bereichsübergreifende Meetings oder Task Forces.

Wie Sie z.B. Ihre Gebietsverkaufsleiter/-verkäufer coachen können

Ihre regionalen Verkäufer vor Ort leben und arbeiten in einer anderen Rolle und Situation als z.B. Verkäufer in einem Ladengeschäft. Der besonders deutliche Unterschied ist der, daß Sie keinen täglichen Kontakt haben, bzw. daß die Mitarbeiter - obwohl als Verkäufer normalerweise sehr auf Kontakt angewiesen und kontaktfreudig - nur wenig Kontakt zu Ihnen, zum Unternehmen und auch untereinander haben. Eine große Zeit des Arbeitstages verbringen sie alleine im Auto.

➢ Wenn Sie im Gebiet des Verkäufers unterwegs sind, machen Sie Termine mit ihm aus: in seinem Büro, zum gemeinsamen Mittagessen, für gemeinsame Kundenbesuche.
➢ Organisieren Sie regelmäßige Verkäufermeetings, abwechselnd in der Zentrale und in den verschiedenen Regionen. Ihre Außen-dienstler möchten sicherlich auch einmal stolz auf ihre Region sein und nicht immer nur in der Zentrale «antanzen».
➢ Wenn Sie Referenten aus der Zentrale bei diesen Meetings benötigen, lassen Sie sie anreisen; frische Außendienstluft tut denen auch gut.
➢ Reservieren Sie den (halben) Tag vor oder nach solch einem Meeting für den/die Verkäufer der Region.

➢ Machen Sie gemeinsame Kundenbesuche (Sie sollten mindestens Ihre großen Kunden regelmäßig besuchen). Sie können in verschiedenen Rollen daran teilnehmen:

> als Gesprächsführer, während Ihr Mitarbeiter Sie unterstützt und Sie auch als Rollenmodell beobachtet, um von Ihnen zu lernen;
> als zweiter Mann mit dem Schwerpunkt auf Beobachtung des Mitarbeiters, während Ihr Mitarbeiter der Gesprächsführer ist;
> (manchmal auch) als «Kollege».

> Sorgen Sie dafür, daß Sie für diese gemeinsamen Kundenbesuche gemeinsam in einem Auto anfahren und nutzen Sie die Zeit für Gespräche.
> Machen Sie vor und nach dem Kundenbesuch eine «Bordsteinkonferenz».
> Bereiten Sie wichtige Kundenpräsentationen gemeinsam vor.

> Sorgen Sie dafür, daß jeweils ein Außendienstler für einige Tage oder wenige Wochen ein Projekt in der Zentrale zu bearbeiten hat (während er draußen von einem Kollegen vertreten wird; das geht ja auch, wenn einer Urlaub hat oder krank ist!).
> Setzen Sie also die Ziele entsprechend niedrig/hoch.

Wie Sie z.B. Ihre Trainer coachen können

Auch Trainer sind, ähnlich wie Verkäufer, keine gewöhnlichen Mitarbeiter. Sie sind es gewohnt, alleine und selbständig zu arbeiten, möglichst ohne Kontrolle. Und jeder/jede von ihnen fühlt sich selbst als der/die Größte.

Eine Idee zur Einarbeitung:

> Lassen Sie neue Trainer erst einmal für einige Wochen bei anderen Trainern zu Seminaren mitgehen, als normaler Teilnehmer.
> In der zweiten Periode lassen Sie den Neuen als Co-Trainer mitmachen. Er/sie kann eine Trainingsgruppe übernehmen oder einen Teil des Inputs geben.
> In der dritten Periode lassen Sie den Neuen dann das Seminar geben. Und der erfahrene Trainer nimmt als Beobachter/Supervisor teil.

Nichts ist schlimmer als wenn (externe/interne) Trainer in einem Unternehmen unterschiedliche Theorien, Techniken und Botschaften geben bzw. eine recht unterschiedliche Seminar-Methode verwenden. Daher müssen Sie dafür sorgen, daß Sie alle in eine Richtung «ticken»:

➤ Diskutieren Sie die Seminarziele, -inhalte und das Seminar-Design.

➤ Lassen Sie sich Teile der Seminare im Trockenlauf vorführen.

➤ Lassen Sie sich die Seminar- und die Teilnehmerunterlagen zeigen.

➤ Machen Sie selbst noch Seminare, um am Ball zu bleiben. Werden Sie nicht zum Trainingsadministrator, der nicht mehr weiß, welche Theorien, Techniken und welche Botschaften Ihre Trainer den Teilnehmern geben.

➤ Führen Sie regelmäßige Trainermeetings durch, in denen Sie darüber diskutieren, wohin das Unternehmen sich entwickelt, welche Probleme dabei auftauchen, welcher Bedarf ansteht und was die Trainingsabteilung unternehmen bzw. vorbereiten muß. Wichtig: Reden Sie über das Unternehmen, nicht nur über Seminare. Seminare werden zu leicht zu theoretisch und losgelöst vom Bedarf des Unternehmens.

➤ Führen Sie auch Trainermeetings durch, in denen Sie neue Theorien und Techniken vorstellen, diskutieren und üben. Techniken werden oft ohne Verständnis der dahinterliegenden Theorie gelehrt und daher falsch eingesetzt.

➤ Schicken Sie Ihre Trainer zu den Managern und potentiellen Teilnehmern, um Bedarfsanalyse- oder Follow-up-Gespräche zu machen.

➤ Sorgen Sie dafür, daß Ihre Trainer in unternehmensinternen, bereichsübergreifenden Task Forces als Moderatoren, Berater oder auch nur Teilnehmer mitarbeiten, um das Unternehmen besser zu verstehen.

➤ Ermuntern Sie Ihre Trainer oder machen Sie es gar zu ihrem Ziel, Seminarunterlagen zu erstellen oder noch besser: Aufsätze, Artikel und Bücher zu schreiben. Viele Trainer können sehr gut reden, haben aber Schwierigkeiten, etwas schriftlich auszudrücken.

➤ Auch wenn Sie trennen zwischen Seminar-Designern und

Trainern, sorgen Sie für eine äußerst enge Zusammenarbeit. Der Designer sollte auch trainieren und der Trainer sollte auch designen.

➤ Schicken Sie Ihre Trainer auch regelmäßig zu externen Seminaren, um Neues zu lernen. Und lassen Sie sie in den Trainermeetings darüber berichten.

➤ Machen Sie es zur Selbstverständlichkeit, daß sich Ihre Trainer gegenseitig coachen, z.B. indem Sie die Seminare, wann immer es geht, von zwei Trainern durchführen lassen.

➤ Oder versuchen Sie, daß jeweils ein Trainer und ein Manager als Co-Trainer das Seminar durchführen.

➤ Vermeiden Sie die Trainerhackordnung nach Zielgruppen:
    ➤ Sekretärinnen-Trainer
    ➤ Service-Trainer
    ➤ Kommunikations-Trainer
    ➤ Verkaufs-Trainer
    ➤ Management-Trainer
    ➤ Moderator
    ➤ Organisationsentwickler

Auch der Management-Trainer sollte in der Lage sein, Sekretärinnen-Seminare zu machen und es nicht nötig haben, sich aus einer Zielgruppe Macht abzuleiten.

Wie Sie z.B. Ihre Service-Ingenieure coachen können

Die meisten Service-Außendienstmitarbeiter verstehen sich als die ehrlichen Produktkenner, die auch gerne die Produktprobleme ansprechen. Sie grenzen sich deutlich von den Verkäufern ab, die in ihren Augen groß reden, vieles versprechen, dann das große Geld einstecken und den Service schließlich mit den Problemen alleine lassen. Viele Kunden danken es den Service-Mitarbeitern, indem Sie mit ihnen über Probleme und Bedarf reden (wollen). Leider verhalten sich eine ganze Reihe von Service-Mitarbeitern auch wie graue Mäuse: sie kommen möglichst ungesehen beim Kunden an, um den Kundenärger nicht abzukriegen, machen unbemerkt die Reparatur und verschwinden möglichst ungesehen, wenn da nicht die Unterschrift des Kunden noch notwendig wäre.

Viel Potential in der Kundenbeziehung und im Nach- und Neuverkauf liegt somit brach.

Viele der Tips für das Verkäufer-Coaching (s.o.) treffen auch hier zu.

➤ Als Service-Manager sollten Sie regelmäßig zumindest Ihre größeren Kunden besuchen. Nehmen Sie den für die jeweiligen Kunden zuständigen Service-Ingenieur mit zu diesen Meetings. Zeigen Sie ihn nicht nur vor, sondern lassen Sie ihn über z.B. die Gerätesituation berichten.

➤ Bei komplexen Systemen: Sorgen Sie dafür, daß Service-Ingenieur und Verkäufer gemeinsam bzw. in gemeinsamer Absprache die Installation und die Einweisung durchführen.

➤ Verabreden Sie mit Ihrem Verkaufsleiter-Kollegen, daß sich die Verkäufer und Service-Mitarbeiter in den Regionen regelmäßig treffen, um die Kunden- und Geräte-Situation vor Ort zu diskutieren.

➤ Führen Sie regelmäßige Service-Meetings durch. Gehen Sie damit auch vor Ort zu den Außendienstlern.

➤ Laden Sie insbesondere auch Verkaufsmanager und Verkäufer zu diesen Meetings ein.

➤ Machen Sie erfahrene Service-Ingenieure zu Produkt- oder zu Kundenspezialisten und stellen Sie diese Erfahrungen dem ganzen Team zur Verfügung. Wenn es z.B. um eine bestimmte Art von Kunden (Branche) geht, weiß jeder, daß er Sigfrid Kastner anrufen kann.

➤ Machen Sie die Service-Mitarbeiter auch in der Zentrale sichtbar.

Coachen Sie
Ihr Team !

Team-Coaching

Haben Sie sich schon einmal das Rauchen abgewöhnt, während Ihr Mann/Ihre Frau nicht daran dachte, damit aufzuhören? Wie lange hat es gedauert, bis Sie wieder angefangen haben? Dieses Problem dürfen Sie ruhig verallgemeinern. Rauschgiftsüchtige erleiden nach einer Entziehungskur eher einen Rückfall, wenn die Familie nicht in die unterstützende Therapie einbezogen wird. In der Psychotherapie hat man das längst erkannt; man macht Familientherapie - der Klient wird therapiert im Rahmen seiner Bezugsgruppe. Das ist daher wichtig, weil sich zwischen den Mitgliedern der Gruppe Beziehungen bzw. Spiele eingespielt haben. Manche Familien/Gruppen brauchen geradezu einen Kranken, damit sie als Gruppe bestehen bleiben können bzw. damit die anderen ihre Probleme verstecken können und nicht austragen müssen.

Damit ich nicht vollends in das Klinische abgleite: Ihre Mitarbeiter lernen sicherlich viel auf der Universität, auf Seminaren, im Selbststudium. Doch zu oft geschieht es, daß sie wieder in den alten Trott zurückfallen. Sie kennen das: «Ach, Du warst auf einem Seminar! Braun bist Du aber geworden! Und jetzt geht es aber wieder an die Arbeit!» Oder: «Das hast Du wohl auf dem Seminar gelernt?!» Wie Sie wissen, erleiden die meisten Personen nach einigen dieser Bemerkungen einen Rückfall. Gruppendruck. Wehe, wenn jemand sich traut, etwas anders zu machen. Das könnte ja heißen, daß alle anderen auch lernen müssen. Zitat von einem meiner Seminarteilnehmer am Ende eines Seminares: «Das ist alles ganz prima, was Sie uns hier beigebracht haben. Aber wenn ich das jetzt so mache, dann gebe ich ja zu, daß ich es vorher verkehrt gemacht habe!» Auch hier ist der return on training zunichte gemacht.

Alles das läßt nur eine Schlußfolgerung zu: Sie lägen verkehrt, wenn Sie nur jeweils einzelne Mitarbeiter coachen würden. Sie sollten individuelles und Team-Coaching miteinander verbinden.

Es gibt noch einen weiteren Grund: Leider werden Schüler und Studenten immer noch in erster Linie zu Einzelkämpfern ausgebildet. In den modernen Unternehmen ist aber Teamarbeit überlebenswichtig. Nehmen Sie z.B. den Verkäufer, der auf die Mit-Arbeit seiner Berater- und Service-Kollegen angewiesen ist; oder die Projektmanager; oder ... . Die meisten Menschen lernen es erst im Unternehmen, im Team zu

arbeiten. Leider meist auf die harte Erfahrungstour; selten durch konsequente Coaching-Arbeit und durch Seminare und Workshops.
Nur wenn Sie 100prozentig sagen können, daß Ihre Mitarbeiter nie im Team arbeiten müssen, sollten Sie auf Team-Coaching verzichten.

Ich habe Ihnen auf den folgenden Seiten einiges Material über Teams zusammengestellt; lassen Sie sich davon inspirieren, probieren Sie aus und lesen Sie in anderen Büchern weiter (falls es das dann noch braucht):

➤   was macht ein exzellentes Team aus?
➤   Teambuilding
    ➤   Teambuilding-Prozeß
    ➤   Teams auf der Suche nach Identität
        (woraus ergibt sich Teamspirit?)
    ➤   Zellwachstum von Teams
        (wie Teams wachsen könnten)
    ➤   Teambuilding-Prozeß und Verhalten des Managers
    ➤   Individuen, Gruppen, Teams
        (Unterschiede bzw. wann und wozu braucht man Teams?)
    ➤   optimale Gruppengröße
        (wie groß sollten kleine Gruppen in Meetings und
        Seminaren sein?)
    ➤   Tisch-Dynamik
        (der Platz am Tisch formt Gruppenverhalten)
➤   das «linking pin»-Konzept
    (Manager als Mitglied von mindestens zwei Teams)
➤   Rollen in der Gruppe/im Team
    ➤   das Belbin-Rollenmodell
    ➤   ein Fragebogen, mit dem Sie Ihre bevorzugten
        Gruppenrollen herausfinden können
➤   LIFO® - eine Verhaltenstypologie
    (wie Sie Ihre Stärken erkennen, ausbauen und effektiv einsetzen
    können)
➤   Beispiele:
    ➤   eine EDV-Abteilung wird umorganisiert
    ➤   eine Management-Gruppe auf dem Weg zum Team
➤   Spielregeln für Teams
➤   Rollenverhandeln nach R. Harrison
    (Team-Abstimmung)

Weitere Ideen, wie Sie Ihr Team bzw. wie Sie in Team-Meetings coachen können, finden Sie im Kapitel über «Der Manager als (Co-)Trainer» und dort insbesondere unter »Meetings», und in den Coaching-Tips («Wie man z.B. Verkäufer coachen kann», etc.) in vorigen Kapitel.

Meine Meta-Botschaft: Nützen Sie die Teammitglieder als Ressourcen und als Rahmen für das Coaching einzelner Mitarbeiter! Aber hüten Sie sich vor solcher Team-Stimmung, die man «Friede-Freude-Eierkuchen» nennen könnte.
Freuen Sie sich, wenn Sie unterschiedliche Personen im Team haben. Nichts ist unkreativer und langweiliger als wenn sich alle gleich verhalten. Gegenseitige Anregung fällt aus. Vielfalt ist schön. Aber darin liegt eine weitere Aufgabe für Sie: Machen Sie Ihren Mitarbeitern verständlich, daß Gegensätze sich nicht abstoßen, sondern ergänzen. Diese Botschaft ist besonders bei den Verkäufern und Service-Mitarbeitern zu verbreiten. Die einen expressiv, die anderen analytisch (seriös). Zu oft «hauen die sich gegenseitig in die Pfanne», sogar bei Kunden. Die dritte Botschaft also: Coachen Sie cross-funktional, d.h. über Ihr eigenes Team hinaus. Andere Teams sind nicht schlechter, nur weil sie anders sind. Das Wir-und-die-da-Feinddenken dürfte wohl weniger erfolgreich sein.

Was macht eine Gruppe zu einem exzellenten Team?

➤ Aufgaben, Situationen und Menschen direkt annehmen

➤ hohe Erwartungen an sich und an andere stellen

➤ vom Erfolgswunsch getrieben

➤ hohe Qualität und Leistung des Teams verlangen

➤ Aktionsorientierung - Probleme sind Herausforderungen

➤ kreatives Risiko eingehen

➤ dringend ist nicht gleich wichtig

➤   nach Prinzipien und Richtlinien arbeiten
    aber auch die Regeln brechen, um flexibel zu bleiben

➤   immer wieder die Frage: wie können wir besser werden?

➤   Menschen wertschätzen wegen ihres Wissens, wegen ihrer
    Kompetenz und wegen ihres Beitrages zur Gesamtleistung

➤   Glaubwürdigkeit und Beinflussung basierend auf Glaubwürdig-
    keit

➤   nach außen scheinbar arrogant

➤   Manager erkämpft Unterstützung von außen

➤   inspiriert durch Vision, Gefühl für den Zweck, Richtung

➤   hervorragendes Verständnis der Philosophie und Strategie

➤   den anderen vermitteln, welche Aufgaben man hat,
    wofür man eintritt

➤   sich sichtbar und zugänglich machen und halten

➤   Zusammenarbeit mit anderen

➤   formale und informale Netzwerke von Beziehungen

Teambuilding-Prozeß

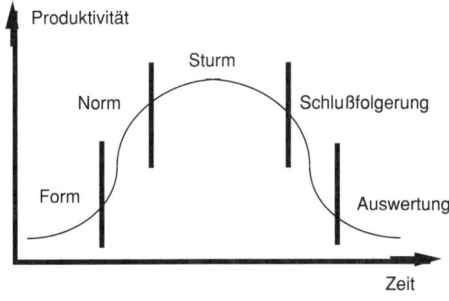

Gruppen/Teams brauchen Zeit, um sich als Gruppe/Team zu finden und zu fühlen, bevor sie mit der formalen Agenda starten können. Man kann nicht mit der Tür ins Haus fallen, weil die meisten zwar mit ihrem Körper anwesend, mit ihrem Geist aber eventuell noch beim schwierigen

Telefonat mit einem Kunden, beim letzten Wochenende oder bei dem
Gespräch mit dem Chef heute nachmittag sind. Die Gruppe/das Team
muß erst auf die gleiche Wellenlänge kommen.

1.   Form
Gemeint ist der Small Talk, das soziale Bla Bla, u.ä., oder auch ein
gemeinsames Experiment, ein Eisbrecher, ... Alles das hilft, ein
offenes Klima zu schaffen und die Teilnehmer auf das Hier und Jetzt zu
konzentrieren sowie die gleiche Wellenlänge herzustellen.

2.   Norm
Bevor man mit der Agenda und den Arbeitsthemen beginnt, müssen
einige Dinge definiert werden:

> ➤   Ziele des Meetings und Erwartungen der Teilnehmer
> ➤   Inhalte
> ➤   Art der gewünschten Ergebnisse
> ➤   Vorgehen, Arbeitstechniken
> ➤   Spielregeln
> ➤   Rollenverteilung

3.   Sturm
Hier geht es an die Themendiskussion. Sturm = alle Energie steht nun
zur Verfügung.

4.   Schlußfolgerungen
Ergebnisse, Entscheidungen, Aktionen, etc. müssen zusammengefaßt
und für alle sichtbar visualisiert werden. Jeder Teilnehmer sollte seine
Verpflichtungen und Aktionen selbst zusammenfassen und sich darauf
verpflichten.

5.   Auswertung
Das Meeting kann nicht beendet werden ohne die Frage nach der
Zufriedenheit mit Ergebnisse und Vorgehen (Feedback) und auch nicht
ohne das soziale BlaBla bzw. ohne das soziale Grunzen.

Individuen, Gruppen, Teams

Viele «Team-Probleme» resultieren aus einer Konfusion. Die o.a. Zeichnung soll darstellen, daß es verschiedene Ebenen von Aufgaben/Projekten/Zielen gibt - je nach ihrer Bedeutung und dem zu tragenden Risiko. Teams braucht man auf jeden Fall und - ich behaupte auch: nur -, wenn die die Aufgabe äußerst wichtig ist und wenn ein hohes Risiko

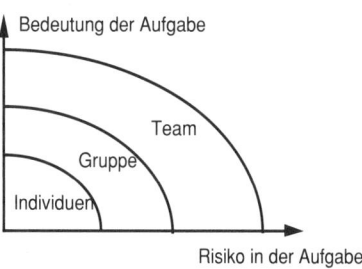

ansteht. Oder anders: Eine Gruppe muß zu einem Team werden können und als ein Team handeln können, wenn diese Art von Aufgaben anstehen. Die Gruppe muß aber auch wieder als Gruppe oder als einzelne Individuen handeln können, wenn es um weniger wichtige und risikoreiche Aufgaben geht.
Warum?

Für Aufgaben der mittleren Art «genügt» eine Gruppe von Professionals, die ihre Expertise einbringen. Sie müssen einander in der Aufgabenerfüllung beruflich verstehen und gleiche Prozesse, Werkzeuge, etc. gebrauchen. Sie brauchen sich nicht zu mögen. Schließlich gibt es auch sehr viele Aufgaben, die besser derjenige alleine erledigt, der das Wissen, das Können und die Befugnis dazu hat. Andere brauchen nicht zu helfen bzw. sich nicht einzumischen.

Und was bedeutet nun «Team»?

«Team» ist ein mißbrauchter Begriff. Alle machen auf Team und leiten daraus ab, daß alles im Team gemacht werden muß. Das «Team» darf dann die individuellen Schwächen und Marotten etc. anklagen. Aber alles das wird u.U. gebraucht. Es braucht Individualität und auch Konflikt, konstruktiv und kreativ ausgetragenen Konflikt. Und gerade das braucht es nun bei sehr wichtigen und sehr risikoreichen Aufgaben: Auseinandersetzung! Die Mitglieder eines Teams müssen sich so gut verstehen und sich so stark auf die anderen verlassen können, daß sie sich wirklich im Sinne ihrer Ziele und Aufgaben auseinandersetzen können.

Linking pins

Mitarbeiter, besonders die Manager, sind meistens gleichzeitig Mitglieder von mindestens zwei Gruppen/Teams. Manager XY im o.a. Bild ist
zum Beispiel:

➤   Mitglied des Teams/der Gruppe vom Manager ABC
➤   Manager seines Teams/seiner Gruppe HIK
➤   und auch noch Mitglied der Gruppe/des Teams RST

Einige der Probleme in Gruppen/Teams resultieren daraus, wie z.B.
diese:

➤   Identifikation
➤   Loyalität
➤   Entscheidungen treffen und ändern müssen
➤   Entscheidungen durchsetzen

Wer Mitglied in mehreren Gruppen/Teams ist, muß also die eine Grup-
pe/das eine Team in der anderen Gruppe/im anderen Team vertreten
können - auch wenn die Entscheidungen so nicht gewünscht sind.
Daher sind Verhandlungen für die Beteiligten immer eine latente Ver-
ratssituation. Was man in der einen Gruppe beschlossen hat, muß eventuell in der anderen Gruppe gegen deren Willen durchgesetzt werden.

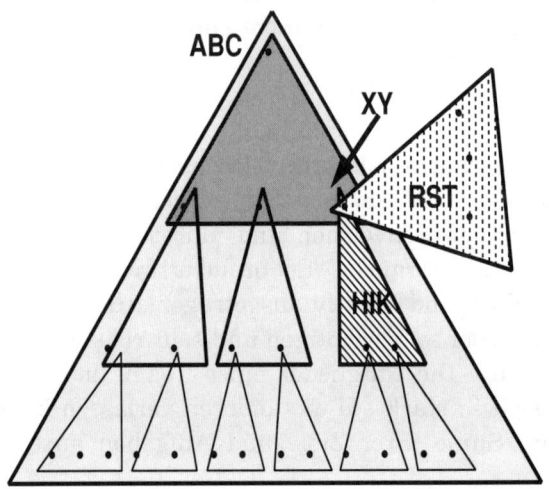

Tisch - Dynamik

Starke Rollen im Teilnehmerrund

Ich habe keine wissenschaftlichen Beweise. Nur persönliche, subjektive Beobachtungen, die allerdings schon vielfach von Seminarteilnehmern bestätigt wurden. Sehr oft konnte ich bereits beobachten, daß in Seminaren und Meetings starke und/oder stark kritische Teilnehmer sich an die dunkel gefärbten Stellen hinsetzen.

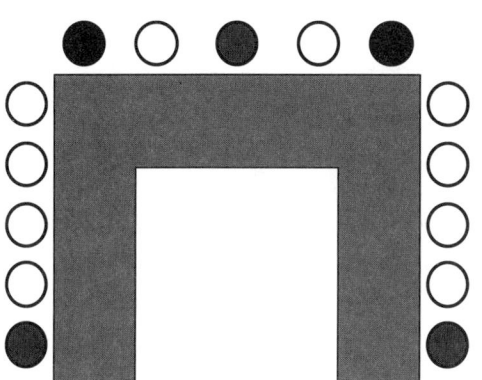

Ist es der Platz, der die Personen stark macht oder setzen sich die Personen dort hin, weil sie sich stark fühlen und den Moderator bzw. Trainer «auf die Hörner nehmen wollen»? Ich weiß das nicht. Ich möchte das auch nicht endgültig festlegen.

Nur noch schnell eine Geschichte als Hintergrund: Als ich noch OD- und OE-Berater beim Vice-President Europe of Software Services eines der größten Computerhersteller der Welt war, geschah dieses: David S., der VP, kam zu spät zum Meeting mit seinen Direct Reports. Sein Stammplatz war im U der Platz hinten in der Mitte; meiner vorne links und/oder rechts - als Moderator ist man so schneller an den Pinnwänden. Dieses Mal stach mich der Hafer. Ich setzte mich auf seinen Stammplatz. Als er ca. 20 Minuten zu spät eintraf, setzte er sich auf meinen Stammplatz und eröffnete das Meeting mit seiner Rahmen-Rede. Und jetzt kommt es: Nach ca. 15 Minuten sagte er: «Reiner, why don't you take over the Meeting!» Sagte es und verschwand aus dem Meeting-Raum. David konnte es nicht aushalten, daß ich seinen Platz okkupiert hatte. Ohne seinen Stammplatz hatte er nicht genügend Macht.

Teams auf der Suche nach Identität

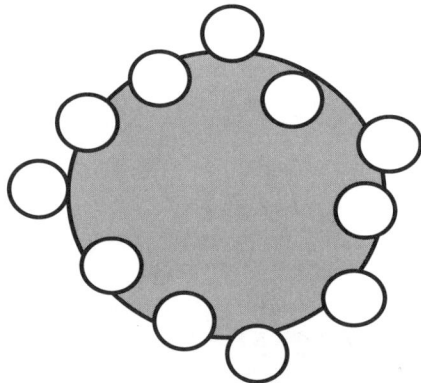

Zu Beginn von Teamentwicklungsprozessen sind höchstwahrscheinlich die einzelnen Individuen nur teilweise oder fast gar nicht oder bereits sehr stark mit dem Team verbunden. Jeder hat potentielle Teile (Verhalten, Know How, etc.), die er/sie produktiv in das Team einbringen kann. In dem Ausmaß wie Gemeinsamkeiten erarbeitet und genutzt werden, wird es möglich, diese Teile einzubringen und nutzbar zu machen.

Was sind solche notwendigen und sinnvollen Gemeinsamkeiten?

> Vision, Mission und Ziele
> Aufgaben, Herausforderungen
> Pläne
> Ergebnisse, Erfolge, Niederlagen
> Meetings, Lernsituationen
> gute und schlechte Erfahrungen
> Freunde und «Feinde»
> Kick-offs, Feiern, Erlebnisse
> Symbole, Namen, Anker
> T-Shirts, Buttons, etc.

Es ist Aufgabe des Teamleiters, Prozesse zu initiieren und zu steuern, in denen solche Gemeinsamkeiten gemeinsam definiert und genutzt werden.
Ähnlich wie Sie Ihr eigenes Gehirn vorbereiten, sprich «programmieren», können Sie so auch Ihr Team «programmieren».

Zellwachstum von Gruppen

So man die Chance hat - und die hat man wahrscheinlicher als man sieht -, ist einer der eleganten Wege, ein neues Team aufzubauen oder ein bestehendes Team auszubauen - das Zellwachstum.

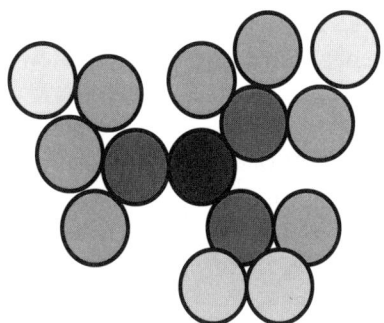

Am interessantesten könnte dieser Weg für Softwarehäuser und andere Unternehmen sein, die größere Projekte durchführen und für die Dauer der Projekte Teams von Spezialisten aus dem Pool von Mitarbeitern zusammenstellen, die jeweils von einem Projektmanager und von mehreren Projektleitern geführt werden.

Sie als Projektmanager sind zusammen mit zwei, drei oder vier Projektleitern der Kern des Wachstums. Sie und hoffentlich auch die Projektleiter sollten die Kultur und die Ziele des Unternehmens sowie die Ziele und den Rahmen des Projektes verstehen und vorleben bzw. vermitteln können. Ihre Aufgabe ist es, die Projektleiter so zu coachen, daß diese zusammen mit Ihnen die «passenden» Mitarbeiter aus dem Ressourcen-Pool des Unternehmens und aus dem Arbeitsmarkt zusammenstellen und die Mitarbeiter optimal führen/coachen.
Die Projektleiter als Senior-Mitarbeiter (in Bezug auf Unternehmenszugehörigkeit und in Bezug auf Professionalität) bilden um sich herum Teilgruppen. Jeweils die eher erfahrenen Mitarbeiter übernehmen Patenschaften für bzw. sind Teil von Lernpartnerschaften zusammen mit den jüngeren Mitarbeitern.

Unterstützt werden muß dieser Prozeß durch die Suche nach und die Nutzung von Gemeinsamkeiten.

Teambuilding-Prozeß und Verhalten des Managers

Das Führungsverhalten sollte auch vom Entwicklungsstand/Reifegrad der Gruppe/des Teams abhängen.

In der *Startphase* ist es sicherlich notwendig, sich gegenseitig kennenzulernen, nicht nur als Arbeitskraft, sondern auch als Privatperson (freundliches Führungsverhalten).

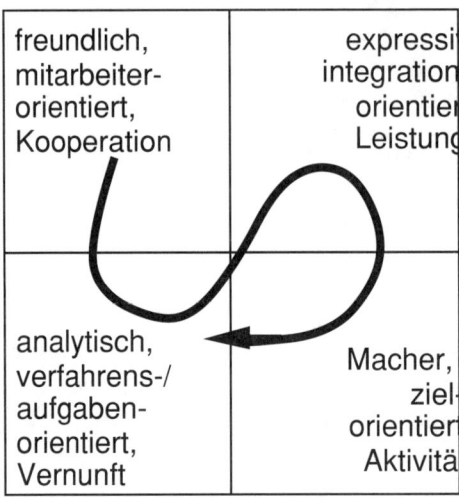

freundlich,
mitarbeiter-
orientiert,
Kooperation

expressi
integration
orientie
Leistung

analytisch,
verfahrens-/
aufgaben-
orientiert,
Vernunft

Macher,
ziel
orientier
Aktivitä

In der *zweiten Phase* sollte man sich gegenseitig mit seinem beruflichen Können, Erfahrungen und Interessen sowie mit seinem spezifischen Beitrag/bzw. mit seiner spezifischen Rolle für die Gruppe kennenlernen. Das hilft der Gruppe/dem Team und dem Manager, die einzelnen Individuen optimal zusammenzubringen (analytisches Führungsverhalten).

Die *dritte Phase* konzentriert sich dann darauf, die Mission, die Ziele, Strategien, Pläne, Projekte, Aufgaben der Gruppe/des Teams und der einzelnen Mitglieder zu diskutieren (expressives Führungsverhalten).
Danach wird über o.a. entschieden und die einzelnen Mitglieder verpflichten sich zu ihren Zielen und Aufgaben etc. (Macher-Führungsverhalten).

Die *vierte Phase* ist dann wieder aufgabenorientiert (analytisches Führungsverhalten). Der Manager kann sich nun darauf verlassen, daß die einzelnen Personen zielorientiert arbeiten. Je nach Reife der einzelnen Mitglieder wird er jetzt eng mit einem Mitarbeiter zusammenarbeiten, bei einem anderen wird er nur intervenieren, wenn Probleme auftreten, etc. (siehe Hersey-Blanchard: Reifegrad und Führungsverhalten).
Auf jeden Fall wird der Manager aber dafür sorgen, daß die notwendigen Rahmenbedingungen geschaffen und erhalten bleiben, daß die Mitarbeiter erfolgreich ihre Aufgaben erledigen können.

Team-Meetings
und individuelle Mitarbeitergespräche im Zielvereinbarungs- prozeß

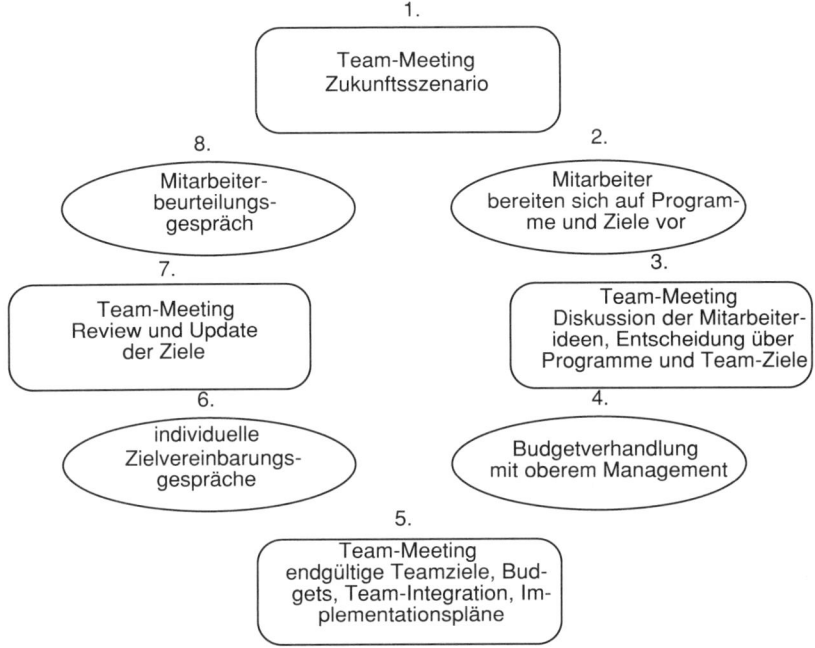

Diesen Zielvereinbarungsprozeß konnte ich Ihnen bereits in meinem Buch «Changemanagement» als integrierten Planungs-, Zielsetzungs- und Review-Prozeß vorstellen.

In einem Abschnitt über Team-Coaching muß dieser Prozeß wieder auftauchen, aus einigen einfachen Gründen:

➢   Wie ich schon gezeigt habe, ist der Zielvereinbarungsprozeß ein Coaching-Werkzeug. Insbesondere die persönlichen Entwicklungs- ziele in den individuellen Zielvereinbarungen sollen Ihre Coaching-Bemühungen definieren; der Mitarbeiter weiß, was er verändern/verbessern soll.

➢   Ich habe die Erfahrung gemacht, daß die individuellen Mitarbei- tergespräche zum Thema «Ziele» und «Beurteilung» wesentlich konstruktiver ablaufen, wenn zuvor Team-Meetings zu diesen Themen stattgefunden haben. Die Ziele, die Leistung, der Ent-

wicklungs- bzw. Coachingbedarf macht mehr Sinn im Zusammenhang mit den Teamzielen, -leistungen und -entwicklungsbedarf.
Das hilft Ihnen und Ihren Mitarbeitern, sich wesentlich besser auf
die Einzelgespräche vorzubereiten.

➢   Darüber hinaus ist ein solcher, über das Jahr durchgeführte
     Prozeß ein Team-Coaching-Werkzeug.

Team-Rollen

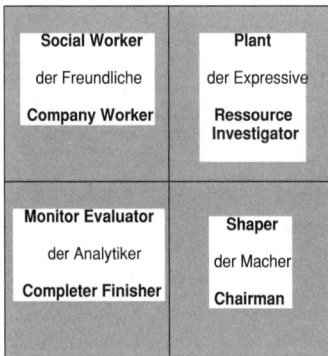

Menschen sind Gott-sei-Dank recht indivi-
duell-unterschiedlich. Typologien sollen
helfen, die Komplexität zu reduzieren und
bewußtes Management möglich zu machen.
Viele von Ihnen werden die Führungsstile
(der Analytiker, der Freundliche, der
Expressive, der Macher - der Verfahrenso-
rientierte, der Mitarbeiterorientierte, der
Integrationsorientierte, der Zielorientierte -
1/1, 1/9, 9/9, 9/1 - etc.) kennen. Meredith
Belbin (Management Teams, Why they
Succeed or Fail, Heinemann, London 1986, ISBN 0 434 90217) hat mit
ihrem Team Management-Teams beobachtet und herausgefunden, daß
8 verschiedene Rollen bzw. Funktionen in Teams vorkommen können:

Plant	(Pflanze) Ideengeber
Ressource Investigator	hat Ideen, was und wen man dazu braucht
Shaper	macht viele unterschiedliche Ideen verständ-lich, faßt zusammen, formt Ideen
Chairman	muß nicht der offizielle Chef sein; treibt voran
Social Worker	kümmert sich um das Klima, um die Individuen
Company Worker	das Arbeitspferd; packt an, arbeitet für andere
Monitor Evaluator	beobachtet und korrigiert Abläufe, macht effi-zienter
Completer Finisher	findet die fehlenden Details

Alle Rollen sind wichtig für exzellente Teams. Die Botschaft: Nützen
Sie die Stärken Ihrer Mitarbeiter. Dazu sollten Sie eine Bestandsaufnahme machen; der Fragebogen könnte Ihnen helfen.

Team-Rollen-Beschreibung

Typ	Typisches	Positive Seiten	erlaubte Schwächen
Plant	Individualistisch unorthodox	genial, Imagination, intellektuell, breites Interesse und Wissen	Hoch in den Wolken, übersieht praxisnahe Details, bricht die Regeln
Ressource Investigator	Extrovertiert, enthusiastisch, neugierig, kommunikativ	kontaktfähig, explorativ, nimmt Herausforderungen an	verliert schnell Interesse, wenn die Anfangs-Faszination vorüber ist
Shaper	dynamisch, geht voll aus sich heraus	gegen Ineffektivität, Langeweile, Ja-Sager und Selbsttäuschung, bündelt und fokussiert Ideen	provoziert, irritiert, ungeduldig
Chairman	ruhig, Selbstvertrauen	(an-)erkennt die Beiträge aller ohne Vorurteil, starke Zielorientierung	normale Intelligenz und Kreativität
Teamworker	sozial-/menschenorientiert, sensitiv, rücksichtsvoll	reagiert auf Menschen und Situationen, fördert den Teamgeist	in Krisensituationen entscheidungsschwach
Company Worker	konservativ, pflichtbewußt, vorhersagbar	Organisationstalent, praktisch, selbstdiszipliniert, harter Arbeiter	eher unflexibel, springt nicht auf neue Ideen an
Monitor Evaluator	nüchtern, unemotional, bedächtig	hält fest, urteilt, unterscheidet	eher wenig Inspiration, kann wenig motivieren
Completer Finisher	ordentlich, ängstlich bedacht, detailverliebt	perfekt, führt Dinge zu Ende	kümmert sich auch um die unwichtigsten Details, läßt nicht gerne los

Test zur Selbstkontrolle

Anleitung:

Für jede der Aufgaben haben Sie insgesamt 10 Punkte zur Verfügung, die Sie beliebig auf die Sätze verteilen können, die Ihr Verhalten am besten beschreiben.

Diese Punkte können nur auf wenige Sätze verteilt werden - in extremen Fällen auch auf alle oder aber nur auf einen einzigen Satz.

1. **Welchen Beitrag können Sie in einem Team leisten ?**

____ a) Ich denke, ich verfüge über ein schnelles Auffassungsvermögen; ich kann Vorteile aus neuen Möglichkeiten ziehen.

____ b) Ich kann sehr gut mit vielen verschiedenen Menschen zusammenarbeiten.

____ c) Eins meiner Talente ist es, Ideen zu produzieren.

____ d) Meine Stärke ist es, das aus einem Menschen herauszuholen, was er an besonderen Fähigkeiten in die Gruppe einbringen kann.

____ e) Meine Fähigkeit, eine Sache zu verstehen, ist sehr stark mit meiner persönlichen Effektivität verknüpft.

____ f) Ich bin dazu fähig, mich vorübergehend unbeliebt zu machen, wenn es für die Arbeit und das Endergebnis sinnvoll ist.

____ g) Ich kann einschätzen was realistisch und vielversprechend für die Arbeitsweise ist.

____ h) Ich kann völlig vorurteilsfrei vernünftige Arbeitsalternativen anbieten.

2.   **Ich kann mich schlecht in ein Team einbringen - es kann daran liegen, daß:**

___   a) es mir schwerfällt wenn «meetings» schlecht organisiert, geführt und kontrolliert sind.

___   b) ich dazu neige, anderen den Vorzug zu geben, wenn Sie einen sinnvollen Standpunkt vertreten, aber noch keine Chance hatten, diesen vorzutragen.

___   c) ich dazu tendiere, zu viel zu reden, wenn die Gruppe dabei ist, neue Ideen zu entwickeln.

___   d) meine Vorstellungen mich daran hindern, mich meinen Kollegen frei und mit Enthusiasmus anzuschließen.

___   e) ich hin und wieder den Anschein erwecke, zu zwingend und autoritär zu sein, wenn etwas getan werden muß.

___   f) es für mich schwierig ist, eine Führungsposition zu übernehmen, weil ich von der Gruppenatmosphäre abhängig bin.

___   g) ich dazu neige, mich in Ideen zu verrennen, so daß ich zwangsläufig den Anschluß an die Gruppe verliere.

___   h) meine Kollegen dazu tendieren, mich als detailbesessen zu betrachten und die Gefahr besteht, daß Dinge in die falsche Richtung laufen.

3.   **Sie arbeiten mit anderen an einem Projekt:**

___   a) Ich habe die Begabung, andere positiv zu beeinflussen, ohne sie dabei zu bedrängen.

___   b) Meine Wachsamkeit verhindert Leichtsinnsfehler und Versäumnisse.

___   c) Ich kann bei einem «meeting» sehr gut verhindern, daß Zeit vergeudet und das eigentliche Ziel aus den Augen verloren wird.

___ d) Man kann sich darauf verlassen, daß ich originelle Ideen habe.

___ e) Ich unterstütze gute Vorschläge, wenn sie im gemeinsamen Interesse sind .

___ f) Ich bin daran interessiert, möglichst die neuesten Ideen und Entwicklungen aufzuzeigen.

___ g) Ich glaube, mein Urteilsvermögen kann dazu beitragen, die richtigen Entscheidungen zu treffen.

___ h) Man kann sich auf mich verlassen, wenn es darauf ankommt, die wesentliche Arbeit systematisch zu organisieren.

4. Mein Anspruch an Gruppenarbeit ist:

___ a) Ich habe kein großes Interesse daran, Kollegen besser kennenzulernen.

___ b) Ich zögere nicht, die Meinung anderer herauszufordern oder eine wenig akzeptierte Meinung zu vertreten.

___ c) Gewöhnlich kann ich einen Weg der Argumentation finden, um weniger stichhaltige Vorschläge zu entkräften.

___ d) Ich denke, ich habe die Fähigkeit, einen Plan in die Praxis umzusetzen.

___ e) Ich tendiere dazu, mich nicht an offensichtlichen Dingen festzuhalten, sondern Unerwartetes auf den Tisch zu bringen.

___ f) Ich habe den Anspruch, jeden meiner Jobs perfekt zu machen.

___ g) Ich kann Kontakte einflechten, die außerhalb der Gruppe liegen.

___ h) Ich bin an allen Meinungen interessiert und zögere nicht, meine Meinung zu ändern, auch wenn schon eine Entscheidung getroffen ist.

5.   Ich erlange in einem Job Befriedigung, weil:

___ a) es mir Spaß macht, Situationen zu analysieren, und die möglichen Lösungen abzuwägen.

___ b) ich daran interessiert bin, praktikable Lösungen für ein Problem zu finden.

___ c) ich das Gefühl genieße, gute Arbeitsbeziehungen zu fördern.

___ d) ich auf Entscheidungen großen Einfluß nehmen kann.

___ e) ich ein Gespür für Menschen habe, die etwas Neues zu bieten haben.

___ f) ich Menschen dazu bringen kann, einen neuen, aber notwendigen Aktionskurs zu akzeptieren.

___ g) ich in meinem Element bin, wenn eine Aufgabe meine ganze Aufmerksamkeit beansprucht.

___ h) ich Gebiete entdecken möchte, die es mir möglich machen, meine Vorstellungskraft zu erweitern.

6.   Wenn ich plötzlich mit einer schwierigen Aufgabe bei begrenzter Zeit und unter unbekannten Personen konfrontiert werde:

___ a) würde ich mich gern in eine ruhige Ecke zurückziehen, um einen Ausweg aus der Sackgasse zu finden, bevor eine klare Linie entwickelt wird.

___ b) würde ich mich der Person anschließen, die die positivsten Ansätze zeigt.

___ c) würde ich versuchen, den Umfang der Aufgabe zu reduzieren, indem ich sie möglichst sinnvoll auf die verschiedenen Personen verteile.

___ d) wäre mein natürliches Gespür für Dringlichkeit eine Garantie dafür, daß wir den Zeitplan einhalten.

___ e) bin ich davon überzeugt, einen klaren Kopf zu bewahren, um
   überlegt zu handeln.

___ f) würde ich beständig weiterarbeiten, auch wenn die Zeit drängt.

___ g) wäre ich darauf vorbereitet, auch eine führende Rolle zu übernehmen, wenn es zum Vorteil der Gruppe ist.

___ h) würde ich eine Diskussion anregen, um dadurch neue Ideen
   und Inspirationen zu schaffen.

**7. In Bezug auf die Probleme, denen ich unterworfen bin,
   wenn ich in der Gruppe arbeite:**

___ a) Ich kann Unzufriedenheit demonstrieren, wenn andere ein
   Weiterkommen blockieren.

___ b) Andere dürfen mich durchaus kritisieren, wenn ich zu analytisch oder intuitiv bin.

___ c) Mein Wunsch, mich immer noch einmal zu vergewissern, hält
   mitunter die Arbeit auf.

___ d) Ich neige dazu, mich sehr schnell zu langweilen und schließe
   mich daher an ein oder zwei Mitarbeiter an, um mich auszu-
   klinken.

___ e) Es fällt mir schwer anzufangen, wenn die Ziele noch unklar
   sind.

___ f) Manchmal gelingt es mir nicht, mich mitzuteilen oder zu erklären.

___ g) Ich fordere andere auf, Dinge zu tun, zu denen ich selbst nicht
   in der Lage bin.

___ h) Ich zögere, meine Meinung zu verteidigen, wenn ich gegen eine
   starke Opposition angehen muß.

Auflösung:

Übertragen Sie Ihre Punktzahl aus jeder Aufgabe in die dafür
vorgesehene Tabelle.
Addieren Sie nun die Gesamtpunktzahl jeder Längsspalte, damit Sie
ein differenziertes Ergebnis Ihres Rollenverhaltens bekommen.

Interpretation des Gesamtergebnisses:

Die höchste Punktzahl in den einzelnen Bereichen wird aufzeigen, wie
Sie das Beste aus Ihren Fähigkeiten im Management oder in einer
Projektgruppe machen können.

Das zweithöchste Ergebnis kennzeichnet Ihr Rollenverhalten, das Sie
annehmen sollten, wenn aus irgendeinem Grund nur ein geringes
Gruppenbedürfnis nach einem vorherrschenden Rollenverhalten
besteht.

Die beiden niedrigsten Ergebnisse weisen auf mögliche Schwächen in
Ihrem Gruppenverhalten hin.

Doch statt diese schwachen Eigenschaften zu bekämpfen, sollte sich der
Manager mit jemanden zusammen tun, der seine Stärken auf diesen
Gebieten hat.

Ergebnistabelle

	CW	CH	SH	PL	RI	ME	TW	CF
Sektion 1	g	d	f	c	a	h	b	e
Sektion 2	a	b	e	g	c	d	f	h
Sektion 3	h	a	c	d	f	g	e	b
Sektion 4	d	h	b	e	g	c	a	f
Sektion 5	b	f	d	h	e	a	c	g
Sektion 6	f	c	g	a	h	e	b	d
Sektion 7	e	g	a	f	d	b	h	c

TW = teamworker CW = company worker	PL = plant RI = ressource investigator
ME = monitor evaluator CF = completer finisher	SH = shaper CH = chairman

LIFO®
Philosophie und Übungen

Aus «Fehlern» wird man klug? Versuchen Sie es mit dem Stärken-Ansatz. Das fällt leichter, macht mehr Spaß, motiviert besser und ist erfolgreicher. Denken Sie an die Baumwollaffen. Und was ist mit den anderen, Ihren Chefs, Kollegen, Mitarbeitern? Menschen sind unterschiedlich. Jemand, der anders denkt und handelt (der «anders tickt»), ist deswegen kein schlechter Mensch oder gar Feind. Betrachten Sie Menschen mit anderen Stilen als Ergänzungen zu Ihnen selbst. Zusammen haben Sie eine größere Verhaltensbandbreite. Besonders in Management-, Projekt- oder ganz normalen Teams von Mitarbeitern ist das wichtig.

Nichts ist uneffektiver, als ein Team von «Gleichen». Aber es ist natürlich auch eine echte Herausforderung, sich mit Menschen zu umgeben, die anders, also unbequem sind. Und wenn Sie das als Chef geschafft haben, dann stehen Sie immer noch vor der Herausforderung, daß die Mitarbeiter in Ihrem Team sich dagegen spreizen, neue Teammitglieder zu integrieren, die anders sind. In einem Team von etwa 40-jährigen Männern war es nicht möglich, eine 28jährige, unverschämt gutaussehende junge Frau einzuschleusen; die war sexy, zog sich auch so an und war überhaupt nicht auf den Mund gefallen; schön und spitz-intelligent. Das war zuviel.

Sie sollten sich auch nicht wundern, wenn Ihre Mitarbeiter, Kunden, Chefs, etc. nicht auf Ihre «Masche» anspringen. Nicht wahr, Sie wissen ganz genau, bei wem Sie ankommen, bei wem nicht. Und wetten, wenn Sie ehrlich zu sich selbst sind, dann haben Sie die Tendenz, gehäuft z.B. die Kunden zu besuchen, mit denen Sie «können». Die anderen vermeiden Sie «wie der Teufel das Weihwasser». Und wenn Sie es schon nicht vermeiden können, dann gehen Sie halt hin, und Sie wissen, daß es nicht klappt; und siehe da, das klappt auch nicht. Sie haben Recht - meinen Sie; doch eigentlich ist hier nur die Sich-selbst-erfüllende-Prophezeihung am Wirken. Und Sie finden immer weiter einen guten Grund für Ihr «Feindbild». Aber schauen Sie mal über den Zaun. Da gibt es doch tatsächlich Kollegen, die es mit Ihren «Lieblingen» besser können. Bei denen klappt es. Wieso das? Die sind auf der gleichen Wellenlänge.

Ich habe von einer interessanten Untersuchung eines führenden deutschen Automobilherstellers (fängt mit B an und hört mit W auf; hat drei Buchstaben) gehört und gelesen. Man hat herausgefunden, daß es Verkäufer gibt, die signifikant häufiger die Wagen der Oberklasse verkauft haben, nicht aber die der Mittelklasse und der unteren Kategorie. Und es gab Verkäufer, die besonders erfolgreich in der Mittelklasse waren, nicht aber in den beiden anderen, und so weiter. Erkennen Sie das Prinzip? Jeder kann mit Seinesgleichen, bzw. nur mit Seinesgleichen. Das ist langweilig und wenig erfolgreich. Der Spruch «Behandele andere so, wie Du selbst behandelt werden willst» scheint irgendwie verkehrt, auf jeden Fall nicht besonders erfolgreich zu sein.

Schauen Sie, wäre es nicht besser, wenn Sie lernen würden, auch andere Stile zu erkennen, zu akzeptieren und sich darauf einzustellen - also Ihr Verhalten anzupassen. Wetten, daß Sie dadurch mehr erreichen, erfolgreicher sind. Das ist wissenschaftlich-vulgär ausgedrückt die Philosophie von LIFO® (Life Orientation = Lebensorientierung), die von Allan Katcher entwickelt wurde.

Was mich besonders daran fasziniert - Sie haben es schon gemerkt -, ist,

➢ Toleranz zu üben
➢ Gegensätze als Ergänzungen zu sehen und zu nutzen
➢ sich auf andere einzustellen
➢ eigene Stärken und die Stärken anderer zu erkennen und zu nutzen

Auf den nächsten Seiten gebe ich Ihnen

➢ eine Kurzbeschreibung der Stile. Sie werden schnell Ähnlichkeiten zum Rollenmodell von Belbin erkennen; vielleicht kennen Sie noch andere Modelle mit 4 Stilen - ich kenne inzwischen 26 davon.
   der Unterschied liegt in der konsequenten Verfolgung einer Philosophie, bei LIFO®: Stärken!

➢ Übungen, wie Sie lernen können, mit Ihren Talenten zu wuchern und damit nicht zu übertreiben.

LIFO®
Stilbeschreibung

Leistung
unterstützend, hergebend

Bedürfnisse
zugänglicher und wertvoller Mensch sein
geschätzt, verstanden und akzeptiert
werden
wissen, daß Ideale nicht verloren gehen
Stärken
bewundert, unterstützt die Leistung
anderer
stellt hohe Ansprüche an sich und andere
vertraut und glaubt anderen
hilft anderen und nimmt sie in Schutz
Schwächen
gibt unnötige Hilfe und Ratschläge
ist enttäuscht und kritisch
sieht er keinen Wert, packt er nicht an
läßt sich zu stark auf andere ein

Kooperation
anpassend, harmonisierend

Bedürfnisse
liebenswerter, beliebter Mensch sein
jeder soll mit dem Ergebnis zufrieden sein
Gelegenheiten nutzen, anderen zu gefallen
Stärken
feines Gespür für Gefühle und Bedürfnisse
gestaltet Beziehungen noch positiver
reagiert flexibel, keine festgefahrenen
Muster
vermittelt bei gegensätzlichen Meinungen
Schwächen
scherzt gerne, auch wenn es unangebracht
ist
hält eigene Ansichten zurück, paßt sich an
verbringt Zeit gerne in Sitzungen und ge-
mütlichen Zusammenkünften

Vernunft
bewahrend/festhaltend

Bedürfnisse
objektiv und vernünftig sein
Risiken vermeiden und beseitigen
jeden Schaden ist wieder gut machen
Stärken
analysiert, interpretiert und schafft Fakten
begründet seine Meinung, zeigt
Alternativen
methodisch, sauber, umsichtig, abwägend
maximiert, was bereits vorhanden ist
Schwächen
verliebt in Fakten, verliert Interesse
anderer
verwirrt durch zuviele Wahlmöglichkeiten
Kontrolle durch Systeme, Strukturen
akzeptiert ungerne Neues

Aktivität
bestimmend, übernehmend

Bedürfnisse
aktiver und fähiger Mensch sein
Hindernisse überwinden
noch andere Möglichkeiten sehen
Stärken
übernimmt Führung, bestimmenden
Einfluß
gibt Gefühl dringender Wichtigkeit
freut sich an Herausforderungen
sucht verborgene Widerstände
Schwächen
dominiert und unterbricht andere, verhört
schafft Unsicherheits-Atmosphäre
nimmt riskante, unnötige
Herausforderungen
verfolgt Neues auf Kosten des Laufenden

LIFO®-Übungen

1. *Finden Sie Ihre Stärken heraus:*

   ➢ Machen Sie sich Ihre Stärken und Stile bewußt und akzeptieren Sie sie.
   ➢ Beklagen Sie sich nicht darüber, was Sie nicht sind und können, sondern wenden Sie Ihre Stärken und Ihren Stil in Ihrer gegenwärtigen Situation zuversichtlich an (wuchern Sie mit Ihren Talenten!).

2. *Vermehren Sie Ihre Stärken mit / durch Ihre Partner:*

   ➢ Lernen Sie die Stärken und Stile Ihrer Kollegen, Chefs, Mitarbeiter kennen, besonders die, die sich von Ihren eigenen unterscheiden.
   ➢ Setzen Sie die verschiedenen Stärken der anderen ein, um bessere Entscheidungen zu treffen und Vorurteilen vorzubeugen.

3. *Erweitern Sie Ihre Stärken:*

   ➢ Versuchen Sie Ihren vernachlässigten Stil in Situationen mit geringem Risiko auszuprobieren.
   ➢ Üben Sie, um Ihren (bisher vernachlässigten) Stil auszubauen.
   ➢ Verwenden Sie häufiger Stärken aus Ihrem vernachlässigten Stil.

4. *Verbinden Sie Ihre Stärken:*

   ➢ Finden Sie heraus, wie Ihr Partner am liebsten angesprochen werden will.
   ➢ Modifizieren Sie Ihr Verhalten gegenüber anderen, indem Sie mehr auf den Stil Ihrer Partner eingehen.
   ➢ Bitten Sie Ihre Chefs, Kollegen, Mitarbeiter, mit Ihnen so zu kommunizieren, daß Sie Ihren Stil einsetzen können.

5. *Kontrollieren Sie Übertreibungen:*

➤ Werden Sie sich darüber klar, welche Situationen und welches Verhalten anderer bei Ihnen den übertriebenen Einsatz Ihrer Stärken hervorrufen.

➤ Lernen Sie, Übertreibungen zu kontrollieren und ihre Ursachen zu beheben.

➤ Bitten Sie andere, Ihnen zu sagen, wenn Sie Ihren Stil übertrieben anwenden.

Natürlich kann ich Ihnen hier nicht alle Einzelheiten erklären - wie bei allen anderen Theorien, Modellen, Ansätzen. Aber ich weiß, wenn Sie interessiert sind schauen Sie in das Literaturverzeichnis und kümmern sich dann weiter um die Details in der Literatur und bei den Anbietern.

EDV-Abteilung im Netzwerk

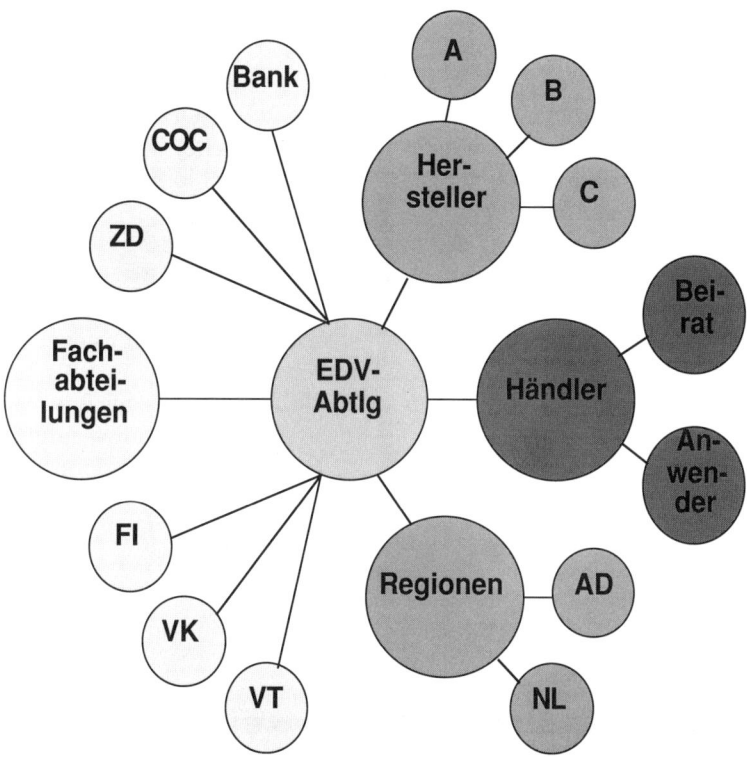

Dies ist der erste Schritt in einem Prozeß, in dem eine EDV-Abteilung ihre Kooperationspartner in und außerhalb ihres Unternehmens als Netzwerkpartner identifiziert hat. Da die Namen unerheblich sind (und da Vertraulichkeit gewahrt werden sollte) habe ich die Abkürzungen nicht übersetzt.

In diesem konkreten Fall war es für den Manager und für die Mitarbeiter erstaunlich festzustellen, wieviele verschiedene Partner sie haben und also folglich auch vom Team aus «managen» müssen. Dabei bin ich sicher, daß noch einige externe Partner fehlen, wie z.B. mtt (das Münchner Trainer Team), freiberufliche Mitarbeiter, Unterauftragnehmer (Programmierer, Softwarehäuser), etc.

Erwartungen und Angebote EDV-Abteilung zu Fachbereichen

EDV-Abteilung erwartet von den Fachbereichen:

Verständnis für die Aufgabenstellung

mehr Systemkenntnisse

bessere Kommunikation und Unterstützung beim Händler:
- verstärkte Teilnahme bei der Beratung
- Fachunterstützung vor Ort
- Rücksprache bei Problemen mit Händlern
- abgestimmte, gleiche Aussagen

Information über:
- Händlerstrategie (Verträge, Umschlüsse, ...)
- Planungen
- Händleraktionen

Einladung zu Außendienst-Seminaren

EDV-Abteilung bietet den Fachbereichen an:

Service:
- schnelle Verfügbarkeit
- mehr Vor-Ort-Unterstützung
- einheitliche, einfache Systeme
- keine Probleme mit IV

Information über:
- Termine bei Händler werden frühzeitig bekanntgegeben (mit BTX)
- Info-Tag (wer, was, wie)
- Vorträge und Infoveranstaltungen in den Regionen

Dies ist der zweite Schritt in einem Prozeß, in dem ein Team (eine EDV-Abteilung) sich auf Kooperationsabkommen mit den Fachbereichen vorbereitet. Der erste Schritt (siehe die Seite zuvor) bestand darin, die Kooperationspartner im Netzwerk zu identifizieren. Natürlich wird der nächste Schritt darin bestehen müssen, in direkte Verhandlungen einzutreten, mit jedem einzelnen Netzwerkpartner in und um dieses Unternehmen herum.

Orga - Design EDV - Abteilung

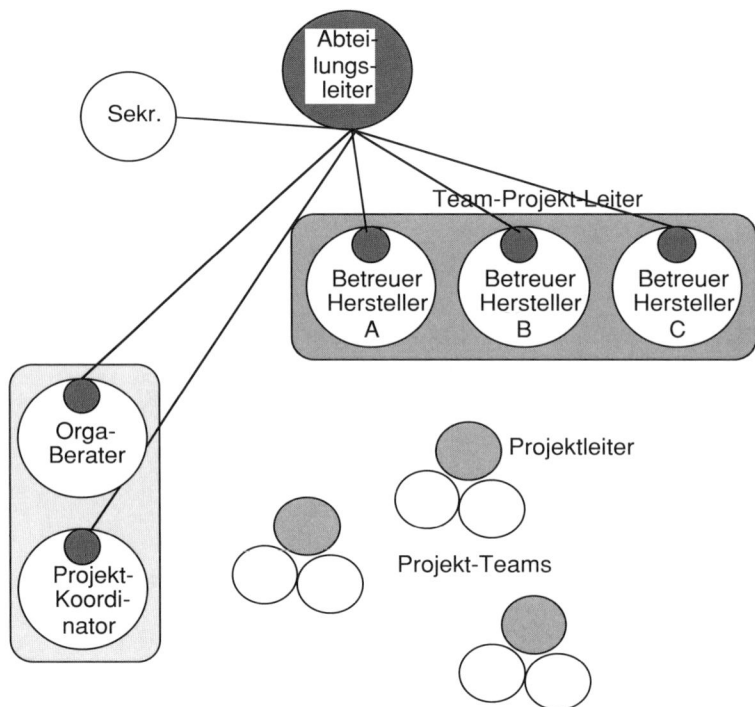

Anstelle eines herkömmlichen Organigrammes bevorzugte dieses Team eine andere Darstellung ihrer Abteilung, eher ein Funktiogramm, das die Netzwerk- bzw. Matrixbeziehungen in der Abteilung aufzeigt. So können alle Mitglieder im Team erkennen, wie sie miteinander gruppenübergreifend verbunden sind.

Ich wünsche Ihnen den Mut, auf herkömmliche Organigramme zu verzichten, um Ihrem Team zu helfen zu verstehen, wie sie als Netzwerk und in einem größeren Netzwerk operieren müssen. Eine Ihrer Coaching-Aufgaben.

Ein Beispiel, wie Teams im Projektmanagement-Prozeß zusammenarbeiten

	Berater	Betreuer	Projekt-koordin.	Projekt-leiter	Fach-abteilung	Außen-dienst	Händler
1. Phase Kontakt	ist Treiber, macht Voranalyse	gibt Input	Clearing-Stelle		schaltet Berater ein	schaltet Berater ein	schaltet Berater ein
2. Phase Bedarfsanalyse	Bedarfs- und Istanalyse	Bedarfs- und Istanalyse	Wirtschaftlichkeit, Zeitleiste	übernimmt Projekt, baut Team auf	gibt Input	gibt Input	gibt Input
3. Phase Konzept	Konfiguration	Hersteller-kontakt	Fluglotsen funktion	Konzept Präsentation Fachabt.	einbezogen, um Konzept zu prüfen	einbezogen, um Konzept zu prüfen	einbezogen, um Konzept zu prüfen
4. Phase Analyse	Aufgaben lt. Projektplan	Hersteller kontakt	Fluglotsen -funktion	Programmierung Pilotprojekt Fachabt.	Teilnahme an Pilotprojekten	Teilnahme an Pilotprojekten	Teilnahme an Pilotprojekten
5. Phase Design	Aufgaben lt. Projektplan	Hersteller-kontakt	Fluglotsen -funktion	Feinkonzept Fehlerbeseitigung Fachabt.	Feinkonzept prüfen	Feinkonzept prüfen	Feinkonzept prüfen
6. Phase Implementierungplan	Aufgaben lt. Projektplan	Hersteller-kontakt	Fluglotsen -funktion Implem.-Plan	Implem.-Plan externe Ress. Trainer Pilotimplem.	Planung abstimmen, Pilotimplementierung	Planung abstimmen, Pilotimplementierung	Planung abstimmen, Pilotimplementierung
7. Phase Implementierung	Aufgaben lt. Projektplan	Hersteller-kontakt	Fluglotsen funktion, überwacht Implementierung	Implem. in die HO, löst Projektteam auf	Feedback, Teilnahme an Reviews	Feedback, Teilnahme an Reviews	Feedback, Teilnahme an Reviews
8. Phase Operation		Betreuung, Besuche, Hotline	sammelt Feedback, Fehlerbeseitigung	weiterhin Ansprechpartner	Feedback, Teilnahme an Reviews	Feedback, Teilnahme an Reviews	Feedback, Teilnahme an Reviews

Ein Führungsvertrag

Eine EDV-Abteilung sollte umorganisiert werden. Von dem Nebeneinander von fünf Gruppen innerhalb einer Abteilung zur Zusammenarbeit in Projekten. Mitarbeiter aus allen fünf Gruppen sollten gemeinsam in definierten, temporären Projekten unter der Leitung eines Projektleiters arbeiten. Der Projektleiter sollte jeweils vom Team in Zusammenarbeit mit dem Abteilungsleiter und den Team-Projekt-Leitern bestimmt werden. Diese Team-Projekt-Leiter übrigens wurden völlig neu eingerichtet; eine dem Gruppenleiter nahekommende Führungsebene.

Wirrwarr bei den Teilnehmern des Meetings. Und Unglauben, daß das jemals funktionieren könnte. Für Kenner ist das ja keine Frage; so funktionieren viele Software-Häuser ganz gut. Doch bei dieser Organisationsveränderung spielten eine Menge Ängste vor dem Neuen mit.

	einstellen	Ziele vereinbaren	beurteilen	Gehalts-entscheidungen	entwickeln	Administration
Abteilungsleiter	2 1 **bei TPL-Einstellung**	2 1 **bei grösseren Projekten**	2	1	2 1 **bei Schulungsplan**	2
Team-Projekt-Leiter	1	Personalverantwortung 1	1	2	1	1
Projektleiter		2 **im Rahmen des Projektes**	3 **im Rahmen des Abschluß-berichtes**		3 **fachliches Coaching im Projekt**	1 **Projektplanung und -administrat.**

Doch kein Problem mit den Präzisionsfragen aus dem Meta-Modell:

➤ Um welche Führungsebenen handelt es sich?
➤ Welche Funktionen verstehen Sie unter dem Begriff Führung?
➤ Wer soll welche Führungsfunktionen übernehmen? Wer ist verantwortlich?
➤ Mit wem soll sich der Funktionsinhaber jeweils abstimmen? Wer ist beteiligt?
➤ Welche Prozesse braucht es, um die Koordination zwischen den Führungspersonen zu gewährleisten.

Die Lösung war in 15 Minuten da, wurde verstanden und akzeptiert.

Sollten Sie Mitarbeiter haben, die Sie vorübergehend an einen anderen Manager z.B. für ein Projekt ausleihen, dann sollten Sie solch einen Vertrag abschließen, um sicherzustellen, daß Ihr Mitarbeiter richtig betreut und gecoached wird.

Viele Inseln ergeben ein Inselreich

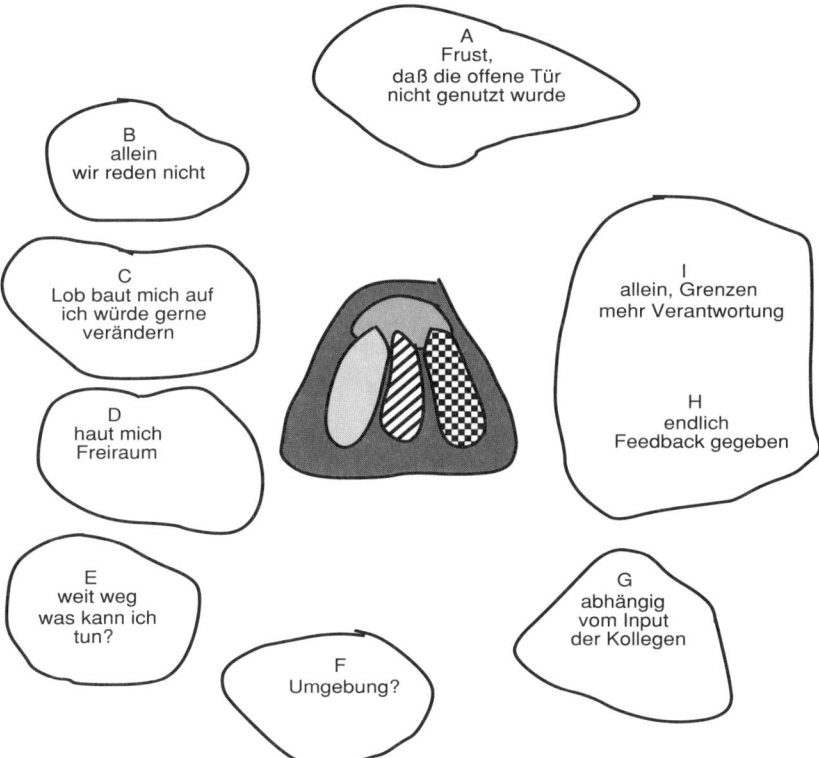

Mit dieser Insel-Analogie konnten wir den Menschen in einem Management-Team helfen zu verstehen, daß sie erstens ihre Frustrationen loswerden dürfen und daß sie zweitens unterschiedlich bleiben sollten, um sich gegenseitig zu ergänzen. Man muß nicht verschmelzen, um ein Team zu sein. Man sollte aber die Unterschiede akzeptieren und als Ergänzungen begreifen, Störungen offen kommunizieren und offen sein, sich auch streiten zu können. Team ist nicht «Friede, Freude, Eierkuchen».

Ausgangsprofil
... wir als Management-Team haben/sind:

A   Einzelkämpfer
        es gibt kein Management-Team
        kein entscheidungsfähiges Team
        keine gemeinsame Entscheidungsfindung
        wir ziehen nicht an einem Strang
B   es wird nicht gemanaged
        wir verlieren uns im operationalen Alltag
C   keine abgestimmten Aktionen
D   was sind unsere shared values?
        Unternehmensziele - Bereichsziele?
E   Konflikte werden auf der Beziehungs-, nicht auf der Sachebene
        ausgetragen
        die Beziehungen untereinander stimmen nicht
F   jeder einzelne hat großes Engagement und viel Power für
        Selbstmotivation
G   wir sind in der ersten Managementkrise
H   kein Feedback
        wir sind nicht offen
I   wir coachen uns nicht
J   wir leben unser Unternehmen nicht vor

So hat sich ein Management-Team zu Beginn eines Teambuilding-
Workshops gesehen. Die Großbuchstaben stehen für die einzelnen
Mitglieder.
Was mich hier besonders überrascht hatte, war, daß sich in diesem
Feedback der Bedarf und das Bedürfnis nach gegenseitigem Coachen so
deutlich ausdrückt. Das ist aber eigentlich klar: Wie sollen Manager
ihre Mitarbeiter coachen können, wenn sie nicht von ihren Kollegen
oder/und Chef gecoached werden. Treppen kehrt man von oben. Für
viele Manager-Seminarteilnehmer ist es immer wieder schön und
traurig gleichzeitig, wenn sie im Seminar entdecken, daß man ganz
offen über Mitarbeiter reden darf und kann. Schön, weil sie entdecken,
daß sie ähnliche Probleme haben und daß sie durch Erfahrungsaus-
tausch voneinander lernen können. Traurig, weil sie glauben, daß sich
das im Führungsalltag nicht anwenden läßt. Haben meine Kollegen
Zeit für mich?

Sehen Sie es einmal ganz pragmatisch: Sie als Management-Team sind verantwortlich für Ihre Mitarbeiter; Ihre Mitarbeiter sind nicht nur die direkten Mitarbeiter, sondern indirekt alle anderen Mitarbeiter Ihrer Funktion bzw. Ihres Unternehmens. Schauen Sie also über den Tellerrand hinaus. Denken Sie in Netzwerken. Helfen Sie sich gegenseitig. Coach as can coach.

Die Meinungen der einzelnen Teammitglieder über das Team
im Telegramm-Stil

A   ich und die anderen
     alleine!
     Unterstützung?
     Feedback
     wir denken, tun aber nicht
     Plattform?
     Kommunikation/Information?
     Mitarbeiter verloren
     meine Job-Vorstellung
     gestalten im Team!
     wer motiviert mich? ich selbst!
     gemeinsames Problembewußtsein
B   aufgestaut
     Enthusiasmus
     Veränderungsspaß
     Lob baut mich auf
     Beziehungen zu anderen?
     Kommunikation über PM's only?
     verschiedene Leute
C   am Arbeitsplatz fühle ich mich sehr gut
     Freiraum für persönliche Ziele
     Motto: konstruktive Kritik
     haut mich!
     ich auf der Insel
     wen interessiert, was ich tue?
D   ich bin weit weg
     was ich höre, betrifft mich
     was kann ich tun?
     Büro/zuhause?

E   mehr Verantwortung
wenn man etwas bewegt, kommt dünne Luft
man ist/ich bin alleine
lernen!

F   Herausforderung/persönliche Zufriedenheit
Zwang zu Grenzen
Problem mit ... aufgeschoben
jetzt positives Erlebnis

G   während des Monats: interessante Sache; am
Ende des Monats: Verwaltung
Eure Papiere sind Input für mich; ich brauche das

H   mein größter Frust: daß Führung fehlt
das war so nicht beabsichtigt
es ist merkbar, daß die Mitarbeiter alleine sind
meine Rollendefinition: integrierend
meine Funktion wurde nicht genutzt: Tür ist offen
Lippen-Bekenntnisse
Ziele-Prozeß?
Freude in der Runde

I   ich sehe Gründe positiv bestätigt
Erfolg
Umgebung?
Voraussetzungen für Führung fehlen: keine Mitarbeiter,
ungelöstes Anfangsproblem, unzufrieden an mir selbst

Unser Wunsch-Profil als Management-Team
abgeleitet aus dem Vergangenheits-Profil

❶   Wir haben gemeinsame Werte, die Bereichs- und die Einzelziele
sind vom Leitbild und von den Unternehmenszielen abgeleitet

❷   Wir treffen Entscheidungen über Probleme/Herausforderungen,
die komplex und bereichsübergreifend sind und hohes Risiko in
sich tragen, gemeinsam im Team

❸   Wir stimmen unsere Aktionen aufeinander ab, auch solche, die auf
den ersten Blick nur Bereichs- oder individuelle Aktionen sind

❹   Auch wenn es in der Beziehung zwischen uns nicht stimmt, versuchen wir das Problem auf der Sachebene zu lösen; dennoch: jeder darf und muß sagen, wenn ihn etwas stört (Feedback geben)

❺   Wir sind nicht nur jetzt in einer Management-Krise; mit dem Wachstum der Firma liegen noch viele Krisen vor uns; als Team werden wir sie jedoch rechtzeitig erkennen und managen

❻   Jeder einzelne von uns ist voll engagiert und motiviert

❼   Wir kennen unsere Ziele und Prioritäten und schaffen es, uns nicht im operationalen Alltag zu verlieren, sondern langfristig und strategisch zu denken und zu handeln

❽   Wir führen und entwickeln unsere Mitarbeiter

❾   Wir coachen und unterstützen uns gegenseitig

❿   Wir leben XY vor, sodaß insbesondere die neuen Mitarbeiter die XY-Kultur verstehen und übernehmen können

Das sind die Spielregeln, die sich das Management-Team am Ende des Workshops gegeben hat. Ich finde, daß fast alle Spielregeln damit zu tun haben, die Mitarbeiter und sich gegenseitig zu coachen - auch wenn Coachen als Wort nur ein einziges Mal darin vorkommt.

Rollenbeschreibung
Berater

Ein Beispiel für eine Rollenbeschreibung. Sie erkennen leicht, daß hier zwei Werkzeuge miteinander verquickt worden sind: die Zielvereinbarung und die Aufgabenanalyse. Das entscheidende zusätzliche Stück ist die Schnittstellendefinition (Partner im Netzwerk). Ich halte eine solche Beschreibung für geeigneter als die herkömmlichen Stellenbeschreibungen - auf jeden Fall für die Einweisung neuer Mitarbeiter und für die regelmäßige Standortbestimmung im Team (eine Coaching-Aufgabe.)

Mission:

Den Händlern helfen, einen problemlosen Weg zur Info-Verarbeitung (IV) im Betrieb zu gehen. Sicherzustellen, daß bei jedem neuen Händler vor der IV-Einführung eine Organisationsberatung vorausgeht.

Ziele:

- Entscheidungshilfen geben (IV: ja/nein?)
- herstellerneutrale Empfehlungen geben (SW/HW)
  in Bezug auf: Komplettsystem, neue Systeme, Subsysteme und
  Komponenten, Netzwerke (LAN, WAN, X25)

Schnittstellen:

• Händler	• Betreuer
• Region	• Projektleiter
• Hersteller	• Projekt-Koordinator

Inputs:	Hauptaufgaben:	Outputs:
• vom Hersteller:	• Ermittlung der Händlerwünsche/-	• Kosten und Inves-
• Infos	vorstellungen	titionsplanung
• Preise	• Einbindung der relevanten Gesprächs-	• Standardem-
• Komponenten	partner beim Händler	pfehlungen an:
von Projektleitern:	• Händler auf die IV hinführen	• Händler
• Entwicklungs-	• Ist- bzw. Bedarfsanalyse erstellen	• Regionen
ziele	(Aufbau- und Ablauforganisation)	• Hersteller
von Regionen:	• Soll-Konzept entwickeln	• Abschlußmeldung
• Regionalplanung	(Konfiguration)	
• Entwicklung der	• Angebote initiieren	
Händler	• Preisgegenüberstellungen erstellen	
von Betreuern:	• Empfehlungen aussprechen	
• IV beim Händler	• Schulungs- und Einführungskonzept	
	erarbeiten	
	• Verfolgung der weiteren DV-Aktivi-	
	täten	

Spielregeln für Teams

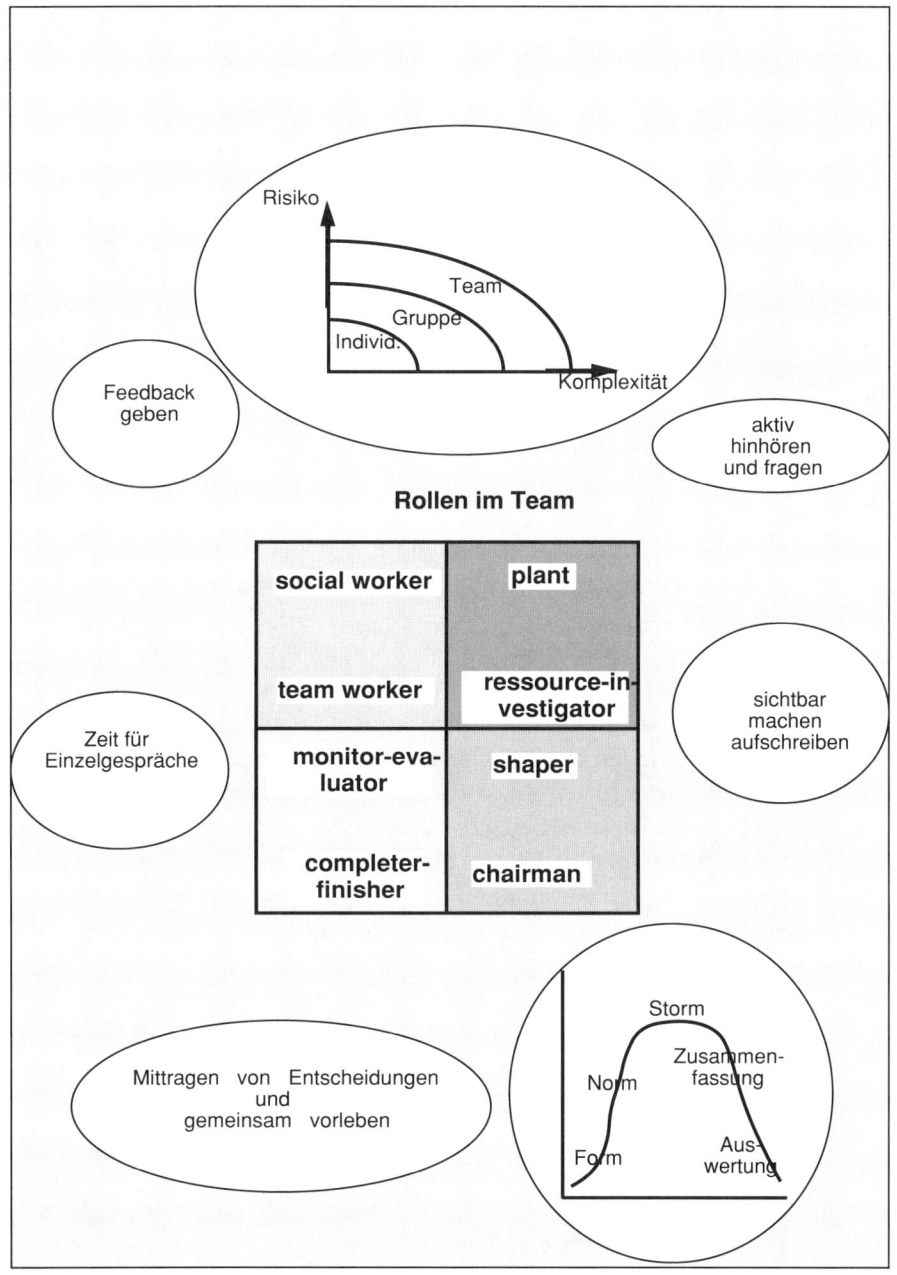

Rollenverhandeln
Vorbereitungsphase

Auswahl des Beraters
> hierbei kann ein externer Berater hinzugezogen werden, aber
> auch ein interner;

Voraussetzung ist:
> Akzeptanz des Beraters (Vertrauen) von beiden Seiten, die in die
> Rollenverhandlung einbezogen werden.

Der Rahmen der Rollenverhandlung sollte außerhalb des eigentlichen
Arbeitsplatzes erfolgen; je nach Schwere der Konfliktsituation kann von
Halbtagsübungen bis zu Zwei-Tages-Sitzungen variiert werden.

Wichtig: Follow-up nach 3-4 Wochen.

Beratungsvertrag
Das eigentliche Rollenverhandeln beginnt mit der Vereinbarung eines
Kontraktes. Zweck ist: Spielregeln zwischen Gruppe und Berater sind
eindeutig festzulegen.

Musterkontrakt nach Harrison:

❶ Der Berater ist nicht dazu berechtigt, die Gefühle von jemandem
herauszuzwingen oder zu untersuchen. Wir konzentrieren uns auf
die Arbeit: Wer tut was wie und mit wem. Was Leute im Zusammenhang mit ihrer Arbeit oder gegenüber anderen in der Gruppe
fühlen, ist ihre eigene Sache, die sie nach eigenem Urteil und Bedürfnissen einbringen können oder auch nicht. Ausdruck oder Un-
terdrückung von Gefühlen ist nicht Bestandteil des Kontraktes.

❷ Offenheit und Ehrlichkeit in bezug auf das Verhalten werden erwartet und sind wesentlich für die Erzielung positiver Ergebnisse.
Dies bedeutet, daß der Berater die Leute dazu bringen wird, ihre
Erwartungen und Forderungen an das Verhalten anderer genau
und konkret auszudrücken. Von jedem Teammitglied wird erwartet, daß es offen und spezifiziert seine Wünsche hinsichtlich der
anderen äußert; ob diese etwas mehr oder besser oder weniger tun
oder ob sie es unverändert lassen sollten.

❸   Keine Erwartung oder Forderung gilt als adäquat mitgeteilt, be-
      vor sie nicht schriftlich fixiert ist und sowohl vom Sender wie auch
      vom Empfänger klar verstanden wurde.

❹   Wenn ein Mitglied an ein anderes Mitglied eine Bitte oder
      Forderung nach Verhaltensänderung richtet, wird der Berater im-
      mer nach dem «Quid pro quo» (was für was) fragen, das er zur Er-
      langung des Gewünschten zu geben bereit ist. Dies gilt sowohl für
      den Manager als auch für die Untergebenen. Wenn ersterer das,
      was er will, einfach dadurch bekommen könnte, daß er aus seiner
      Autoritätsposition heraus Anordnungen erteilt oder Erwartungen
      klarstellt, hätte er wahrscheinlich keinen Berater oder Verände-
      rungsprozeß nötig.

❺   Der Änderungsprozeß besteht wesentlich aus einem Verhandeln
      und Aushandeln, bei dem 2 oder mehr Mitglieder sich einig sind,
      ihr Verhalten im Austausch gegen eine gewünschte Änderung auf
      seiten des anderen zu verändern. Dieser Prozeß bleibt solange un-
      vollständig, bis nicht die in der Übereinkunft vereinbarten Verhal-
      tensänderungen und die klare Darstellung dessen, was von jeder
      Partei ihrerseits als Gegenleistung zu geben erwartet wird,
      schriftlich niedergelegt sind.

❻   Drohungen und Ausüben von Druck sind weder illegitim noch aus
      dem Prozeß des Rollenverhandelns ausgeschlossen. Der Berater
      wird jedoch so gut und so weit wie möglich den Mitgliedern dabei
      helfen, ihre Ziele durch positive Anreize zu erreichen. Während
      der Diskussion des Kontraktes versucht der Berater, den Teilneh-
      mern erkennen zu helfen, daß jedes Mitglied in der Gruppe Macht
      und Einfluß hat, und zwar sowohl positiv, zu belohnen und mit an-
      deren zusammenzuarbeiten, als auch negativ, Widerstand zu lei-
      sten, zu blockieren oder zu bestrafen. Eine gleichmäßig verteilte
      Information über die Wünsche und Zielvorstellungen aller, die Ef-
      fektivität der Beeinflussungsmöglichkeiten aller zu steigern, ist
      wesentlich. Der angestrebte Effekt besteht darin, daß der gegen-
      seitige Einfluß der Gruppenmitglieder aufeinander insgesamt zu-
      nimmt.

Diagnose

Folgende Fragen werden an die Mitglieder der Gruppen gestellt:

❶   Wie sieht die Arbeit zwischen dem Gruppenmitglied und
     den anderen in der Gruppe aus?

❷   Was würde er ändern, wenn er könnte?

❸   Was würde er gern so belassen, wie es ist?

❹   Wer und was müßte geändert werden, damit es besser läuft?

❺   Was muß geändert werden, um die eigene Effektivität zu verbes-
     sern?

Die Beantwortung der Fragen geschieht in Einzelarbeit; 20 Minuten
stehen dazu zur Verfügung.

Problemdiagnosebogen

Nach der Einzelarbeit wird der Problemdiagnosebogen für jedes Mitglied ausgefüllt, in dem aufgelistet wird, was man von den anderen
Gruppenmitgliedern getan wissen möchte.

❏   Mehr oder besser

❏   Weniger oder nicht mehr

❏   Unverändert

Nach diesem Prozeß findet ein Austausch der Listen statt, daß jede Person alle Listen hat, die sich auf ihr Arbeitsverhalten beziehen. Jedes
Mitglied fertigt nun eine Liste für sich selbst an, indem es auf ein gros-
ses Blatt Papier (Flipchart) alle Verhaltensweisen einträgt, die jede andere Person von ihm mehr oder besser, weniger, nicht mehr oder unverändert getan wissen möchte. Diese Listen werden so aufgehängt, daß
die ganze Gruppe sie prüfen und sich auf jede Liste beziehen kann. Jedes Mitglied darf die anderen, die die Botschaften über sein Verhalten
gesendet haben, nach dem «Was, Warum und Wie» ihrer Wünsche fra-

gen. Bei diesem Vorgang ist es nicht erlaubt, negative oder destruktive Kritik zu üben. Diese Kommunikationskontrolle ist wichtig, damit es nicht zu negativen Problemlöseerfahrungen kommt.

Verhandeln

Nach Klärung der erhaltenen Botschaften fährt jedes Gruppenmitglied fort mit der Auswahl der inhaltlichen Themen für das Verhandeln. Eine Verhandlung ist jedoch nur dann sinnvoll, wenn das Quid pro quo eingehalten wird, d.h. Gegenleistungen für die gewünschte Verhaltensänderung angeboten werden. Wenn sich nicht das Verhalten auf beiden Seiten ändert, ist die wahrscheinlichste Voraussage, daß der Status Quo weiter bestehen wird.

Weiterer Ablauf:

❶   Jeder Teilnehmer wird aufgefordert, einen oder mehrere Bereiche zu nennen, in denen er sich eine Änderung des anderen besonders wünscht.

❷   Jeder wird aufgefordert, einen oder mehrere Bereiche auszusuchen, in denen er glaubt, daß es ihm möglich sein würde, sich in der von anderen gewünschten Richtung zu verändern.

Punkt 1 und 2 geschieht durch Markieren der entsprechenden Punkte in der eigenen und in der Fremdliste.

Nachdem dies festgelegt ist, geht die Gruppe die Listen durch, um die am verhandelnswertesten Themen auszusuchen, d.h. jene Themen, bei denen eine Kombination von starkem Wunsch des Senders nach Änderungen eine Bereitschaft der Person zum Verhandeln anzutreffen ist, deren Verhalten Ziel des Änderungsversuchs ist.

Zur Demonstration des Verhandelns soll eine Gruppe freiwillig vor den anderen Gruppenmitgliedern präsentieren.

Ablauf des Verhandelns:

❶   Die Parteien machen sich gegenseitig zusammenhängende Angebote von der Art «wenn Sie X tun, tue ich Y».

❷   Das Verhandeln ist beendet, wenn alle Parteien zufrieden sind, daß sie eine angemessene Gegengabe bekommen haben.

❸   Formalisierung der Übereinkunft durch spezifizierte und konkrete Niederschreibung des Handelns.

❹   Offene Diskussion über die Sanktionen, die verhängt werden können, falls die eine oder andere Partei die Verhandlungsbedingungen nicht einhält.

Diesen Prozeß kann man dann mit anderen Themen weiter fortführen. Alle Übereinkünfte werden jedoch der ganzen Gruppe bekanntgegeben und vom Berater und den anderen Mitgliedern geprüft, um das Ausmaß an Redlichkeit und Realitätsorientierung der beteiligten Parteien abschätzen zu können.

Kontinuität

Nach Abschluß des Rollenverhandlungsseminars sollen Kontrollzeitpunkte für die Einhaltung der Absprachen genannt werden. Die Kontrollzeiten dienen als Checkliste und sollen den Gruppenmitgliedern und dem Berater helfen, zu überprüfen, inwieweit die Verhandlungsergebnisse realisiert worden sind. Wenn nötig, soll der Teamentwicklungsprozeß weiter unterstützt werden.

Der Manager als
(Co-) Trainer

Es gibt
wichtige Berufe,
die man nicht studieren muß

Eltern
Verkäufer
Trainer
Berater
Manager

Treppen kehrt man von oben
oder: Der Manager als (Co-)Trainer

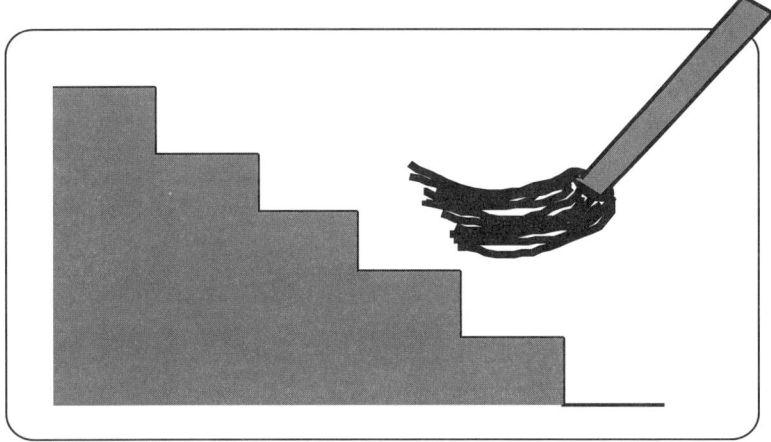

**Je höher auf der Leiter,
desto seminar-scheuer sind Manager!**

Warum schicken Sie nur Ihre Mitarbeiter zu Seminaren? Warum sind
Sie nicht beteiligt an der Ausarbeitung von Seminarzielen und -inhal-
ten? Warum nehmen Sie nicht an den Seminaren für Ihre Mitarbeiter
teil? Als Teilnehmer? Als Co-Trainer? Als Trainer?

Dieses Coaching - Buch wäre nicht vollständig ohne einige Gedanken
über Ihre Rolle als (Co-)Trainer. Erwarten Sie aber kein Train-the-Trai-
ner-Buch. Erwarten Sie jedoch einige klare, vielleicht auch harte (aber
faire) Botschaften über eine Ihrer Rollen, die viele von Ihnen nicht
ernst genug nehmen. Zu viele Manager geben das Training ihrer Mitarbeiter fast vollständig aus der Hand an die Personal- und
Trainingsabteilungen. Diese mögen echt gut sein; Doch Sie kennen die
Situation Ihrer Mitarbeiter besser. Theorie und Praxis müssen zusam-
menkommen, um Lernen zu ermöglichen und das Neue in die Praxis
umzusetzen.

Treppen kehrt man von oben
oder: Lassen Sie sich selbst coachen

Lassen Sie sich selbst von Ihrem Chef oder von Ihren Kollegen oder von einem Mitarbeiter coachen (den externen Coach sehe ich als letzte Ausrede; das ist so wie: «Man trägt wieder Hut!»). Warum das? Ich glaube herausgefunden zu haben, daß wir externen Berater und Trainer immer als erstes gerufen werden, um ein Programm für die Verkäufermannschaft durchzuführen. Ja, stimmt, mit dem Training von Verkäufern fängt man als erstes an. Nicht mit dem Management, auch nicht mit den Mitarbeitern und Managern der anderen Funktionen. Zurück zum Training und Coaching für die Manager, speziell die Verkaufsleiter. «Treppen kehrt man von oben!» Sie kennen diesen Spruch. Er ist meine Botschaft an Sie!

Wenn Sie nicht mindestens bei der Entwicklung der Programme für Ihre Mitarbeiter beteiligt sind und nicht mindestens wissen, was die Lehrziele und -inhalte sind, dann geben Sie Ihre Autorität an praxisferne Trainer ab. Also fangen Sie mit Ihrer Ausbildung an. Denn Sie sollten vor und nach den Seminaren Ihre Coaching-Rolle wahrnehmen: Die Mitarbeiter auf die Seminare vorbereiten und nach den Seminaren anregen und anhalten, das Neue auch in die Praxis umzusetzen.

Oder warum nicht als Co-Trainer mit dem (externen) Trainer zusammen die Seminare durchführen? Als Co-Trainer haben Sie die Chance, eventuell mehr und besser zu lernen als Ihre Mitarbeiter als Teilnehmer. Das ist übrigens der Grund, weswegen ich schon seit einiger Zeit damit experimentiere, alle oder möglichst viele Teilnehmer zu Co-Trainern in meinen Seminaren zu machen.

Auf jeden Fall: Involvieren Sie sich so stark wie möglich. Lernen Sie, was Ihre Mitarbeiter lernen sollen. Zumindest können Sie dann in den Coaching-Gesprächen darüber reden und Hilfestellung bei der Umsetzung geben. Auf jeden Fall aber setzen Sie so Zeichen: Lernen ist wichtig. Eine kleine Geschichte dazu: In einem Seminar sagte mal ein Teilnehmer: «Das ist alles prima, was Sie uns beibringen. Echt Spitze. Aber, wenn ich das jetzt in der Praxis mache, dann gebe ich doch zu, daß ich bisher alles verkehrt gemacht habe!» Sie sehen, das ist nur einer der vielen Gründe, die Menschen haben, etwas Neues nicht umzusetzen.

Return on Training

Beantworten Sie einmal für sich ganz alleine die folgenden Fragen:

➢ Wieviel Seminare habe ich bisher besucht (Management, Verkauf, Kommunikation, oder ähnliches)?
➢ Was waren darin die Themen, Theorien, Techniken?
➢ Was davon habe ich in die Praxis umgesetzt?
➢ Wieviel haben diese Seminare gekostet?
  ➢ die Seminargebühren?
  ➢ die Reisespesen?
  ➢ die ausgefallene Arbeitsleistung?

Was fällt Ihnen bei Ihrer Inventur auf?

Ich schlage Ihnen vor, in Ihrem Unternehmen das Konzept «Return on Training» einzuführen: ROT. Training ist eine Investition in Sie bzw. in Ihre Mitarbeiter. Schalten Sie um von Kosten auf Investitionen. Das ist zwar am Ende die gleiche Summe Geld. Aber mental und in Ihrem Verhalten machen Sie eine große Veränderung: Wenn Sie an Investition denken, dann wissen Sie, daß diese sich rentieren soll. Dann denken Sie daran, daß dadurch Ihre Produktivität steigen soll, etc.

Klar, einige von Ihnen werden bei der Inventur gedacht haben: «Wie soll ich den Mist, den der uns da beibringen wollte, denn auch noch umsetzen! Das war doch alles Theorie. Der Trainer hatte doch keine Ahnung von der Praxis!» Das ist eine andere gute Lernhemmung, so zu argumentieren. Selbst wenn ein Trainer als Person keine besonders gute Leistung bringt, so denke ich doch, daß der Lerninhalt okay ist. Sie hätten also etwas lernen und umsetzen können. Nur, wir Menschen tendieren dazu, alles als Theorie zu bezeichnen, was wir nicht verstehen oder nicht verstehen wollen, was wir nicht für uns akzeptieren oder akzeptieren wollen. Sicherlich, alles ist und bleibt Theorie, solange wir es nicht in die Praxis umsetzen. Interessant ist nur, daß es eine Menge Menschen gibt, die das, was Sie für bloße Theorie halten, längst in die Praxis umgesetzt haben und damit erfolgreich sind.

Sie fragen sich, was hat das soweit mit Coaching zu tun?

Ganz einfach. Wenn Sie einen Mitarbeiter coachen wollen, dann haben Sie die Chance, genau diesen Lernhemmungen und den guten Gründen, etwas nicht anders zu machen, zu begegnen.

Return on Training (ROT)
Ihre Rolle vor, während und nach Seminaren

Gemessen an dem, was Seminarteilnehmer in den Seminaren lernen (könnten), wird verschwindend wenig in die Praxis umgesetzt. Viele Führungskräfte schleudern Geld zum Fenster raus, weil sie die Coaching-Rolle für ihre Mitarbeiter vor, während und nach den Seminaren

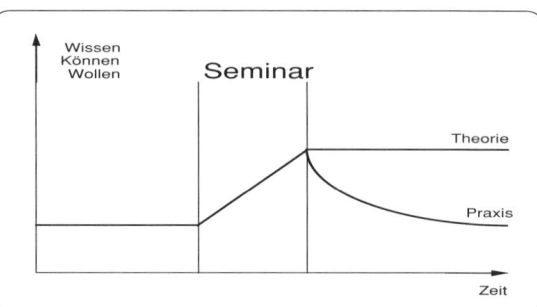

nicht wahrnehmen. Einige Tips - bei firmeninternen Seminaren von internen oder/und externen Trainern:

➤   Bestellen Sie nicht einfach Seminare, auch wenn sie noch so «professionell» verpackt sind. Seminarziele und -techniken müssen mit Ihrer Unternehmensphilosophie, Ihren Zielen, Strategien und schließlich mit dem Veränderungs- und Lern- bzw. Trainingsbedarf abgestimmt sein. Lassen Sie eine sorgfältige Bedarfsanalyse erstellen, auch wenn es Sie mehr Geld kostet als ein Seminar von der Stange. Patentrezepte gibt es nicht!

➤   Planen Sie nicht einfach mal ein Seminar, sondern ein Trainingsprogramm, mindestens bestehend aus 2x2 Tagen mit 3 Monaten Zwischenraum. Die meisten Menschen scheinen erst ab dem zweiten Seminar richtig zu lernen. Erklärung: Man kann sich zurückerinnern an ein Seminar und an eine Zeit des Ausprobierens in der Praxis.

➤   Sprechen Sie ausführlich mit dem Trainer/den Trainern über den Lern- bzw. Trainingsbedarf. Lassen Sie sich die Seminarziele und -inhalte nicht nur präsentieren, sondern machen Sie eventuell vorher einen Probelauf mit einer Gruppe von Führungskräften.

➢ Sprechen Sie möglichst mit allen den Mitarbeitern, die an Seminaren teilnehmen werden, vor dem Seminar: Was sind Ihre Erwartungen, was sind deren Erwartungen? Was kann man lernen? Was sollte der Mitarbeiter lernen? Was soll er/sie nach dem Seminar damit tun? Wie, wann, wo, mit wem soll er das Neue in die Praxis umsetzen?

➢ Machen Sie bereits vorher einen Implementierungsplan.

➢ Nehmen Sie selbst am Seminar teil. Wenn Ihr Unternehmen nicht zu hierarchisch «geführt» wird, sollte das kein Problem sein. Nach dem ersten Tag ist Ihre und die Angst Ihrer Mitarbeiter meistens verschwunden.

➢ Oder nehmen Sie am Seminar als Co-Trainer bzw. als Co-Moderator teil. Lassen Sie sich vorher vom Trainer einweisen. Gute Trainer können das und sie/Sie haben Spaß daran.

➢ Sprechen Sie mit jedem Teilnehmer nach dem Seminar: «Was haben Sie gelernt?» «Was kann man umsetzen?» «Wie kann man es umsetzen?» etc.

➢ Geben Sie diesen Mitarbeitern die Gelegenheit, Ihr neues Wissen und Können anderen Kollegen zu vermitteln.

➢ Verstärken Sie durch Lob, wenn ein Mitarbeiter neue Techniken oder neues Verhalten ausprobiert. Machen Sie Lernerfolge für den Mitarbeiter und für alle anderen sichtbar. Zeigen Sie auf, wie das Neue zum Unternehmenserfolg beiträgt.

Clonen Sie Ihre besten Mitarbeiter

Allzuoft werden Trainingsprogramme für Mitarbeiter erstellt, ohne Sie/sie vorher zu involvieren. Manager und (externe) Trainer machen ein Vorgespräch, der (externe) Trainer hat ein fertiges Trainingsprogramm mit «professionellen» Folien und Unterlagen. Das Programm steht und wird den Teilnehmern übergestülpt. Besser schon, wenn der (externe) Trainer vorher mit dem Manager eine detaillierte Bedarfsanalyse erstellt oder gar z.B. mit einigen Verkäufern für ein paar Tage mitreist und Kunden besucht.

Dummerweise schauen die meisten Manager und (externen) Trainer dann fast ausschließlich auf Probleme, auf Dinge, die man verbessern müßte. *Negativblick.* Verglichen mit den Theorien und Techniken und Ansprüchen erkennt man so die Schwachstellen. Das sowieso bereits vorher stehende Programm wird dann in seinen einzelnen Modulen fokussiert.

Ich möchte Ihnen statt dessen einen positiven Ansatz vorschlagen: *Positivblick.*

Ich bin sicher, daß jeder von Ihnen in seiner Mitarbeiterschaft einige hervorragende Mitarbeiter hat, die schon seit längerer Zeit sehr gute Verkaufsergebnisse erzielen oder im Kunden-Feedback gut abschneiden oder ... Diese Mitarbeiter können als Modelle bzw. als Ressourcen für die Erstellung des Trainingsprogrammes dienen.

Langsam, bevor Sie den ersten Einwand abschießen: «Ich kann doch noch nicht wenige vor den anderen als nachzuahmende Vorbilder hinstellen; das schafft böses Blut!» Denken Sie einmal über Folgendes nach: Diese exzellenten Verkäufer machen doch eine Reihe von Dingen so gut, daß sie damit Verkaufserfolge erzielen. Was könnte Sie daran hindern herauszufinden, was diese Leute gut machen? Wenn Sie das herausgefunden haben, dann können Sie zusammen mit (externen) Trainern diese Verhaltensweisen, Techniken, Argumente, etc. der guten Verkäufer in ein für Ihr Unternehmen typisches Verkäufertraining einbauen. Sie brauchen diese Leute also nicht vor versammelter Mannschaft wie preisgekrönte Zuchtbullen anzupreisen.

Die Praxis des Clonens

❶   Identifizieren Sie zusammen mit Ihren Kollegen die Top-Verkäufer in Ihrer Mannschaft. Achten Sie

➤   nicht nur auf die Umsatzzahlen,
➤   sondern z.B. auch auf Kundenzufriedenheit,
➤   und Zusammenarbeit mit anderen Funktionen.

Es sollten nicht mehr als 10 bis maximal 12 Leute sein.

❷   Laden Sie diese Top-Verkäufer zu einem zweitägigen Workshop
    ein. Am besten tun Sie das in Einzelgesprächen, also nicht ledig-
    lich schriftlich. Erklären Sie in diesen Gesprächen, worum es geht.

❸   In dem Workshop bearbeiten Sie in interaktiver Form aus der Er-
    fahrungssicht der Teilnehmer Themen folgender Art:

    ➤   «Was machen Sie besonders gut?»
    ➤   «Was sind Ihre Erfolgsgeheimnisse?»
    ➤   «Welche Vorteilsargumente sind am erfolgreichsten?»
    ➤   «Mit welchen Kunden kommen Sie am besten zurecht?»
    ➤   «Was lieben Sie besonders an unseren Produkten?»
    ➤   «Was lieben Sie besonders an unserem Unternehmen?»
    ➤   «Was macht Ihnen am meisten Freude in Ihrem Beruf?»
    ➤   «Schildern Sie einen Verkaufsprozeß, der im Ansatz für Sie
          eine Herausforderung war, den Sie aber erfolgreich abge-
          schlossen haben!»
    ➤   etc.

    Sehen Sie den Unterschied: wichtig ist, daß Sie nach den exzellen-
    ten Dingen fragen. Diese Antworten kann Ihnen keine Theorie,
    kein sogenanntes professionelles Trainingsprogramm geben. Die
    Verhaltensweisen, Strategien, Argumente sind erfolgreich in Ih-
    rem Unternehmen, bei Ihren Kunden. Das macht den Unterschied
    zwischen Theorie und Praxis aus.

❹   Ein erfahrener (externer) Trainer kann Ihnen helfen, das
    Workshop-Design   zu erstellen und den Workshop zu moderieren.
    Wichtig ist, daß Sie die Inputs Ihrer Mitarbeiter sorgfältig
    protokollieren. Ich halte nichts von Audio- oder Videoaufnahmen
    dieser Diskussionen. Wer nimmt sich nachher die Zeit, viele
    Stunden Material durchzusehen und zusammenzufassen? Besser
    ist es, wenn Sie die Mitarbeiter selbst auf A-4, besser noch auf
    Flipchart oder auf Pinnwänden aufschreiben lassen. Diese
    Visualisate können Sie dann fotografieren und/oder abschreiben
    lassen.
    Sie werden erstaunt sein, wie erstaunt Ihre Mitarbeiter sein
    werden, wenn sie bewußt sehen, was sie alles gut gemacht haben.
    Die meisten Menschen wissen gar nicht, was sie alles gut machen.

❻   Zusätzlich können Sie Ihren (externen) Trainer mit jedem oder
     einigen dieser Top-Verkäufer zu Kunden mitgehen lassen. Der (ex-
     terne) Trainer hat bei diesen Kundenbesuchen die Aufgabe zu be-
     obachten, was der Verkäufer gut macht, was ihn erfolgreich
     macht.

❼   Ihr (externer) Trainer hat dann die Aufgabe, aus diesem Material

     ➤   die exzellenten Verhaltensweisen,
     ➤   die erfolgreichen Strategien,
     ➤   und wirksamen Vorteilsargumente

     herauszuarbeiten. Natürlich sollte diese Zusammenfassung dann
     mit Ihnen abgestimmt werden.

❽   Diese Verhaltensweisen, Strategien und Vorteilsargumente

     ➤   werden in den Teilnehmerunterlagen dokumentiert
     ➤   und als Seminar-Inputs verwendet.

Leider muß ich schon wieder lästern: Unterliegen Sie nicht der
Versuchung, Ihre Top-Verkäufer oder gar professionelle Schauspieler ideale Verkaufssituationen auf Video aufnehmen zu lassen,
um sie dann in Seminaren vorzuspielen. Ich weiß, Videos sind
beliebt. Leider verleiten sie aber zu passivem Lernen. Oft auch
bekommen Sie diese Reaktion: «Das sieht ja gut aus, aber bei
meinen Kunden klappt das nicht. Ich mache das anders.» Oder:
«Müssen wir jetzt Schauspieler werden und Verhalten und Texte
auswendiglernen?» Ich nenne das das «Gerhard-Polt-Syndrom».
Was, Sie kennen nicht Gerhard Polt's Verkäufertraining?

❾   Zusammen mit dem (externen) Trainer designen Sie dann Ihr un-
     ternehmens-, mitarbeiter- und kundenspezifisches praxisorientier-
     tes Trainingsprogramm.

Die 10 Top-Verkäufer reihen Sie bei der Durchführung der Seminare
wieder als normale Teilnehmer ein. Auch diese können sich noch
wesentlich verbessern, wenn sie bewußt das trainieren, was sie bisher
meistens, ohne sich dessen bewußt zu sein, erfolgreich angewendet
haben. So trainieren Profis; auch Boris Becker.

Oder aber Sie definieren diese 10 Leute als Co-Trainer - aber nur dann, wenn alle anderen Teilnehmer sich jeweils für alle anderen als Co-Trainer verstehen. Besser vielleicht ist die Analogie aus dem Sport: Jeder Teilnehmer ist für jeden anderen Sparringspartner und Trainer gleichzeitig. Nur so können Sie üben. Und schließlich: Wie häufig trainieren Profis im Sport? Wie häufig trainieren Sie oder Ihre Mitarbeiter? Sie wollen doch auch Profis sein!

Haben Sie darüber schon nachgedacht?

Reine Produkttrainings sind out!
(zumindest rausgeschmissenes Geld!)

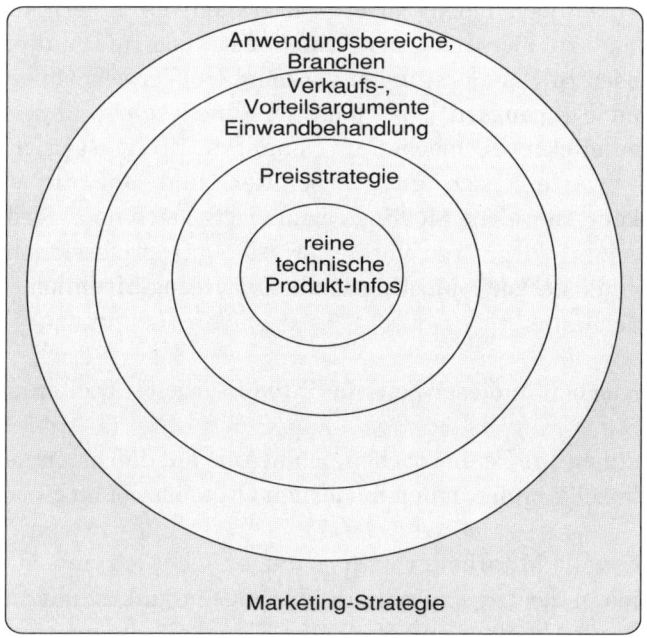

Wenn Ihre Mitarbeiter von diesen Bereichen nichts wissen, dann können sie auch die Produkte/Geräte/Systeme/Dienstleistungen nur schwer verkaufen.

Kennen Sie den Unterschied zwischen verteilen und verkaufen? Wenn nicht, dann wird Sie die Marktentwicklung dazu zwingen. Produkttrainings sind out. Sie brauchen kompetente Verkäufer- (nicht Verkaufs-) Seminare.

Wie Sie in Ihren Meetings Ihre Mitarbeiter coachen können

Ich gehe davon aus, daß Sie regelmäßige Meetings mit Ihren Mitarbeitern haben:

➤   individuelle Mitarbeitergespräche zur Zielvereinbarung, zur Entwicklungsplanung, zur Beurteilung, zur Gehaltsfindung;
➤   wöchentliche/monatliche Staffmeetings zur operationalen Abstimmung;
➤   vierteljährliche Meetings für strategische Themen und Zielsetzungen.

Ich weiß: «Meetings, bloody meetings!» sagen die Amerikaner. Viele Meetings sind zu hierarchischen Einbahnstraßen-Informations-Shows einerseits oder zu Plauderstunden verkommen (Verwechslung mit dem kooperativen Führungsstil). Es liegt an Ihnen selbst, Ihre Meetings effizient und effektiv zu machen und damit zu Ereignissen, auf die die Mitarbeiter warten, sich gut vorbereiten und auf die sie gerne zurückblicken. An welche Meetings erinnern Sie sich noch gerne?

Warum sind gerade Meetings als Coaching-Situation für Sie interessant?

➤   Sie erreichen in dieser Zeit alle Ihre Mitarbeiter (Zeitersparnis).

➤   Sie können Ihr Team coachen; ich nehme an, daß es immer seltener Einzelkämpfer in den modernen Organisationen gibt.

➤   Für fast alle Mitarbeiter wird es immer wichtiger, intern und bei Kunden in der Lage zu sein, in Meetings produktiv mitzuarbeiten oder sogar Meetings zu leiten; eine Fähigkeit, die man zwar in Seminaren, quasi im Trockenlauf erlernen kann, die man aber üben muß - und Ihre internen Team-Meetings sind eine hervorragende Übungsmöglichkeit.

Nein, ich gebe Ihnen in diesem Buch keine ausführlichen Tips über Meetings. Nur einige Tips darüber, wie Sie Ihre Meetings in Coaching-Situationen verwandeln können:

Tips für Ihre Team-Meetings

➤ Halten Sie Ihre Team-Meetings regelmäßig ab.
Ihre Mitarbeiter haben dann die Chance, Ihre Terminkalender danach auszurichten (oder gehören Sie zu denen, die nur die nächsten beiden Wochen vorausplanen können ?!).

Wenn Sie sich zutrauen, eine große Portion Macht abzugeben (Team-Meetings sind im gewissen Sinne Machtausübung; im schlimmsten Falle Hofhaltung), dann:

➤ Beteiligen Sie die Mitarbeiter bei der Themenauswahl und der Gestaltung der Meetings.
➤ Geben Sie die Verantwortung für die Meetings (Vorbereitung, Moderation, Protokoll, Aktionsverfolgung) jeweils einem anderen Mitarbeiter. (Warum nicht auch der Sekretärin: Ihre Sekretärin dürfte eh bereits der heimliche Chef sein und sie sollte Ihre Informationsmanagement-Assistent sein!)
➤ Bieten Sie Ihre Unterstützung bei der Vorbereitung und Durchführung an.
➤ Sammeln Sie am Ende gemeinsam mit allen Mitarbeitern Feedback für den Mitarbeiter, der das Meeting geleitet hat.
➤ Diskutieren Sie gemeinsam, was Sie beim nächsten Mal anders machen sollten.
➤ Nehmen Sie sich nach dem Meeting Zeit für ein individuelles Gespräch mit dem Mitarbeiter/der Mitarbeiterin, um individuelles Feedback zu geben und mit ihr/ihm daran zu arbeiten, was er/sie wie verändern kann.

Ich weiß, nicht alle Meetings kann man voll an die Mitarbeiter übergeben und diese Art der Meetingsgestaltung paßt auch nicht in allen Unternehmen (die Unternehmens- und die Führungskultur verlangt nun einmal etwas anderes; und Sie möchten auch nicht als Exot verschrieen sein!). Und auch auf den höheren Hierarchieebenen sind Meetings eher Rituale als Lernsituationen. Obwohl - lassen Sie mich lästern - gerade oben in den Wolken ein ungeheurer Lernbedarf besteht; Schwamm drüber! Dennoch. Vielleicht funktionieren die folgenden Tips denn (doch) noch:

➢   Versuchen Sie als Meetingsleiter, ein Modell/Beispiel für Ihre Mitarbeiter zu sein, das man nachahmen kann. Vielleicht sollten Sie sich selbst erst einmal darin trainieren, wie man Meetings effizient und effektiv durchführt.

➢   Engagieren Sie für Ihre vierteljährlichen Meetings einen professionellen Moderator, zumindest für die Vorbereitung. (Geben Sie acht: ein guter Trainer ist noch lange kein guter Moderator; und nicht jeder, der mit Pinnwänden und Karten umgehen kann, kann ein Business-Meeting moderieren!)

➢   Machen Sie Kunden-Reviews zu Ritualen: die Kunden bringen Ihnen Geld und damit Daseinsberechtigung (Kunden sind nicht nur extern, sondern auch intern alle die, die auf die Leistungen Ihres Teams angewiesen sind.

➢   Beenden Sie keine Business-Diskussion ohne zu diskutieren, wie die Entscheidungen und Aktionen das Team und die einzelnen Personen beeinflussen und was das in bezug auf die individuellen Fähigkeiten bedeutet; Sie werden oft Anregungen für Ihre Entwicklungs- und Coaching-Pläne bekommen.

➢   Machen Sie es zum Ritual, daß Sie z.B. mindestens eine Stunde, besser einen halben Tag (oder vielleicht mehr?!) dafür verwenden, gemeinsam neue Fähigkeiten zu lernen.

➢   Wenn das nicht klappt, dann nehmen Sie sich selbst wenigstens 15 Minuten Zeit, um über wichtige Fähigkeiten für Ihr Team zu referieren. Ihre Mitarbeiter werden dann hoffentlich so intelligent sein, die Botschaft zu verstehen und selbst an sich arbeiten.

➢   Wenn das nicht klappt, dann weiß ich nicht mehr weiter.

Ja, ich habe doch noch einen Tip für Sie:

➢   Wenn einer Ihrer Mitarbeiter eine Präsentation gehalten hat (hoffentlich nicht halten mußte) oder wenn Sie einen Gast für eine Präsentation eingeladen haben, nehmen Sie sich nach dem Meeting Zeit für ein persönliches Feedback. (Ich weiß, in einigen Firmen gehört es zum Ritual, daß nach jeder - sei es auch nur 3-minütigen Einlassung/Präsentation - geklatscht wird; so macht man sich gegenseitig Mut, schwindelt sich gegenseitig etwas vor, denkt sich seinen Teil, vermeidet aber das zum Lernen notwendige Feedback.)

Vermeiden Sie Halleluja-Meetings
(Beispiel: Verkäufer-Meetings)

Ihre Meetings sollten Arbeits- und Coaching-/Trainings-Meetings sein. Was ist meist überflüssig oder langweilig und kontraproduktiv in Meetings und was könnte eine Alternative sein? Das möchte ich am Beispiel eines Verkäufer- Meetings mit regionalen Gebietsverkaufsleitern/-verkäufern zeigen (Wieviele solcher Meetings haben Sie pro Jahr: eines, zwei drei, vier?):

➢ *Lange Informations-Vorträge, bei denen die Zuhörer doch nur gut schlafen (hinter hochgestellten Diplomatenkofferdeckeln).*
Stattdessen können Sie die Information in Form von schriftlichen Unterlagen vorher oder nachher verteilen. Menschen lesen viel schneller als Sie reden und sie zuhören können. Natürlich müssen Sie so mehr Zeit in das Abfassen der Unterlagen investieren. Aber besser Sie oder (nur) einer Ihrer Mitarbeiter verbraucht mehrere Stunden darauf, statt 20 Mitarbeiter gemeinsam eine Stunde bei Ihrem Vortrag. Wieviel kostet eine Mitarbeiterstunde bei Ihnen? Zusätzlich sollten Sie daraus einen Kurz-Vortrag (15 Minuten) mit sehr guter visueller Unterstützung (Overhead-Folien, Grafik am Flipchart, Karten an der Moderationswand) zusammenstellen und als Startschuß für Fragen und Antworten bzw. für die Diskussion benützen.

➢ *Jubel-Vorträge, die aus der Sicht der Zentrale möglichst viel schönfärben; oder Trauervorträge, die auf Veränderungen oder Kürzungen irgendeiner Art hinarbeiten.*
Stattdessen geben Sie einen Rahmen-Bericht über die Situation des Unternehmens und die Mission, Ziele, Strategien sowie neue Programme. Und entweder vor oder nach dem Vortrag sammeln sie die Fragen und/oder Probleme und/oder Ideen der Mitarbeiter ein. Am besten geeignet dafür ist die Moderationsmethode. Lassen Sie die Mitarbeiter Ihre Inputs mit Filzstiften auf Karten schreiben und sammeln Sie sie strukturiert nach Themengruppen an Moderationswänden auf braunem Papier. Achten Sie darauf, daß erst geschrieben und gesammelt wird. Erst wenn alle Karten an der Wand sortiert sind, startet die Diskussion. 1. Karte vorlesen; 2. Input erklären lassen; 3. Antwort. Nennen Sie diese Zeit ruhig «Meckerstunde». Die Zeit ist gut investiert. Sie erfahren

eine Menge Dinge, die Sie sonst nicht erfahren würden, es sei denn abends/nachts an der Bar im angetrunkenen Zustand. Das tut aber weder Ihrem Gehirn noch Ihrem Körper gut. Wenn Sie ein Meeting machen, sollten Sie fit sein; Ihre Mitarbeiter auch. Und in der alkoholischen Offenheit sind schon manche Freundschaften zerbrochen - allerdings erst im nachhinein, wenn man im nüchternen Zustand realisiert, was man von sich gegeben hat. Außerdem gibt es abends auch noch etwas anderes zu tun als nur über die Firma zu quatschen.

➤ *Erfolgsberichte jedes einzelnen nach der Art: «Das habe ich alles verkauft, das sind meine Zahlen, ich bin der Größte!»*
Stattdessen stellen Sie die Kunden (intern oder extern, das ist egal; jeder hat Kunden = Abnehmer seiner Leistungen) in den Mittelpunkt der Diskussion. Machen Sie ein Kunden-Review. Dabei brauchen Sie nicht die ganze Kundenliste abzuarbeiten. Bilden Sie Kategorien nach Größe, Branche, Geräte/Systeme, oder ähnliches. Und wählen Sie jeweils einen oder zwei Kunden beispielhaft aus. Ihr Ziel könnte sein, daß Ihre Verkäufer an wenigen Fällen gemeinsam ihre Erfahrungen austauschen und gemeinsam Strategien entwickeln, wie man alternativ/besser vorgehen kann. Jeweils auf den Fall bezogen, sind dann alle, die etwas beizutragen haben, aufgefordert, Inputs zu geben. Besser noch könnten Sie vorgehen, wenn Sie kleinere Arbeitsgruppen bilden (jeweils 3 bis 5 Personen), die den Fall diskutieren und nach einer Stunde zurück in das Plenum kommen und die Ergebnisse ihrer Diskussion präsentieren und zur Diskussion stellen.

Mögliche Fragen:

⇨   Auftragslage? Trends?
⇨   Neue Möglichkeiten? Neuer Bedarf?
⇨   Neue Kontakte?
⇨   Zusammenarbeit mit anderen Funktionen?
⇨   Probleme und Lösungen?

Die Präsentationen Ihrer Mitarbeiter können Sie dann auch zum Anlaß nehmen, Feedback zum Vortragsstil zu geben. Ihre Mitarbeiter können so zusammen mit Ihnen lernen, Präsentationen gehirngerecht zu geben.

➢ *Produktdemos. Die sind sicherlich wichtig. Zu oft ist das jedoch die Vorführ-Show eines Spezialisten, bei der die Teilnehmer nicht teilnehmen, sondern nur hin-hören und zu-sehen, aber nicht mit-spielen dürfen.*
Machen Sie die Produktdemos zum Anlaß für Produkt-Training und -Coaching in kleinen Gruppen. Sie können die Mitarbeiter am Produkt nur spielen lassen. Besser noch, wenn Sie eine Aufgabenstellung damit verbinden, z.B. das Gerät auf bestimmte Art zu programmieren oder zu üben, wie man es einem Kunden vorführt.

Die Mitarbeiter sammeln so nicht nur direkte Erfahrung mit dem Gerät, sondern lernen gleichzeitig,
➢ wie man es vorführt,
➢ welche Vorteile man anführen kann,
➢ welche Einwände möglich sind
➢ und wie man den Einwänden begegnen kann.

Sie als Chef haben zusätzlich die Möglichkeit, zusammen mit dem Spezialisten und erfahreneren Mitarbeitern, die kleinen Gruppen am Gerät zu coachen.

Und Sie könnten auch Zeit dafür planen, in Rollenspielen auszuprobieren, wie man vorführt, wie man argumentiert, etc.

Produktdemos brauchen auch einen weiteren Rahmen. Ein Marketingspezialist sollte erklären,

➢ für welchen Markt, welche Kunden, welche Bedarfe das Gerät geeignet ist,
➢ wie es in der bestehenden Produkt-/Geräte-/System-Palette einzuordnen ist,
➢ mit welchen Argumenten es sich verkaufen läßt,
➢ wie die Preisgestaltung aussieht,
➢ etc..

➢ *Ein-Mann-Show des Verkaufsleiters.*
Interaktion ist besser. Involvieren Sie die Mitarbeiter nicht nur in Diskussionen, sondern in Gruppenarbeiten, in Rollenspielen; lassen Sie sie selbst Präsentationen machen; lassen Sie sie berichten von Projekten o.ä.

➤   *Wenn Sie Ihr Meeting in einem Hotel abhalten und die Mitarbeiter*
     dort übernachten sollen: Anreise morgens - Abreise abends, um
     verkaufsaktive Zeit zu gewinnen.
     Lassen Sie abends zum Essen zu einer bestimmten Zeit anreisen.
     Sie sind natürlich als erster, also schon vor der vereinbarten Zeit
     da, nicht nur, um die Logistik zu prüfen, sondern auch eventuell,
     um einige Gespräche mit Mitarbeitern vorweg zu führen.
     An der Rezeption beim Einchecken können Sie die Meeting-
     Unterlagen verteilen (lassen). Beim Essen und an der Bar lassen
     sich bereits viele kleine Gespräche führen. Das darf ruhig ein
     Bierabend werden. Aber sorgen Sie, daß Sie früh genug in Ihr Bett
     kommen, um morgens fit zu sein. Was hindert Sie daran, am
     nächsten morgen erst um 9 Uhr mit dem Meeting anzufangen.
     (Sie sollten allerdings bereits um 8 Uhr morgens das Meeting
     vorbereiten. Profis tun das; verschwenden Sie nicht, sondern
     verwenden Sie Ihre Zeit und die Zeit Ihrer Mitarbeiter!) Dann
     nehmen Sie sich einen ganzen Tag und wenn möglich noch den
     nächsten Tag bis nach dem Mittagessen Zeit. (Einen Design-
     Vorschlag finden Sie auf der nächsten Seite!).

     Reservieren Sie am ersten Tag Zeit für körperliche Betätigung
     (Tennis, Sauna, Schwimmen, Spazierengehen, Schlafen, Body-
     building, etc. ist in den besseren Hotels möglich). Organisieren Sie
     vielleicht auch Stunden mit Sport-Trainern.
     Am Abend können Sie Gäste einladen, zum Essen. Warum nicht,
     daß während des Essens, zwischen Vorspeise und Hauptspeise ein
     kleiner Vortrag gehalten wird. Das bietet Gesprächsstoff bei der
     Hauptspeise. Der Vortrag braucht nichts mit dem Verkaufen zu
     tun zu haben. Irgendein interessantes Thema. Ich denke,
     Verkäufer

     ❑   brauchen eine Menge Allgemeinbildung und Gesprächsstoff
           zumindest für ihre Gespräche mit Entscheidern im
           Topmanagement;
     ❑   sollten auch in der Lage sein, eine gepflegte Konversation
           bei Tisch zu betreiben.

     Das Dinner kann so indirekt zur Coaching-Situation werden.

Abreise kann dann am zweiten Tag nach einem leichten (Buffet) Mittagessen sein. Kein Alkohol. Jeder hat so die Chance, noch nach Hause zu kommen, ohne Stress, oder noch in das Büro zu fahren und die Post zu erledigen oder/und den nächsten Tag zu planen.

Ich finde, diese Zeitverschwendung ist eine sehr gute Zeitverwendung.

Meeting Design
Beispiel: Verkäufer-Meeting

Anreisetag		1. Tag		2. Tag	
		9.00	Meeting-Beginn Rahmen, Ziele, Ablauf, Logistik	9.00	Meeting-Beginn Rahmen, Ziele, Ablauf, Logistik
		9.12	Kartenabfrage: Themen, Probleme, Fragen Ideen	9.15	Rahmen-Rede: wie es weitergeht
		9.45	Rahmen-Rede (eingehen auf Karten)	9.45	Pause
		10.15	Pause	10.15	Kunden-Review
		10.45	Gruppenarbeiten	11.15	Präs. der Ergebnisse und Diskussion im Plenum
		11.45	Präs. der Ergebnisse und Diskussion im Plenum	12.00	Aktionsplanung und Ende
		12.30	Mittagessen (leichtes Lunch)	13.00	Mittagessen (leichtes Lunch)
		14.00	z.B. das neue Produkt Demo und ausprobieren in kleinen Gruppen	14.30	Abfahrt
		15.00	Pause		
		15.15	Präs. der Marketing-Aspekte		
		15.45	Gruppenarbeiten: Vorteile, Einwände, Einwandbehandlung (kleine Rollenspiele)		
19.00	Anreise	16.45	Präs. der Ergebnisse im Plenum		
19.30	Unterlagen austeilen gemeinsames Abendessen mit anschl. Bierabend (z.B. Kegeln)	19.30	Dinner mit Gast und Gastvortrag		

Lernkanäle und Behaltenswahrscheinlichkeit

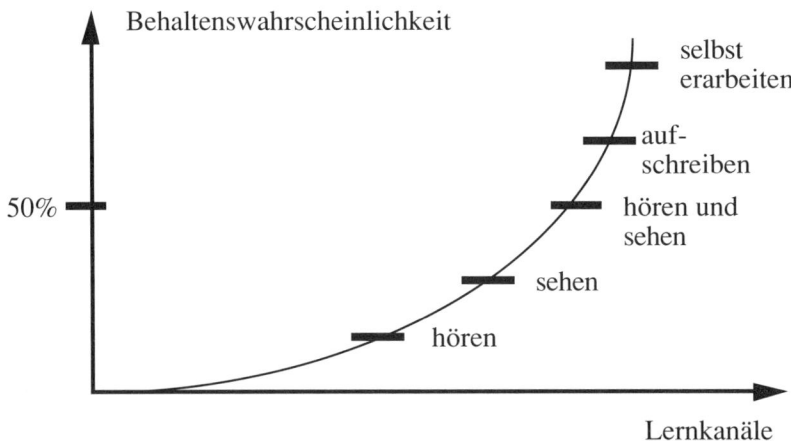

Diese Grafik ist sicherlich auch Ihnen schon begegnet. Und wie oft haben Sie sich an die Botschaft gehalten?

Eine alte Verkäufer-Weisheit: Was der Kunde selbst als Bedarf entdeckt, was er sich selbst einredet, was er selbst sagt, was er angefaßt und ausprobiert hat, das kauft er auch bzw. die Kaufentscheidung wird dadurch wesentlich höher.

Coaching hat Ähnlichkeiten mit dem Verkaufen bzw. Einkaufen. Arrangieren Sie es, daß der Mitarbeiter möglichst viel selbst entdecken kann. Der Bedarfsanalyse-Prozeß (Sie finden ihn im Kapitel über Verhaltensveränderung) gibt eine zusätzliche Idee, wie Sie vorgehen könnten - vorausgesetzt, Sie setzen den Prozeß als Frage-Prozeß ein.

Aber auch, wenn Sie etwas vortragen müssen in Ihren Präsentationen: Scheuen Sie sich nicht, Folien, Flipcharts, Pinnwände zu benutzen; scheuen Sie sich nicht, mit Ihren Mitarbeitern zu diskutieren; scheuen Sie sich nicht, die Mitarbeiter aufzufordern, Notizen zu machen (Machen Sie einmal das Experiment: bitten Sie Ihre Mitarbeiter nach der Präsentation, so gegen Ende des Meetings, aufzuschreiben, was Sie behalten haben; Sie/sie werden erstaunt sein, wie knapp und wie unterschiedlich die Ergebnisse sind!)

Biorhythmus und Tagesablauf

Auch diese Grafik ist hinlänglich bekannt. Ich möchte sie Ihnen in Erinnerung rufen für Ihre Meetings und für Ihre Seminare und für Ihre
Coaching-Aktivitäten.

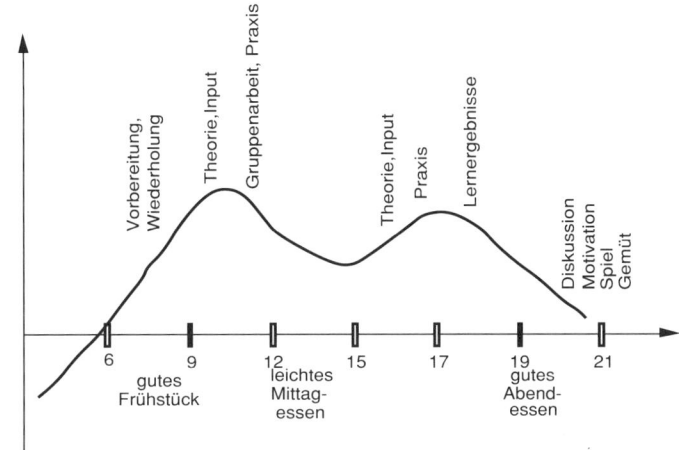

Sie können Coaching grob in drei verschiedene Aktivitäten aufteilen:

❑   Beratungsgespräch
❑   Information
❑   Übungen/Praxis

Diese Aktivitäten sollten Sie analog zu Seminaraktivitäten über den
Tag an die zeitlich geeignetsten Stellen verteilen. Vielleicht passen allgemeine Gespräche am besten Mittags beim gemeinsamen Essen oder
abends (vor oder sogar nach Feierabend). Wenn es um Informationen
geht, dann morgens zwischen 9 und 11. Und Übungen (Rollenspiele,
Gruppenarbeiten, Praxiseinweisung, Rehearsing, etc.) am besten kurz
vor und nach Mittag.

Ich weiß, Sie haben auch andere Dinge zu tun. Doch ich fordere Sie
ganz einfach auf: Wenn Sie Coaching ernst nehmen, dann sollten Sie
auch Ihre modernen Zeitplanungssysteme hernehmen und die Zeit
dafür einplanen. Und wenn Sie dafür Zeit reservieren, dann sollte das
eine lerngünstige Zeit sein. Ich denke, daß Sie Ihre und die Zeit Ihrer
Mitarbeiter optimal nützen sollten.

Tips und Tricks für Präsentationen
in Meetings

Übersicht mit Schlüsselpunkten
auf Flipchart
ständig sichtbar
an der Wand

• tell what you are
going to tell
• tell it
• tell what you just told

alle zwei Minuten
etwas Neues
(Medium, Frage, Witz
Pause, ...)
um die Aufmerksamkeit zu ...

Blöcke von 5 bis 10 Min.
Teilnehmer hinweisen, daß
man Thema XY in 5 Minuten
vorstellt,
dann kommt Diskussion

Fragen, Teilnehmerinputs, ...
auf Flipchart oder Karten
mitschreiben,
um evtl. später darauf bezug-
nehmen zu können

Fragen an Teilnehmer
vorher vorbereiten
und an die Gruppe stellen,
um Diskussion
zu stimulieren.

nie mehr als 7 Botschaften
pro Thema/Folie/Flipchart,
um die Teilnehmer nicht zu
überfordern

5-Stufen-Methode
oder: Wie man Informationseinheiten aufbaut

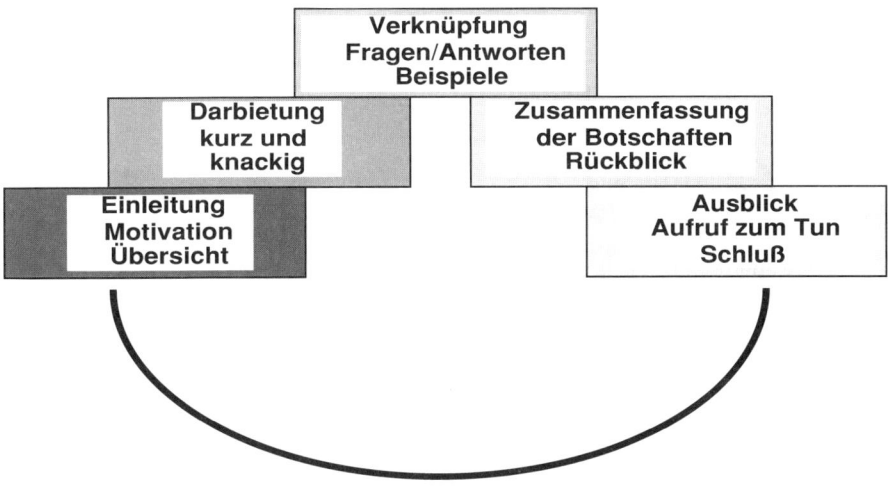

Die 5-Stufen-Methode könnte Ihnen eine Idee geben, wie Sie demnächst in Ihren Meetings Ihre Präsentationen aufbauen, um Ihre Botschaft in die Gehirne Ihrer Mitarbeiter zu bringen. Die abgekürzte Form: «Sagen Sie, was Sie sagen werden. Sagen Sie es. Sagen Sie, was Sie gesagt haben!» An diesem Spruch erkennen Sie das Wesentliche an der 5-Stufen-Methode: Die Redundanz. Ich denke, daß die anderen Begriffe selbst erklärend sind, sodaß ich sie nicht näher definieren muß.

Doch die Methodik hilft wenig, wenn Sie nicht wissen, welche Botschaft Sie rüberbringen wollen. Mit «Botschaft» meine ich mehr als den bloßen sachlichen Inhalt. Ihre Mitarbeiter sollten sehen, hören und fühlen, daß Sie etwas vortragen, was für ihre Aufgabe wichtig ist.

Noch ein Hinweis. Meiner Erfahrung nach können Sie diese Methodik nicht nur bei Präsentationen, sondern bei jeder kleinen Erklärung einsetzen. Stellen Sie sich vor, ein Mitarbeiter fragt Sie, wie man die neuen Serviceverträge ausfüllt. Sie sollten auch dabei die 5 Stufen benutzen.

Demo-/Einweisungs-Ablauf

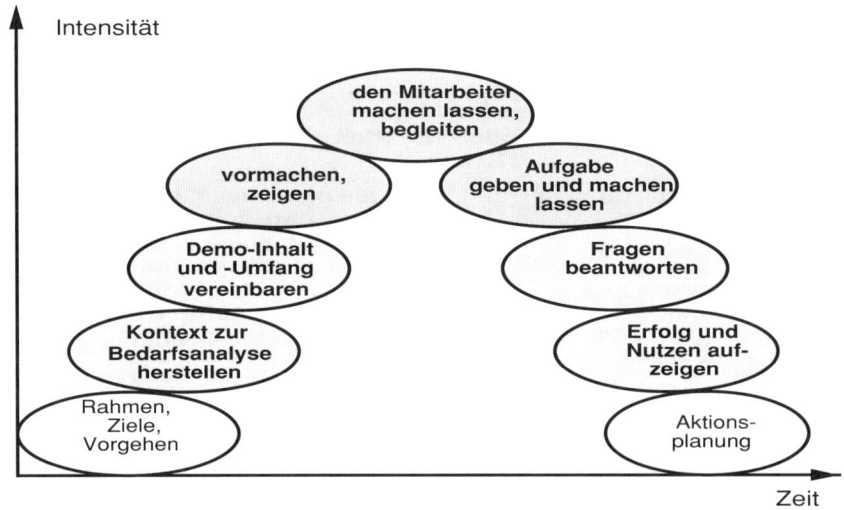

Nicht nur Kommunikationsverhalten ist Coaching-Gegenstand. Mitarbeiter müssen auch neue Werkzeuge und Abläufe kennen- und einsetzen lernen. Zwar unternehmen die Hersteller bereits große Anstrengungen, Ihre Produkte, Geräte, Systeme etc. auf die Abläufe beim Kunden abzustimmen und die Installation und Einweisung so vorzunehmen, daß die Anwender effektiv arbeiten können. Doch der Hersteller kann Ihnen nicht die tagtägliche Arbeit abnehmen, Mitarbeiter einzuweisen oder zu korrigieren.

Mit dem o.a. Ablauf möchte ich Ihnen eine Hilfestellung dafür geben, wie Sie einen solchen Einweisungs-(Coaching-)Prozeß planen und durchführen könnten. Um das Lernen des Mitarbeiters zu optimieren, sollten Sie Ihre Lehreinheit sauber abgrenzen und auf Ziele und Bedarf abstimmen. Das Prinzip der Einweisung folgt dem Ihnen jetzt bekannten Spruch: «Führ ihn Schritt für Schritt ...!» Und bereits während, aber auf jeden Fall nach der Einweisung, ermutigen Sie Fragen, geben Antworten, weisen auf den Nutzen hin etc. Schließlich ist die Frage nach den nachfolgenden Schritten eine notwendige Routine. Der Mitarbeiter sollte Coaching nicht als etwas Losgelöstes und Abgeschlossenes erleben, sondern als eine Führungstätigkeit, die in den Alltag nahtlos eingebettet ist.

Wie Sie Ihre Mitarbeiter in ein Gerät einweisen können (am PC als Beispiel)

Der Mitarbeiter hat den günstige-
ren Platz vor dem Gerät.
Gerät eventuell auf den Tisch
über's Eck stellen.
Gerät eventuell höher stellen, sodaß Sie und Ihr Mitarbeiter stehen
können - das ermöglicht mehr Be-
wegung

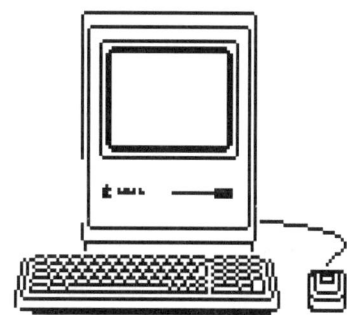

Nicht:
der Mitarbeiter sitzt und Sie stehen hinter ihm, um von hinten immer
wieder in sein Territorium einzugreifen.

Den Lerntyp (PARIS) des Mitarbeiters beachten, gezielt (vom Ergebnis
her) demonstrieren

Den Mitarbeiter machen lassen; nicht immer nur vor-machen; schrittweise vorgehen: Rahmen, Ergebnis, ersten Schritt vormachen, ersten
Schritt den Mitarbeiter machen lassen; darüber reden; nochmal machen
lassen, etc.

Den Mitarbeiter mit seinem Namen das Dokument sichern lassen, aus-
drucken: das ausgedruckte Dokument sieht besser aus als das auf dem
Bildschirm

**«Führ ihn Schritt für Schritt, teil ihm alles mit;
laß ihn es selbst versuchen, laß ihn Erfolg verbuchen!»**

Nicht mit dem Finger auf dem Bildschirm schmieren, zeigen mit der
ausgestreckten Hand oder mit dem Bleistift, stattdessen den Cursor
zum Zeigen benutzen oder die entsprechenden Stellen aktivieren (an-
schwärzen).

Achtung: Experiment
Schwierige Sachverhalte erklären

Aus Ihrer Kindheit kennen Sie sicherlich alle das Spiel «Stille-Post».
Eine kleine Geschichte wird von Person zu Person durch eine Kette von
z.B. sieben Personen weitergeflüstert. Der letzte muß dann die Geschichte wieder laut erzählen. Ganz selten passiert es, daß die Geschichte nicht total verdreht und urkomisch am Ende der Schlange
rauskommt.

Lachen Sie nicht: «Kinderspiele!» Nach Ihrer nächsten Präsentation in
Ihrem Staffmeeting sollten Sie sich einmal die Mühe machen, die
Mitarbeiter zu bitten aufzuschreiben, was bei ihnen angekommen ist.
Ich bin sicher, Sie werden sich über die Vielfalt freuen. Denn: Was Sie
sagen, geht bei Ihren Zuhörern durch eine Reihe von Wahrnehmungsfil-
tern (den Ausflug in die Wahrnehmungspsychologie muß ich mir und
Ihnen leider ersparen!).

Oder probieren Sie einmal das folgende kleine Experiment.

Nehmen Sie sich ein freiwilliges Versuchskaninchen. Setzen Sie sich so,
daß Sie sich nicht gegenseitig sehen, wohl aber hören können. Auf
keinen Fall darf Ihr Partner Ihre Vorlage sehen. Ihr Partner soll die
Zeichnung, die Sie auf der Vorlage haben, auf sein Blatt Papier
zeichnen. Der einzige Kommunikationskanal darf aber nur das
Sprechen und das Zuhören sein. Auch Nachfragen ist nicht erlaubt. Viel
Spaß.

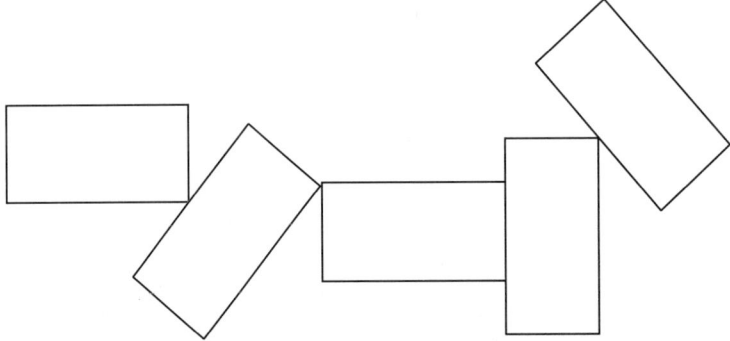

Dieses Experiment ist auch gut geeignet, um die Schwierigkeiten bei der telefonischen Kommunikation zu demonstrieren.

Auf jeden Fall aber sollten Sie erkennen, daß wir uns nicht nur auf Sprechen und Zuhören verlassen sollten, besonders dann nicht, wenn es sich um wichtige geschäftliche Angelegenheiten handelt.

Wie man schwierige Sachverhalte erklären kann

Wie haben Sie das Experiment mit der Weitergabe der schwierigen Information (Rechtecke) erlebt? Das sieht so einfach aus, hat aber viele Tücken. Das grundlegende Problem scheint mir zu sein: Selbst oder gerade wenn mir etwas 100% klar ist, heißt das noch lange nicht, daß ich es meinem Gesprächspartner unmittelbar klar machen kann. Ich muß mich erst auf seine Sprache, seine Art zu denken einlassen und ihm Gelegenheit zum Nach-denken und Nach-fragen geben. Und ich muß mehrere Informations- bzw. Lernkanäle redundant ansprechen. Einige Tips:

➢   Rahmen, Ziele, Sinn des Ganzen erklären
➢   eine gemeinsame Sprache bzw. einen gemeinsamen Bezugsrahmen schaffen (Maße, Hilfspunkte, Begriffe, Perspektive)
➢   erst Übersicht geben, dann schrittweise vorgehen
      (vom Allgemeinen zum Besonderen)
➢   Beispiele geben
➢   Bilder benutzen
➢   Grafiken erstellen
➢   Zeit zum Nach-denken lassen
➢   den Mitarbeiter auffordern nachzufragen
➢   sich Informationen bestätigen lassen
➢   wiederholen lassen (das ist die simple Form bei der Armee: man muß den Befehl wiederholen)
➢   beim Erklären selbst mitschreiben bzw. mitzeichnen
➢   den Mitarbeiter selbst nachmachen lassen
➢   die Antworten des Mitarbeiters bestätigen und, wenn nötig, korrigieren

Als ich noch ein ziemliches Greenhorn (jetzt bin ich ein unziemliches) als Trainer war, hatte ich bei BASF in Ludwigshafen einmal einen alten Meister (ca.55 Jahre) als Teilnehmer auf einem Seminar. Dieser

Meister brachte mir einen Spruch bei, den ich nie vergessen werde:

> *Führ ihn Schritt für Schritt,*
> *teil ihm alles mit,*
> *laß ihn es selbst versuchen,*
> *laß ihn Erfolg verbuchen.*

In diesem Spruch sind eine Reihe brauchbarer Weisheiten für Ihr Coaching enthalten. Nicht wahr?

Seminar-Feedback

Leider hat sich in den Seminar-Betrieb eine Perversion eingeschlichen. Am Ende eines Seminars bitten die Trainer um Feedback. Im Grunde geht es um die Fragen: «Wie gut war/bin ich als Trainer?»; und bei externen Trainern kommt hinzu: «Darf ich den Auftrag behalten?» Daher nenne ich diese Feedbackbögen «Happiness-Sheets». Es wird lediglich gefragt, wie glücklich die Teilnehmer und der Trainer sind. Der Wissenschaftlichkeit, der Meßbarkeit bzw. der Statistik dienend ist es in vielen Trainingsabteilungen üblich, die Antworten der Teilnehmer quantitativ zu ermitteln. Über jede einzelne Frage und über die Seminare insgesamt kann man pro Trainer einen Wert ermitteln. Dieser Wert sagt angeblich etwas darüber aus, wie gut ein Trainer verglichen mit den anderen Trainern ist. Und man glaubt auch abchecken zu können, wie gut ein einzelnes Trainingsmodul verglichen mit den anderen Modulen ankommt.
In einem solchen System Trainer zu sein, heißt, daß man - um unter den Guten und unter den Gewinnern zu sein -, die Teilnehmer glücklich machen muß. Das ist für mich etwas anderes als die Teilnehmer dahin zu bringen, etwas zu lernen. Lernprozesse beinhalten auch Frustrationen und Konfrontationen. Natürlich soll das Gesamtklima bis zum Ende hin positiv sein; und die Teilnehmer sollen auch mit einem guten, auch glücklichen und selbstbewußten Gefühl weggehen. Aber Seminare brauchen einen Spannungsbogen; und Trainer müssen sich auch trauen, sich unbeliebt zu machen, indem sie Feedback geben, manchmal auch durch direkte Konfrontation.
Richtig pervers finde ich es allerdings, daß nur die Trainer beurteilt werden, nicht aber die Teilnehmer. Ich denke, man geht zu Seminaren, um etwas zu lernen. Also sollte auch geprüft werden, ob die Teilnehmer

etwas gelernt haben. Und ich glaube, daß man immer lernen kann, egal, wie gut oder wie schlecht ein Trainer ist.

Warum erzähle ich Ihnen das alles. Inzwischen haben Sie überdeutlich verstanden, daß Sie eine Rolle vor, während und nach den Seminaren haben. Sinnvolle Feedbackbögen gehören dazu. Diese Bögen sollten nicht nur bei der Personal- oder Trainingsabteilung landen, sondern bei Ihnen als Chef des/der Teilnehmer. Auf den beiden folgenden Seiten finden Sie meinen Vorschlag, wie solche Feedback-Bögen aussehen könnten.

Feedback - Bogen

Seminartitel:	Datum:
Trainer:	Hotel:

---

1. Welche Theorien bzw. Techniken, waren für Sie besonders wichtig?

a)

b)

c)

d)

e)

2. Wie können Sie das in Ihrer Praxis umsetzen?

---

3. Beschreiben Sie bitte die Seminaratmosphäre:

---

4. Feedback für den/die Trainer:

5. Feedback für Organisation und Logistik:

---

6. Ihre Gesamtbewertung:

1	2	3	4	5	6

7. Werden Sie das Seminar weiterempfehlen?

**wir brauchen
Ihre Bemerkungen und
Anregungen!**

**wenn es für Sie okay ist,
würden wir auch gerne
Ihre individuellen Aktionen wissen:**

**welche 3 Techniken
werden Sie auf jeden Fall
einsetzen?**

Übersichten

Der Coaching-Prozeß
(Übersicht über die Wirkzeuge)

Ich schlage Ihnen vor, Coaching als einen Prozeß zu sehen, in dessen Fortgang der Coach mit dem Mitarbeiter verschiedene Stufen mit verschiedenen Aktivitäten durcharbeitet. Wie Sie auf der Grafik auf Seite 331 erkennen können, hat dieser Prozeß keinen definierten Anfang und kein definiertes Ende. Es gibt einige unterschiedliche Anlässe, den Coaching-Prozeß zu starten:

> Meistens reagiert man wohl auf immer deutlicher werdende Leistungsprobleme. Man redet mit dem Mitarbeiter, gibt Feedback, stößt vielleicht auf Fragen, Unverständnis, Widerstand; man wendet den Bedarfsanalyseprozeß an, um Betroffenheit zu schaffen und das Engagement für Veränderungen zu bekommen. Oder es treten offene Probleme auf. Eine Lieferung ist z.B. verkehrt. Der Kunde reklamiert. Man löst das akute Problem mit dem Problemlösungsprozeß und unternimmt dann etwas, damit das Problem möglichst nicht mehr auftritt. Meistens beläßt man es beim «Ansch..», in der Hoffnung, daß der Mitarbeiter die Botschaft versteht und aus Angst die Sache beim nächsten Mal richtig macht.

Sie haben aber auch die Wahl, den Coaching-Prozeß zu starten, proaktiv zu starten, d.h. ohne akuten Anlaß:

> Sie vereinbaren mit den Mitarbeitern die Ziele für das nächste Jahr.
> Für die (neue) Rolle des Mitarbeiters und für die wichtigeren Ziele (Sie können sich nicht auf alles im Detail konzentrieren; darum priorisieren Sie!) erstellen Sie ein Anforderungsprofil. Was muß

der Mitarbeiter alles wissen, können, wollen, um seine Rolle aus-
zufüllen bzw. um die vereinbarten Ziele zu erreichen?

Im Falle, daß Sie im Vergleich zwischen Anforderungen und Fähigkeiten des Mitarbeiters Lücken bzw. Schwächen entdecken,
tun Sie gut daran, einen Entwicklungsplan zu erstellen und dem
Mitarbeiter die Chance zu geben, sich weiterzuentwickeln; damit
erhöhen Sie seine und Ihre Erfolgswahrscheinlichkeit pro-aktiv
(nicht erst, wenn Probleme auftauchen!).

Wenn Sie dann dennoch im Verlaufe der Zeit Leistungsprobleme
erkennen, ist es Ihre Aufgabe, Ihren Mitarbeiter auf einen zusätz-
lichen Entwicklungsbedarf aufmerksam zu machen. Sie geben
Feedback und/oder wenden den Bedarfsanalyseprozeß an, damit
der Mitarbeiter erkennt und fühlt, daß er ein Leistungsproblem
hat und deshalb an sich arbeiten muß.

Oder es tritt ein akutes Problem auf. Natürlich ist es Ihre Aufgabe, bei der Problemlösung zu helfen. Doch bitte nicht: «Ich mache
das schon für Sie!», sondern benutzen Sie den Problemlösungsprozeß als Coaching-Instrument, in dem Sie den Mitarbeiter fragen
und seine Ressourcen aktivieren.

An drei Stellen können Sie mit dem Coaching im engeren Sinne
(üben/vorbereiten - beobachten - auswerten) starten:

➢ Nach Feststellung der Schwächen mit dem Anforderungsprofil (d.h. bevor der Mitarbeiter mit der Aufgabe überhaupt beginnt).

➢ Bei Sichtbarwerden von Leistungsproblemen; also nachdem
   Sie mit dem Bedarfsanalyseprozeß sein Engagement für
   Veränderungen erhalten haben.

➢ Bei Auftreten eines akuten Problems bzw. nach der Problemlösung.

Gegebenenfalls erhalten Sie aus dem Coaching heraus Inputs für
die Zielvereinbarungen für die nächste Periode: Sie definieren
individuelle Entwicklungsziele.

Bei allen Ihren Aktivitäten sollten Sie sich auf den Lerntyp des Mitarbeiters einstellen: Pragmatiker, Analytiker, Realist/Macher, Idealist/Freundlicher, Synthetiker/Expressiver. Menschen lernen unterschiedlich, verarbeiten Informationen unterschiedlich und lösen Probleme unterschiedlich. D.h. für Sie, daß Sie versuchen sollten, gehirngerecht zu kommunizieren.

Coaching-Prozeß/-Techniken
- Übersicht -

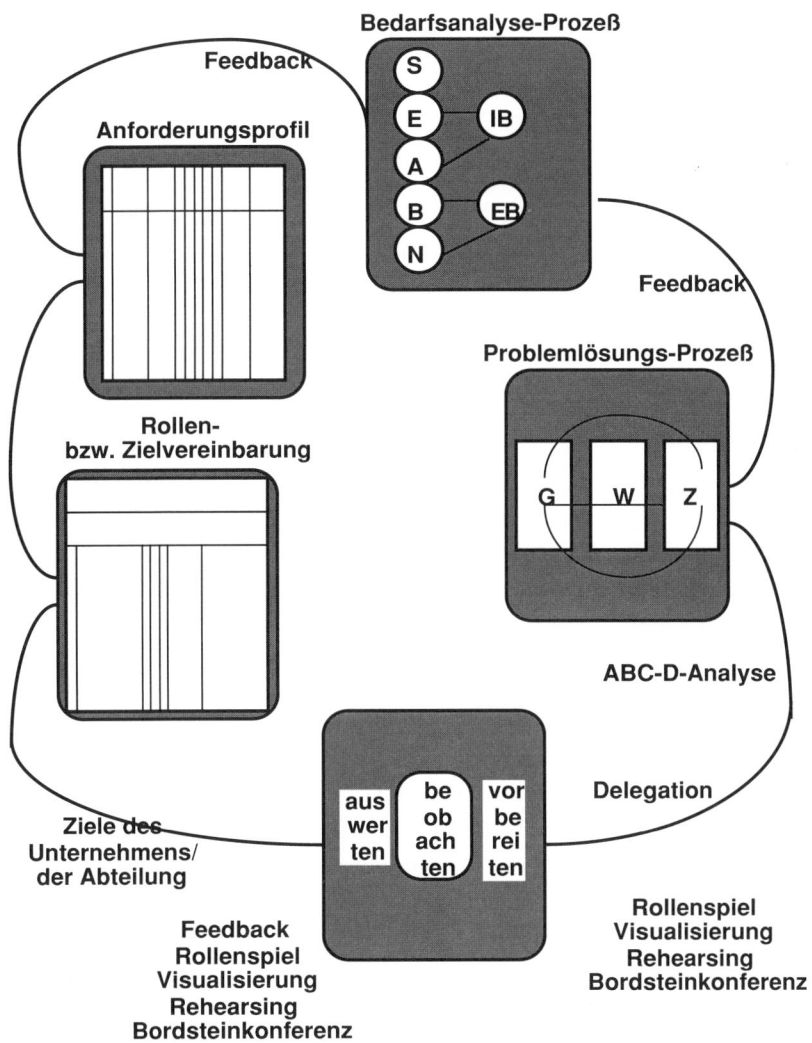

Coaching - Medien

persönlicher Kontakt ↑		
Team-Meetings	Mitgehen bei Kunden-besuchen	Einzel-gespräche
Kollegen als Paten	Memos	Telefon-gespräche
Bücher Zeitschriften	gezielte, curricular aufgebaute Seminare	externer Coach

Zielorientierung →

Diese Matrix ist der Versuch, eine Übersicht über das Spektrum möglicher Coaching-Medien zu erstellen. Die Andeutung der beiden Dimensionen «persönlicher Kontakt» und «Zielorientierung» ist aus Ihrer, der Sicht des Coaches, gedacht. Wenn Sie also einen externen Coach (an Ihrer Stelle) für einen Mitarbeiter einsetzen, dann haben Sie selbstverständlich nur geringen persönlichen Kontakt; Sie haben aber eventuell eine recht hohe Zielerreichungsrate, da dieser Externe sich viel mehr Zeit für den einen Mitarbeiter nehmen kann als Sie selbst.

Nehmen Sie an, daß jeder der Quadranten eine Schublade ist, in der weitere Details und Ideen enthalten sind. Sie sehen, daß Sie viele verschiedene Medien benutzen können; Sie selbst sind eines davon. Vier Botschaften sind wichtig für Sie:

❶ Sie brauchen Ihre Mitarbeiter nicht nur in Einzelgesprächen zu coachen. Telefongespräche und Mitgehen bei Kundenbesuchen sind auch Einzelbetreuung.

❷ Nutzen Sie das ganze Team in Meetings oder die erfahreneren Kollegen als Paten für die neuen Mitarbeiter.

❸ Sie sollten zwar auch Memos, Mails, Bücher etc. einsetzen, aber nicht als alleiniges Mittel (ich kenne einen Techno-Freak-Manager, der den persönlichen Kontakt mit seinen Mitarbeitern fast ganz aufgegeben hatte, um nur noch via Elektronischer Post - selbst in's Nachbarbüro - zu kommunizieren). Und Sie sollten diese Medien gezielt auf eine anstehende Thematik hin einsetzen.

❹ Verglichen mit den erstgenannten Medien haben Sie relativ wenig persönlichen Einfluß, wenn Sie das Coaching in Seminaren oder durch (externe) Coaches geschehen lassen. Bauen Sie auf jeden Fall Ihr individuelles Coaching ringsherum.

Coaching im Personalentwicklungsprozeß

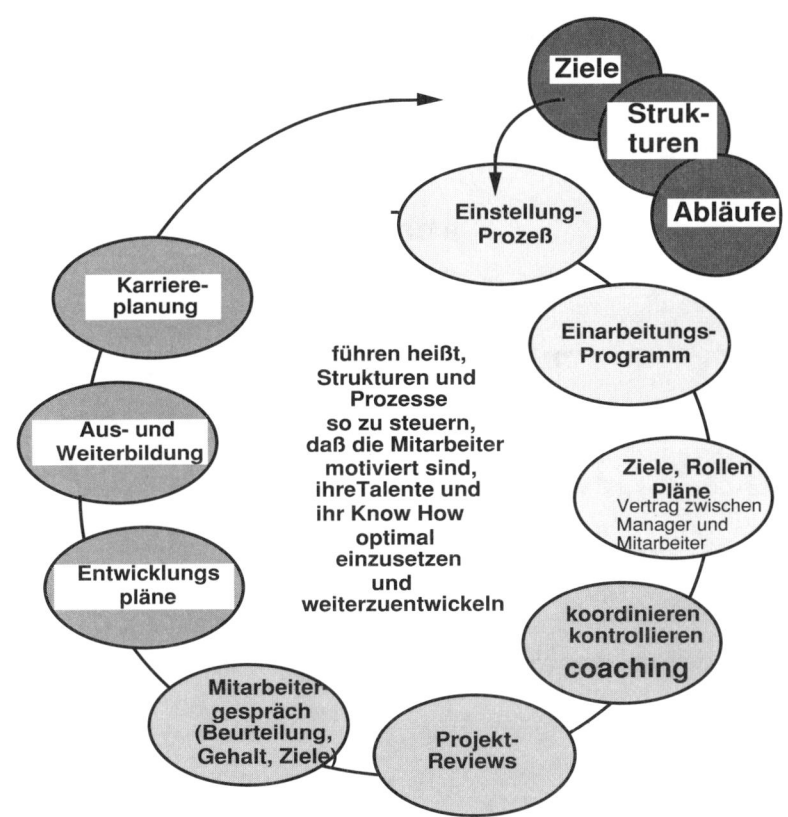

«Wir haben nie Zeit,

etwas beim ersten Mal

richtig zu machen,

aber

im nachherein

machen wir alles

drei- oder viermal !»

Als
wir
das Ziel
aus den Augen
verloren hatten,

verdoppelten
wir
unsere
Anstrengungen

Wenn der Stress steigt oder wenn das
Budget gekürzt werden muß, was wird
als Erstes gekürzt?

r-Ich-tig!

Mitarbeiterentwicklung und Coaching!

Stichwortverzeichnis

Anforderungen an Service-Manager 33
Anforderungsprofil 115
Anforderungsprofil, Formblatt 118
Ankern 197 (188)
Ankern, aber wie? 200
ASS-Analyse 119
Aufgabenanalyse 112
Augenbewegungen, Fragen zur Beobachtung der 139
Augenbewegungs-Muster 138
Ausgangsprofil 286
Bedarfsanalyse 193
Bedarfsanalyseprozeß 189f, 193
Behavior Methodology 117
Beobachten 226, 228
Beobachten, Fehler im 229
Beobachtungsübungen 232
Berufe, die man nicht zu lernen braucht 61, 298
Biorhythmus 317
Blockaden aufbrechen 164
Bordsteinkonferenz 220, 225
Briefing 225
Change braucht Coaching 11
Change Paradoxe 15
Change, Spielregeln 12
Clonen 303
Coachen, wen? 98
Coaching 102
Coaching - Gespräch 173 ff
Coaching - in welcher Rolle? 54
Coaching - Praxis 68
Coaching - Prozeß 329
Coaching - Rollen 85 ff
Coaching - Stil und Reifegrad 76
Coaching - Techniken 331
Coaching - Theorie 68
Coaching - Tips 244
Coaching - Tips, ungewöhnliche 153
Coaching - Vision 10

Coaching - Ziele 129
Coaching im Veränderungsprozeß 53
Coaching in Meetings 308
Coaching, inhaltsfreies 66
Coaching-Konzepte 70
Debriefing 227
Delegation, 6-W-Formel 242
Delegation, Technik 241
Demonstration 320
Denkblockaden 95, 97
Denken, laterales 195
Denken, positives 222
Einkaufen 243
Einweisung 321
Energie 222
Entwicklungsbedarf 189
Entwicklungsplan 126
Entwicklungsplan, Formblatt 128
Experten - brauchen sie Coaching? 93
Experten - wie denken sie? 96
Feedback - Prozeß 184
Feedback, Voraussetzungen für 185
Feedbackbogen 326 f
Filme, mentale 204, 207 f
Fragen 142, 156
Fragen im Problemlösungsprozeß 165
Fragen, Metamodell 161
Fragen, unspezifische 142
Frauen als zukünftige Manager 50
Führung - Service für Mitarbeiter 52
Führungskräfte coachen 245
Führungskräfte, drei Rollen 47
Führungsregelkreis 103
Führungsverhalten beim Coaching 84
Führungsvertrag 284
Gurus und Pragmatiker 60
Halleluja-Meetings 311
Halo-Effekt 229
Identität 262
Individuen, Gruppen, Teams, 259
Informationsverarbeitung 138
Input-Output-Analyse 112
Inseln 285
Intelligenztypen 71
Intuition 72, 219
Ja-Technik 166
Job Enrichment 114

Jogging 152
Kalibrieren 229
Kommunikation, gehirngerechte 134
Körpersprache 135
Kundenanalyse 119
Kundendienst 19
Leistungssteigerungsprogramm (Preis) 234
Leiten? führen? 49
Lernen in Organisationen 58
Lernen, Erfahrungen 72
Lernen, Fehler 75
Lernkanäle 316
Lernpartnerschaft 66
Lernstile 78
Lernziele 130

LIFO® 275

LIFO® *- Stilbeschreibungen* 277

LIFO® *- Übungen* 278

LIFO®*- Philosophie* 275
Linking Pins 260
Manager als Co-Trainer 299
Manager als Rollenmodell 65
Meeting - Design 315
Meetings 265, 309
Metamodell 162
Mirarbeiter-Rollen 32
Motivation 59
Motivation und Kegeln 77
Nervosität 196
Netzwerk 279
oaching - Medien 332
Organisations-Design 282
PARIS 81
Personalentwicklung 333
Persönlichkeitsmodell 64
Potentialerkennung 120
Präsentationen, 5-Stufen-Methode 319
Präsentationen, Tips für 318
Präzisionstechnik 161
Produkttrainings 307
Profil 79 f
Programmieren, sich selbst 211
Projektion 230
Projektmanagement 283
Rapport 149
Rapportprozeß, Struktur des 151

Rapporttechniken 150
Ratschläge, 159
Reframing   70, 187, 194
Rehearsing 225
Ressourcen aktivieren 158
Return on Training 301
Rollen im Team 266 f
Rollenbeschreibung 290
Rollenspiel als Coaching-Technik   235
Rollenspiel Variationen 236
Rollenvereinbarungen 105, 111
Rollenverhandeln 292
Self-fulfilling prophecy 188, 229
Seminare 67
Seminarfeedback 324
Service Herausforderungen 26
Service-Definition 29, 31
Service-Definition, Auswirkungen auf Mitarbeitert   32
Serviceingenieure coachen 250
Spielregeln für Teams 291
Sponsoring 87
Sprache des Kunden 146
Sprachmuster, suggestive 169
Szenario-Technik 194
Team-Rollen, Test 267
Teambuilding und Managementverhalten   264
Teambuilding-Prozeß 257
Teamcoaching 254
Teammeetings 265, 309
Teams, exzellente 256
Tests, psychometrische 121
Tischdynamik 261
Trainer coachen 46, 248
Trainer, Veränderungen in der Rolle der   44
Training, mentales 204
Training, mentales Beispiele 213
Träume 218
Trends in der Service-Technologie 25
Trends, Markt- 24
Trends, technologische 20
Trends, Vertrieb 35
Treppen kehrt man von oben! 300
Triggerfragen 141
VAK-Sprache 143 ff
Veränderungen in der Rolle der Servicemitarbeiter   19
Verbindungen 168
Verhaltens-Credo 181

Verhaltensveränderung 62, 178

Verhaltensveränderung, Auswirkungen 182

Verhaltensveränderung, Prinzipien der 183

Verhaltensveränderungsprozeß, Feedback 184

Verhaltensveränderungstechniken 186

Verkaufen, paralleles 43

Verkäufer , Identifikation des 39

Verkäufer -Typen 36

Verkäufer coachen 247

Verkäufer, Situation der 34

Verkäufer, Spannungsfelder der 40

Verkäufer, Veränderungen in der Rolle der 41

Verkäufer? Vertrieb? Channelmanager? 38

Verkaufsleiter einsetzen? 43

Visionen 131

Visualisierung 207

Warum Manager ungern fragen 157

Weichmacher 167

Wellenlänge 148

Wertewandel 23

Wie man Fragen stellt 171

Wie sitzen und stehen 155

Zellwachstum 263

Ziele 129 f

Zielvereinbarung - was definieren? 106

Zielvereinbarung als Coaching-Werkzeug 108

Zielvereinbarung, Formblatt 105

Literaturverzeichnis

Ammelburg, G.
Die Unternehmenszukunft. Strukturen und Führungsstil im Wandel zum 3. Jahrtausend.
Haufe, 1985
ISBN 3-448-01759-0

Bandler, R.
Using your brain for a change.
Neuro-Linguistic Programming.
Real People Press, 1985
ISBN 0-911226-27-3

Bandler, R. & Grinder, J.
Reframing. Neuro-Linguistic Programming and
the transformation of meaning.
Real People Press, 1982
ISBN 0-911226-25-7

Birkenbihl, V. F.
Kommunikationstraining. Zwischenmenschliche
Beziehungen erfolgreich gestalten.
Goldmann, 1978
ISBN 3-442-10559-5

Blanchard, K. & Lorber, R.
Putting the One Minute Manager to Work.
Willow, 1984
ISBN 0-00-218118-5

Blanchard, K. & Johnson, S.
Der Minuten-Manager.
Rowohlt, 1984
ISBN 3-498-00480-8

Blanchard, K., W. Oncken & H. Burrows
The One Minute Manager Meets the Monkey.
Morrow, 1989
ISBN 0-688-06767-0

Blickhan, D. & C.
Denken, Fühlen, Leben. Vom bewußten Wahrnehmen zum kreativen Handeln.
mvg, 1989
ISBN 3-478-04000-0

Bühner, R.
Der Mitarbeiter im Total Quality Management
Technik und Wirtschaft - integriertes Management
Schäffer-Poeschel, 1993
ISBN 3-8202-0886-0

Czichos, R.
Geplante Veränderung oder Wandel um jeden
Preis.
in: Planung in der Datenverarbeitung. Hrsg. H.
Strunz.
Springer, 1985
ISBN 3-540-15201-6

Czichos, R.
Changemanagement.
Ernst Reinhardt Verlag, 1990
ISBN 3-497-01266-1

Czichos, R.
Creaktivität und Chaos-Management
Ernst Reinhardt Verlag, 1993
ISBN 3-497-01290-4

Drucker, P. F.
Managing for Results.
Pan Books, 1983
ISBN 0-330-43150-1

Francis, D. und Young, D.
Improving work groups. A practical manual for
team building.
University Associates, 1979
ISBN 88390-149-8

Franz, G. und Willie, H.
Wertewandel und Mitarbeitermotivation.
in: Harvard Manager, 1(1987), S. 96-103

Garratt, S.
Manager your time.
Fontana/Collins, 1985
ISBN 0-00-636871-9

Gerken, G.
Die Zukunft des Handelns.
Haufe, 1987
ISBN 3-448-01709-4

Glaser, H.
Das Verschwinden der Arbeit. Die neuen Chancen der Tätigkeitgesellschaft.
Econ, 1988
ISBN 3-430-13228-2

Gomez, P.
Wertmanagement. Vernetzte Strategien für Unternehmen im Wandel.
Econ, 1993
ISBN 3-430-13296-7

Hagemann, G.
Die Hohe Schule der Führung. Visionsdenken, Superteams, Streßmanagement.
Moderne Industrie, 1992
ISBN 3-478-32070-4

Hamann, A.
Coaching. Der Vorgesetzte als Trainer.
Hoppenstedt, 1991
ISBN 3-87807-169-8

Hastings, C., P. Rixby, R. Chaudhry-Lawton
Superteams.
Fontana/Collins, 1986
ISBN 0-00-637049-7

Herbst, H.M.
Positiv managen. Mitarbeiter-Qualifikation wirkungsvoll aktivieren.
WRS, 4. Auflage 1990
ISBN 3-8092-0709-8

Herman, R.E.
So halten Sie Ihre besten Mitarbeiter.
Moderne Industrie, 1993
ISBN 3-478-34430-1

Hertzberg, F.
Was Mitarbeiter wirklich in Schwung bringt.
in: Harvard Manager, 2 (1988), S.42-54

Hofstede, G.
Culture's consequences. International differences in work-related values.
Sage, 1980

Hunt, J.
Managing People at Work.
McGraw Hill, 1979
ISBN 0-330-26259-9

Hurst, D. K.
Of boxes, bubbles, and effective management.
in: Harvard Business Review, May-June(1984), S. 80-88

Jenks, J. M. & Kelly, J. M.
Don't Do. Delegate!
Kogan Page, 1987
ISBN 1-85091-190-8-Hb

Katz, B.
How to manage Customer Service.
University Press, 1987
ISBN 0-566-02631-7

Katzenbach, J.R. und Smith, D.K.
Teams - Der Schlüssel zur Hochleistungsorganisation.
Ueberreuter, 1993
ISBN 3-901260-36-6

Kay Ash, M.
People Management.
Warner Communication, 1984
ISBN 0-446-32974-6

Kelly, R. E.
The gold-collar worker. Harnessing the brainpower of the new work force.
Addison-Wesley, 1985
ISBN 0-021-11739-8

Kotter, J. P.
Power and Influence.
Free Press, 1985
ISBN 0-02-918330-8

Krüger, W.
Grundlagen, Probleme und Instrumente der Konflikthandhabung in der Unternehmung.
Duncker und Humblot, 1972
ISBN 3-428-02762-0

Laborde, G. Z.
Influencing with Integrity - Management Skills for Communication and Negotiation.
Syntony Publishing

Loos, W.
Coaching für Manager. Problembewältigung unter vier Augen.
Moderne Industrie, 3. Auflage 1993
ISBN 3-478-31363-5

Maccoby, M.
The Leader. A new face for American management.
Ballantines, 1983
ISBN 0-345-30856-5

Martel, L.
Auch morgen noch erfolgreich. Wie Sie Veränderungen für Ihr Unternehmen erkennen und meistern.
Haufe, 1986
ISBN 3-448-01672-1

McConkey, D. D.
How to Manage for Results.
American Management Association, 1983
ISBN 0-8144-5772-X

Mitrani, A. u.a.
Human Resource Management. Neue Konzepte
zur Leistungssteigerung.
Moderne Industrie, 1992
ISBN 3-478-32100-X

Morgan, G.
Riding the Waves of Change. Developing Manage-
rial Competencies for a Turbulent World.
Jossey-Bass Publishers, 1988

Moss Kanter, R.
The change masters. Innovation for productivity
in the american corporation.
Simon und Schuster, 1983
ISBN 0-671-42802-0

Müri, P.
Dreidimensional führen - mit Verstand, Gefühl
und Intuition.Band 1 und 2
Ott, 1990
ISBN 3-7225-6646-0

Naisbitt, J. & Aburdene, P.
Megatrends des Arbeitsplatzes.
Von Infrastrukturen zur Lebensqualität.
Hestia, 1986
ISBN 3-7770-0324-7

Neubeiser, M.-L.
Management-Coaching. Der neue Weg zum Ma-
nager von morgen.
Orell Füssli, 1990
ISBN 3-280-01943-5

Ouchi, W. G.
Theory Z.
Avon, 1982
ISBN 0-380-59451-X

Prietula, M. & Simon, H. A.
Die verkannten Spezialisten.
in: Harvard Manager, 3 (1989),
S.7-11

Peters, T.
Thriving on Chaos.
Handbook for a Management Revolution.
Macmillan, 1987
ISBN 0-333-45427-8

Peters, T. & Austin, N.
A Passion for Excellence.
The leadership difference.
Warner, 1986
ISBN 0-446-38348-1

Plant, R.
Managing Change and making it stick.
Fontana Paperbacks, 1987
ISBN 0-00-636873-5

Reddin, W. J.
Das 3-D-Programm zur Leistungssteigerung des
Managements.
Moderne Industrie,1981
ISBN 3-478-54130-1

Renner, S.G.
Quality Culture. Unternehmenskultur für die Zu-
kunft.
Orell Füssli, 1990
ISBN 3-280-01943-5

Robbins, A.
Pouvoir Illimité.
Éditions Robert Laffont, 1989
ISBN 0-671-61088-0

Rückle, H.
Coaching.
Econ, 1992
ISBN 3-430-17842-8

Ruede-Wissmann, W.
Crash-Coaching. Die C.-C.-Methode kreativen
Streitens und der Problemlösung.
Langen-Müller, 1991
ISBN 3-7844-7273-7

Russel, P.
The brain book. Know your mind and how to use
it.
Routledge and Kegan Paul, 1979
ISBN 0-7100-0386-2

Russel, P.
Der menschliche Computer. Wie das Gehirn funktioniert - und wie man diese Kenntnisse nutzen
kann, um besser zu lernen, sich besser zu erinnern und neue mnemotechnische Fähigkeiten zu
erlangen.
Heyne, 1979
ISBN 3-453-53135-3

Schaal, W.
Die ganzheitliche Personalarbeit. Wertorientierte
Personalauswahl, Unternehmensführung und
Personalentwicklung.
Sauer, 1992
ISBN 3-7983-7059-6

Schein, E. H.
Process Consultation: Its Role in Organization
Development.
Addison-Wesley, 1969
ISBN 0-201-06733-1

Schröder, H. A.
Situationsgerecht führen.
Moderne Industrie, 1985
ISBN 3-478-54370-

Shapero, A.
Managing Professional People. Understanding
creative performance.
Free Press, 1985
ISBN 0-02-928870-3

Singer, E. J.
Effective management coaching.
Lonsdale Universal Printing, 1979
ISBN 0-85292-248-5

Steinbuch, P. A.
Besser sein und besser werden. Auf dem Weg zur
Spitzenleistung.
Langen-Müller/Herbig, 1987
ISBN 3-7844-7215-X

Stowell, S. J.
Coaching: A Commitment to Leadership.
in: Training and Development Journal
June 1988

Tabler, H. U.
NLP - der Turbolader für Ihre persönliche Ver-
kaufstechnik.
o.J.
TMT Verlag Horst U. Tabler

Toffler, A.
Future shock.
Bantam, 1981
ISBN 0-553-20626-5

Wellin, M.
Behavior technology. A new approach to mana-
ging people at work.
Gower, 1984
ISBN 0-566-02329-6

Woodward, H. & Buchholz, S.
Aftershock. Helping people through corporate
change.
John Wiley & Sons, 1987
ISBN 0-471-62478-0

Management
Marketing
und
Menschenkenntnis

Bücher aus dem
Ernst Reinhardt Verlag
München Basel

Change-Management ist nicht eines von vielen Management-Büchern, das sich nur theoretisch mit Zukunft und Change befaßt: Es ist ein kurzweiliges, *lebendiges Arbeitsbuch* für Praktiker. Mehr als 100 Grafiken untermalen Wissenswertes und lockern Anwendungsvorschläge auf. Dadurch gelingt trotz des hohen Informationsgehaltes eine einfache und übersichtliche Darstellung. Alles in allem legt der Autor ein Buch vor, das den Leser anregt, die erlernbaren Techniken selbständig anzuwenden – und das mit neuem Schwung!

Aus dem Inhalt

Grundlagen des menschlichen Denkens und Handelns. Verhaltens- und Problemlösungstypen. Beeinflussungstechniken. Situationsgerechtes Führen. Beraten und Verkaufen. Bedarfsanalyse. Signale, Argumente und Einwände. Präsentationen. Verhandlungen. Meetings, Prozesse und Werkzeuge. Moderation. Karten-Technik. Problemlösungsprozeß. Kreativität. Visualisierungstechniken. Organisation als System. Wandel-Motoren, Szenario-Technik, Long Range Planning. Organisationskultur, -modelle und -design. Organisationsveränderung als Prozeß. Change-Modell. Change-Program-Management-Prozeß. Die neue Managerrolle. Coaching. Konflikte managen. Konfliktlösungen.

... eine bunte Sammlung von Theorien, Modellen, Techniken und Werkzeugen, sämtlich um das Kernproblem Organisationsveränderung (Change) herum. ... Suchen Sie "die Formel für das Überleben", die "Grundregel der Beeinflussungstechnik", oder denken Sie über Wege nach, Konflikte zu managen? Dieses "Arbeits-Buch" bietet Antworten zu

Ernst Reinhardt Verlag München Basel

2. Auflage 1993. 580 Seiten
(3-497-01266-1) gebunden

vielem – mit mehr als 100 Grafiken und Bildern, knappen Texten und Zusammenfassungen sowie einer Fülle von Anwendungsideen.

(Harvard manager)

Ein Buch, das Manager, Verkäufer und Trainer griffbereit lagern sollten, da es all das, was sie täglich brauchen, in übersichtlicher und anwendbarer Form bereithält: Menschen erkennen, Motivieren, Problemlösen, Beeinflussen, Reorganisieren, Verhaltenstypen, Kundentypen, Verkaufsberatung, Verhandlungstechniken, Kreativitätsförderung, Organisationsmodelle, Führungsverhalten, Management-Techniken, Konfliktbehandlung u. v. a. m. Gute grafische und drucktechnische Gestaltung ermöglicht jeweils schnellste Information.

(Mensch und Arbeit)

Kreativität – das ist was für Spinner, für die Kreativen in Kunst und Kultur, in Marketing und Werbung. Aber Management und Kreativität? Das paßt doch nicht unter einen Hut! Oder?

Unvorhergesehene Veränderungen in Politik und Gesellschaft, Wirtschaft und Markt sowie die rasanten technologischen Entwicklungen ermöglichen beziehungsweise zwingen die Führungskräfte dazu, ihre Organisationen *lean* – schlank und flexibel – zu gestalten und den Mitarbeitern Spielraum für Engagement, Verantwortung und Creaktivität einzuräumen.

Die modernen Organisationsformen – Teamarbeit, Netzwerk-Organisation, lean organisation, Entrepreneur-Organisation, – verlangen statt exakter Planung und Kontrolle eine Chaos-Ordnung-Dynamik. Allein schon das Wort "Chaos" löst bei vielen (Managern) Chaos aus. Wir sollten zwischen unnötigem Chaos und fröhlichem, sprich *creaktivem* Chaos unterscheiden. Erst wenn man dieses neue Konzept von Chaos akzeptiert, kann man sich selbst erlauben, den Mitarbeitern Raum für Creaktivität zu lassen und damit zu Flexibilität und Erfolg zu gelangen.

Diese Buch ist wiederum ein "Wie-Buch". Es enthält nur wenig Theorie, dafür aber wie bei den ersten beiden Bänden "Change-Management" und "Coaching" viele Werk- und Wirkzeuge.

1993. 426 Seiten. Zahlreiche Abb. (3-497-01290-4) gebunden

Aus dem Inhalt

Management in einem dynamischen Markt. Creaktive Organisation. Lernen in Organisationen. Führen und Creaktivität. Creaktive Change-Geschichten. Creaktivitäts-Theorie. Ihr Gehirn als Creaktivitätswirkzeug. Creaktivitäts-Strategien. Imagineering und Intuition: Techniken und Trainingsanleitungen, Mentale Filme. Laterales Denken: Techniken und Trainings-anleitungen, Arbeiten mit Crea-Gruppen, Ablauf von Crea-Sessions, Anregende Gruppenspiele. Crea-Techniken: Brainstorming, Spektrum-Methode, Force-Fit, Morphologische Matrix, Syntetics. Evaluierungs-Techniken. Ideen verkaufen. Nervosität? Selbstmanagement: fit für Creaktivität. Streßmanagement. Management by Detached Involvement. Tie break / Sätze brechen.

Dieses Handbuch ist ein anwendungsorientierter Leitfaden für Kommunikations- und Rhetorikseminare in der allgemeinen Erwachsenenbildung und der beruflichen Weiterbildung. Wissenschaftliche Erkenntnisse zu den einzelnen Praxisfeldern (Vortrag, Verhandlung etc.) werden verständlich präsentiert und in Verhaltensempfehlungen zusammengefaßt. Die Texte können direkt als Unterrichtsmaterial benutzt werden. Für die praktische Durchführung von Trainingsseminaren sind die zu jedem Abschnitt angefügten *Übungen* entscheidend. Hier wird der Trainer beispielhaft vertraut gemacht mit Inhalt, Aufwand, Ablauf und Varianten eines Seminars; mit Möglichkeiten, unterschiedliche Teilnehmertypen zu motivieren; mit Krisensituationen und ihrer Meisterung. Didaktische und methodische Konzepte sowie die entwickelten Diagnose- und Steuerungsmöglichkeiten für die Durchführung von Seminaren dienen als theoretische Fundierung für den Unterricht. Mit *Fallbeispielen* und *Planspielen* (wie die Hausversammlung zur Hofbegrünung oder eine Verhandlung vor der Schiedsstelle des Kfz-Handwerks) illustrieren die Autoren ihren Ansatz der Rollenspielmethodik. Das Buch dient damit als direkte Anleitung zur Seminarpraxis, kann aber auch als spannende Lektüre zum Selbststudium genutzt werden.

Ullrich Günther
Wolfram Sperber

Handbuch für Kommunikations- und Verhaltenstrainer

Psychologische und organisatorische Durchführung von Trainingsseminaren

Ernst Reinhardt Verlag München Basel

1993. 285 Seiten
(3-497-01258-0) gebunden

Aus dem Inhalt

Bausteine für Kommunikations- und Rhetorikseminare. Urteilsgewißheit. Grenzen und Filter in Wahrnehmung und Gedächtnis. Präzise Instruieren. Zuhören und Gehörtwerden. Einfühlen und Verstehen. Rückmeldung – Information. Selbstsicherheit und Streßbewältigung. Der Umgang mit Mißbilligung. Sich in ein Gespräch einschalten. Sich nicht unterbrechen lassen. Selbstsicherheitsübungen in realen Alltagssituationen. Logik, Argumentation und rhetorischer Bluff. Argumentationen analysieren und angreifen. Eigene Argumente finden und ordnen. Schlagfertiger Austausch von Argumenten. Rhetorische Tricks. Suggestionstechniken. Leitung von Besprechungen und Konferenzen. Der Umgang mit schwierigen Teilnehmern. Rede und Vortrag. Der Umgang mit Zwischenrufen. Schlagfertigkeit. Kurzrede und Replik. Einen Vortrag halten. Visualisierungsmedien. Prüfungs- und Bewerbungsgespräche. Durchführung einer Verhandlung. Didaktik, Methodik und Organisation der Seminardurchführung. Seminaraufbau und Seminardramaturgie. Seminarmanagement: Führung, Konflikt und starke Gefühle. Methoden der Gruppenarbeit. Die Arbeit mit dem Plenum und mit Kleingruppen. Team-Teaching. Seminarabschluß. Rollenspiel-Methodik.

Qualitäts-Kompetenz: Das Grundthema des Buches ist der Qualitätsanspruch, der auch als "Nullfehlerstrategie" oder "100-Prozent-Qualität" bzw. "Total Quality Management" zum Ziel hat. Diese Schlagwörter bilden jedoch nur den Ausgangspunkt. In einer systemischen Betrachtungsweise wird angezeigt, wie die einzelnen Bestandteile des persönlichen Handelns und Erlebens in sich vernetzt sind.

Wer Mitarbeiter autoritär führt, wird keine qualitative Teamarbeit fördern; wer nur Slogans propagiert und nicht persönlich vorlebt, wird nur Mitläufer provozieren und keine Mitdenker; wer eigenverantwortlich denkende und handelnde Mitarbeiter will, muß auch bereit sein, Risiken mitzutragen; wer Mitarbeiter kritisiert, muß auch selbst Kritik annehmen können.

Nur wer die systemische Vernetzung begreift und ernstnimmt, hat eine reelle Chance, einen hohen Qualitätsanspruch in die Tat umzusetzen. Im Praxisteil werden Schritte aufgezeigt, wie der Qualitätsanspruch im Unternehmen und im Privatleben realisiert werden kann.

ca. 300 Seiten.
(3-497-01357-9) gebunden

Aus dem Inhalt

Was ist Qualität?
Hierarchie als Funktion, nicht als Machtanspruch. Qualität ist ein Prozeß. Qualität braucht Persönlichkeiten. Systemisches und vernetztes Denken ebnet den Weg. Mit visionärem Denken Qualität entwickeln. Qualität ist kein "Nullsummenspiel", Qualität braucht Solidarität, Zeit, Normen.

Anforderungen und Maßnahmen
Konfliktfähigkeit ausbauen. Eine verständliche Sprache fordern. Informationspolitik anpassen. Beurteilungen verändern. Zeitaspekt berücksichtigen. Zusagen halten. Ständiges Verbesserungsdenken initiieren. Verbesserungsprozesse steuern.

11 Schritte
zu einem exzellenten Qualitätsniveau
Phase 1: Die Führung begeistern
Phase 2: Planungsgruppe installieren
Phase 3: Kommunikation, Zusammenführung
Phase 4: Qualitätsanspruch festlegen
Phase 5: Überprüfbaren Maßstab festlegen
Phase 6: Korrekturmöglichkeiten
Phase 7: Information und Schulung der Beteiligten
Phase 8: Anpassen der Rahmenbedingungen
Phase 9: Verpflichtung auf Qualität
Phase 10: Erfolgskontrolle und Anerkennung
Phase 11: "Am Ball bleiben"

Coaching-Kompetenz: Mitarbeiter zu führen und betriebliche Veränderungen heute zu steuern, ist Schwerstarbeit und Überlebensfrage zugleich. Es erfordert persönlich-menschliche Kompetenz, Beziehungs- und Teamfähigkeit, Mut, Risikobereitschaft und konsequentes Handeln. Führungskräfte brauchen eigene Coaching-Kompetenz.

Einschlägige Untersuchungen zeigen allerdings, daß sie sich oft als Techniker, Betriebswirte, Juristen etc. verstehen, nicht aber als "Führende" oder als "Manager" mit einer bestimmten, überfachlichen, zwischenmenschlichen Qualifikation.

Coaching-Kompetenz bedeutet die *Professionalisierung des Führungsberufes.* Ein coachender Chef, Trainer oder Mitarbeiter weiß um die seelischen Konflikte "hinter" einem aktuellen Konflikt, kann mit diesen angemessen umgehen und sie dauerhaft reduzieren. Diese Fähigkeit bedeutet auch, an und mit sich selbst zu arbeiten, und sie beginnt dort, wo gängige Trainings enden.

Aus dem Inhalt

Coaching als professionelle Führungskompetenz
Wirtschaftliche Bedeutung von Coaching-Kompetenz
Soziale Konflikte im Betrieb als Folge des Wandels
  Veränderung der Organisation und Informationsabläufe. Veränderungen am Arbeitsplatz. Wandel als Dissonanz zum bestehenden Denken. Persönliche Voraussetzungen bei Veränderungen. Die Motivations- und Führungskrise im Betrieb. Die Wurzel sozialer Konflikte: individualpsychologische Hintergründe. Angst und Minderwertigkeitsgefühle.

Hermann Bayer

Coaching Kompetenz

Persönlichkeit und Führungspsychologie

Ernst Reinhardt Verlag München Basel

280 Seiten. (3-497-01358-7) gebunden

Coaching-Kompetenz als Kernkompetenz der
  Menschenführung und Unternehmensführung. Coaching-Kompetenz: mehr als "Führungs-Wissen". Der Coach als Gestalter und Beschleuniger sozialer Prozesse, als ganzheitlich verstehender Konflikt-Analytiker, als positiver Querdenker, als Klimagestalter, als "einfühlender Ermutiger"

Psychologie des Veränderungsmanagements
  Die Irrtümer der bisherigen Personalentwicklung. Stellenwert der Tiefenpsychologie im Betrieb. Coaching-Kompetenz als Kern von "Total Quality Management" und "Reengeneering". Das persönliche Risiko des Coaches. Das "setting" einer Führungskraft. Widerstand und Rache von Beteiligten. "Ausbrennen" des Coaches, Gefahr der Isolation.